Die Forschung mit menschlichen embryonalen Stammzellen
als Gegenstand der Rechtsetzung

Frankfurter Schriften zur Gesundheitspolitik und zum Gesundheitsrecht

Schriftenreihe des Instituts
für Europäische Gesundheitspolitik und Sozialrecht
an der Johann Wolfgang Goethe-Universität Frankfurt

Herausgegeben von Ingwer Ebsen
und Roland Eisen

Band 2

PETER LANG
Frankfurt am Main · Berlin · Bern · Bruxelles · New York · Oxford · Wien

Carsten Wendtland

Die Forschung mit menschlichen embryonalen Stammzellen als Gegenstand der Rechtsetzung

PETER LANG
Europäischer Verlag der Wissenschaften

Bibliografische Information Der Deutschen Bibliothek
Die Deutsche Bibliothek verzeichnet diese Publikation in der Deutschen Nationalbibliografie; detaillierte bibliografische Daten sind im Internet über <http://dnb.ddb.de> abrufbar.

Zugl.: Frankfurt (Main), Univ., Diss., 2004

D 30
ISSN 1610-899X
ISBN 3-631-54154-6

www.peterlang.de

Meiner Familie

VORWORT

Diese Abhandlung wurde im Wintersemester 2004/05 vom Fachbereich Rechtswissenschaften der Johann Wolfgang Goethe-Universität in Frankfurt am Main als Dissertation angenommen.

Mein Dank gilt zunächst Herrn Prof. Dr. Ingwer Ebsen, der diese Arbeit nicht nur als Erstgutachter betreute, sondern mir in der Zeit ihrer Abfassung auch die Gelegenheit zur Tätigkeit als Wissenschaftlicher Mitarbeiter am Lehrstuhl für Sozialrecht der Johann Wolfgang Goethe-Universität in Frankfurt am Main bot. Herrn Prof. Dr. Ulfrid Neumann danke ich für die Erstellung des Zweitgutachtens und die kritischen Nachfragen aus rechtstheoretischer und rechtsphilosophischer Sicht.

Unter allen Freunden, Verwandten und Bekannten, die mir während der Verwirklichung meines Promotionsvorhabens auf verschiedenste Weise zur Seite gestanden haben, möchte ich an dieser Stelle meine Eltern hervorheben, auf deren Unterstützung ich mich jederzeit verlassen durfte.

Das Manuskript wurde im Wesentlichen im August 2003 vollendet. Einige danach eingetretene Entwicklungen konnten noch in der endgültigen Fassung Berücksichtigung finden.

Frankfurt am Main, Anfang 2005

INHALTSVERZEICHNIS

LITERATURVERZEICHNIS

Alberts, Bruce u.a. — Molekularbiologie der Zelle, übers. von Jaenicke, Lothar u.a., 3. Aufl., Weinheim 1995

Alexy, Robert — Theorie der Grundrechte, Baden-Baden 1985

Alternativ-kommentar — Denninger, Erhard / Hoffmann-Riem, Wolfgang / Schneider, Hans-Peter / Stein, Ekkehart (Hg.): Kommentar zum Grundgesetz für die Bundesrepublik Deutschland, Band 1, 3. Aufl., Neuwied, Stand: 08/2002;
zit.: Alternativkommentar-*Bearbeiter*

Anderheiden, Michael — „Leben" im Grundgesetz, Kritische Vierteljahresschrift für Gesetzgebung und Rechtswissenschaft (KritV) 2001, S. 353 ff.

Andrews, Lori B. — State Regulation of Embryo Stem Cell Research, in: National Bioethics Advisory Commission (NBAC): Ethical Issues in Human Stem Cell Research, Vol. II, Rockville 2000

Andrews, Lori B. — The Current and Future Legal Status of Cloning, Commissioned Paper in: National Bioethics Advisory Commission (NBAC): Cloning Human Beings, Bethesda 1997

Anleu, Sharyn L. Roach — The Legal Regulation of Medical Science, Law & Policy 2001, S. 417 ff.

Baker, Robert — Stem Cell Rhetoric and the Pragmatics of Naming, The American journal of bioethics (ajob) 2002, Vol. 2, Nr. 1, S. 52 f.

Bauer, Axel W. — Der Mensch als Produkt der Gene und die Unantastbarkeit seiner Würde, Deutsche Richterzeitung (DRiZ) 2002, S. 163 ff.

Beckmann, Rainer Anmerkung zu BVerfG, Medizinrecht (MedR) 1999, S. 138 f.

Beier, Henning M. Zum Status des menschlichen Embryos in vitro und in vivo vor der Implantation, Reproduktionsmedizin 2000, S. 332 ff.

Benda, Ernst Schriftliche Stellungnahme zum Entwurf eines Gesetzes zur Sicherstellung des Embryonenschutzes im Zusammenhang mit Einfuhr und Verwendung menschlicher embryonaler Stammzellen (Stammzellgesetz), BT A-Drs. 14-574c

Ben-Or, Gali The Israeli Approach to Cloning and Embryonic Research, Zeitschrift für ausländisches öffentliches Recht und Völkerrecht (ZaöRV) 2000, S. 763 ff.

Berg, Jessica W. Risky Business: Evaluating Oocyte Donation, The American journal of bioethics (ajob) 2001, Vol. 1, Nr. 4, S. 18 f.

Bernat, Erwin Fortpflanzungsmedizin und Recht – Bemerkungen zum Stand der Gesetzgebung in Österreich, Deutschland und Großbritannien, Medizinrecht (MedR) 1991, 308

Betta, Michaela Antiquiertheit des Rechts – Transformation des Rechts; Nach den universellen Menschenrechten nun die Biorechte?, Kritische Vierteljahresschrift für Gesetzgebung und Rechtswissenschaft (KritV) 1997, S. 66 ff.

Birnbacher, Dieter Embryonenforschung – erlauben oder verbieten?, in: Neumann, Ulfrid / Schulz, Lorenz (Hg.): Verantwortung in Recht und Moral, Archiv für Rechts- und Sozialphilosophie (ARSP), Beiheft 74, Stuttgart 2000

Blanke, Thomas Notitzen zur Gentechnologiedebatte vor der Verabschiedung des Stammzellengesetzes, Kritische Justiz (KJ) 2002, S. 346 ff.

Blankenagel, Alexander Gentechnologie und Menschenwürde, Kritische Justiz (KJ) 1987, S. 379 ff.

Böckenförde, Ernst-Wolfgang	Grundrechte als Grundsatznormen, Der Staat (Staat) 29 (1990), S. 1 ff.
Böckenförde-Wunderlich, Barbara	Präimplantationsdiagnostik als Rechtsproblem, Tübingen 2002
BonnKomm	Dolzer, Rudolf / Vogel, Klaus (Hg.): Bonner Kommentar zum Grundgesetz, Stand: 12/2002; zit.: BonnKomm-*Bearbeiter*
Braun, Kathrin	Kapitulation des Rechts vor der Innovationsdynamik, Kritische Justiz (KJ) 2000, S. 332 ff.
Braverman, Andrea M.	Exploring Ovum Donor's Motivations and Needs, The American journal of bioethics (ajob) 2001, Vol. 1, Nr. 4, S. 16 f.
Breuer, Rüdiger	Freiheit des Berufs, § 147 in: Isensee, Josef / Kirchhof, Paul (Hg.): Handbuch des Staatsrechts der Bundesrepublik Deutschland, Band VI: Freiheitsrechte, Heidelberg 1989
Büchner, Bernward	Abtreibung und Berufsfreiheit, Neue Juristische Wochenschrift (NJW) 1999, S. 833 ff.
Bull, Hans Peter	Allgemeines Verwaltungsrecht, 6. Aufl., Heidelberg 2000
Bülow, Detlev v.	Dolly und das Embryonenschutzgesetz, Deutsches Ärzteblatt (DÄ) 94 (1997), S. 718 ff.
Bülow, Detlev v.	Embryonenschutzgesetz, in: Winter, Stefan F. / Fenger, Hermann / Schreiber, Hans-Ludwig (Hg.): Genmedizin und Recht, München 2001, S. 127 ff.
Capron, Alexander M.	Stem Cell Politics: The New Shape to the Road Ahead, The American journal of bioethics (ajob) 2002, Volume 2, Number 1, S. 35 ff.

Caspar, Johannes Tierschutz im Recht der modernen Industriegesellschaft, Baden-Baden 1999

Chase, Marilyn / Regalado, Antonio Full Disclosure: Stanford Unveils Stem Cell Plans, Wall Street Journal – Eastern Edition v. 11.12.2002, S. B1

Cibelli, Jose B. u.a. Somatic Cell Nuclear Transfer in Humans: Pronuclear and Early Embryonic Development, Journal of Regenerative Medicine (e-biomed) 2001, Vol. 2, S. 25

Classen, Claus Dieter Die Forschung mit embryonalen Stammzellen im Spiegel der Grundrechte, Deutsches Verwaltungsblatt (DVBl) 2002, S. 141 ff.

Coester-Waltjen, Dagmar Befruchtungs- und Gentechnologie beim Menschen – rechtliche Probleme von morgen?, Zeitschrift für das gesamte Familienrecht (FamRZ) 1984, S. 230 ff.

Cohen, Cynthia B. The Interests of Egg Donors: Who ist Deceiving Whom?, The American journal of bioethics (ajob) 2001, Vol. 1, Nr. 4, S. 20 f.

Cusine, Douglas J. New Reproductive Techniques: a legal Perspective, Hants 1988

Daar, Judith F. Regulating the Fiction of Informed Consent in ART Medicine, The American journal of bioethics (ajob) 2001, Vol. 1, Nr. 4, S. 19 f.

Dederer, Hans-Georg Menschenwürde des Embryo in vitro? Der Kristallisationspunkt der Bioethik-Debatte am Beispiel des therapeutischen Klonens, Archiv des öffentlichen Rechts (AöR) 127 (2002), S. 1 ff.

Degenhart, Christoph Staatsrecht I; Staatsorganisationsrecht, 18. Aufl., Heidelberg 2002

Denninger, Erhard Embryo und Grundgesetz. Schutz des Lebens und der Menschenwürde vor Nidation und Geburt, Kritische Vierteljahresschrift für Gesetzgebung und Rechtswissenschaft (KritV) 2003, S. 191 ff.

DFG Deutsche Forschungsgemeinschaft: Forschung mit humanen embryonalen Stammzellen / Standpunkte, Weinheim 2003

Dickert, Thomas Naturwissenschaften und Forschungsfreiheit, Berlin 1991

Djie, Susanne Präimplantationsdiagnostik aus rechtlicher Sicht, Aachen 2001

Doemming, Klaus-Berto v. / Füsslein, Rudolf Werner / Matz, Werner Entstehungsgeschichte der Artikel des Grundgesetzes, Jahrbuch des öffentlichen Rechts der Gegenwart (JöR) N.F. 1

DOH Department of Health: Government Response to the recommendations made in the Chief Medical Officer's expert group report „Stem Cell Research: Medical Progress with Responsibility", London 2000

Donaldson, Liam (Hg.) DOH (Department of Health): Stem Cell Research: Medical Progress with Responsibility, London 2000

Dorff, Elliot N. Stem Cell Research, in: NBAC (National Bioethics Advisory Commission): Ethical Issues in Human Stem Cell Research, Vol. III, Rockville 2000

Dreier, Horst Stufungen des vorgeburtlichen Lebensschutzes, Zeitschrift für Rechtspolitik (ZRP) 2002, S. 377 ff.

Dreier, Horst (Hg.) Grundgesetz Kommentar, Band I, Tübingen 1996; Band II, Tübingen 1998; zit.: Dreier-*Bearbeiter*

Dresser, Rebecca Donation, Disclosure and Deception, The American journal of bioethics (ajob) 2001, Vol. 1, Nr. 4, S. 15 f.

Dressler, Angelika	Verfassungsfragen des Embryonenschutzes hinsichtlich der Reproduktionsmedizin, Bielefeld 1992
Ebsen, Ingwer	Gleichberechtigung von Männern und Frauen, § 8 in: Benda, Ernst / Maihofer, Werner / Vogel, Hans-Jochen (Hg.): Handbuch des Verfassungsrechts der Bundesrepublik Deutschland, 2. Aufl., Berlin 1994
editorial nature neuroscience	editorial, nature neuroscience 2000, S. 961
EGE	Europäische Gruppe für Ethik der Naturwissenschaften und der neuen Technologien bei der Europäischen Kommission (EGE): Ethische Aspekte der Erforschung und Verwendung menschlicher Stammzellen, Paris 2000
Enders, Christoph	Die Menschenwürde und ihr Schutz vor gentechnologischer Gefährdung, Europäische Grundrechte-Zeitschrift (EuGRZ) 1986, S. 241 ff.
Enquete-Schlußbericht	Enquete-Kommission „Recht und Ethik der modernen Medizin" des Deutschen Bundestages, 14. Wahlperiode, Schlußbericht, BT-Drs. 14/9020
Enquete-Zwischenbericht	Enquete-Kommission „Recht und Ethik der modernen Medizin" des Deutschen Bundestages, 14. Wahlperiode, Zweiter Zwischenbericht, Teilbericht Stammzellenforschung, BT-Drs. 14/7546
Erbguth, Wilfried	Die nordrhein-westfälische Braunkohlenplanung und der Parlamentsvorbehalt, Verwaltungsarchiv (VerwArch) 86 (1995), S. 327 ff.
Faßbender, Kurt	Präimplantationsdiagnostik und Grundgesetz, Neue Juristische Wochenschrift (NJW) 2001, S. 2745 ff.

Faßbender, Kurt Der Schutz des Embryos und die Humangenetik: Zur Verfassungsmäßigkeit des neuen Stammzellengesetzes und des Embryonenschutzgesetzes im Lichte des einschlägigen Arzthaftungsrechts, Medizinrecht (MedR) 2003, S. 279 ff.

Fechner, Erich Nachträge zu einer Abhandlung über Menschenwürde und generative Forschung und Technik, in: Günther, Hans-Ludwig / Keller, Rolf (Hg.): Fortpflanzungsmedizin und Humangenetik – strafrechtliche Schranken, 2. Aufl., Tübingen 1991; zit.: Fechner, Nachträge

Fiori, Francesco (Berichterstatter) Nichtständiger Ausschuß für Humangenetik und andere neue Technologien in der modernen Medizin: Bericht über die ethischen, rechtlichen, wirtschaftlichen und sozialen Auswirkungen der Humangenetik, Europäisches Parlament, Sitzungsdokument A5-0391/2001

Fischer, Rudolf 50 Jahre Schutz der Menschenrechte in Deutschland und Israel, Neue Juristische Wochenschrift (NJW) 2000, S. 1008 f.

Flannery, Ellen / Javitt, Gail H. Analysis of Federal Laws Pertaining to Funding of Human Pluripotent Stem Cell Research, in: NBAC (National Bioethics Advisory Commission): Ethical Issues in Human Stem Cell Research, Vol. II, Rockville 2000

Fletcher, John C. Deliberating Incrementally on Human Pluripotent Stem Cell Research, in: NBAC (National Bioethics Advisory Commission): Ethical Issues in Human Stem Cell Research, Vol. II, Rockville 2000

Frankenberg, Günter Die Würde des Klons und die Krise des Rechts, Kritische Justiz (KJ) 2000, S. 325 ff.

Freudenheim, Yehoshua Die Staatsordnung Israels, München 1963

Frommel, Monika Die Menschenwürde des Embryos in vitro, Kritische Justiz (KJ) 2002, S. 411 ff.

Frommel, Monika Taugt das Embryonenschutzgesetz als ethisches Minimum gegen Versuche der Menschenzüchtung?, Kritische Justiz (KJ) 2000, S. 341 ff.

Fulda, Gerhard F. UNESCO-Deklaration über das menschliche Genom und Menschenrechte, in: Winter, Stefan F. / Fenger, Hermann / Schreiber, Hans-Ludwig (Hg.): Genmedizin und Recht, München 2001, S. 195 ff.

Galli, Rossella u.a. Skeletal myogenic potential of human and mouse neural stem cells, nature neuroscience 2000, S. 986 ff.

Geddert-Steinacher, Tatjana Menschenwürde als Verfassungsbegriff, Berlin 1990

Gehrlein, Markus Das Stammzellgesetz im Überblick, Neue Juristische Wochenschrift (NJW) 2002, S. 3680 ff.

Gethmann, Carl Friedrich Ethische Anmerkungen zur Diskussion um den moralischen Status des menschlichen Embryos, Deutsche Richterzeitung (DRiZ) 2002, S. 204 ff.

Giwer, Elisabeth Rechtsfragen der Präimplantationsdiagnostik, Berlin 2001

Glauben, Paul Bioethik – was kann und was darf die Wissenschaft? Ein Überblick, Deutsche Richterzeitung (DRiZ) 2002, S. 157 ff.

Green, Ronald M. Determining Moral Status, The American journal of bioethics (ajob) 2002, Vol. 2, Nr. 1, S. 20 ff.

Gurmankin, Andrea D. Risk Information Provided to Prospective Oocyte Donors in a Preliminary Phone Call, The American journal of bioethics (ajob) 2001, Nr. 4, S. 3 ff.

Gutmann, Thomas Auf der Suche nach einem Rechtsgut: Zur Strafbarkeit des Klonens von Menschen, in: Roxin, Claus / Schroth, Ulrich (Hg.): Medizinstrafrecht, Stuttgart 2000

Häberle, Peter Die Wesensgehaltsgarantie des Artikel 19 Abs. 2 Grundgesetz, 3. Aufl., Heidelberg 1983

Harks, Thomas Der Schutz der Menschenwürde bei der Entnahme fötalen Gewebes, Neue Juristische Wochenschrift (NJW) 2002, S. 716 ff.

Haßmann, Holger Embryonenschutz im Spannungsfeld internationaler Menschenrechte, staatlicher Grundrechte und nationaler Regelungsmodelle zur Embryonenforschung, Berlin 2003

Häyry, Matti / Häyry, Heta Genetic Engineering, in: Chadwick, Ruth (Hg.): Encyclopedia of Applied Ethics, Vol. 2, San Diego 1998

Hedgecoe, Adam M. Gene Therapy, in: Chadwick, Ruth (Hg.): Encyclopedia of Applied Ethics, Vol. 2, San Diego 1998

Herdegen, Matthias Die Menschenwürde im Fluß des bioethischen Diskurses, Juristenzeitung (JZ) 2001, S. 773 ff.

Hermes, Georg Das Grundrecht auf Schutz von Leben und Gesundheit, Heidelberg 1987

Hesse, Konrad Grundzüge des Verfassungsrechts der Bundesrepublik Deutschland, 22. Aufl., Heidelberg 1999

Heun, Werner Embryonenforschung und Verfassung – Lebensrecht und Menschenwürde des Embryos, Juristenzeitung (JZ) 2002, S. 517 ff.

HFEA Human Fertilisation and Embryology Authority: Code of Practice (Fifth Edition), London 2001

HFEA Human Fertilisation and Embryology Authority: HFEA Update, 5th Issue, London 2001

HFEA Human Fertilisation and Embryology Authority: Annual Report 2002, London 2002

HGAC / HFEA Human Genetics Advisory Commission / Human Fertilisation and Embryology Authority: Cloning Issues in Reproduction, Science and Medicine, London 1998

Hierche, Hans-Dieter Anenzephalus als Organspender?, in: Hierche, Hans-Dieter / Hirsch, Günter / Graf-Baumann, Toni (Hg.): Rechtliche Fragen der Organtransplantation, Berlin 1990

Hilgendorf, Eric Klonverbot und Menschenwürde – Vom Homo Sapiens zum Homo xerox? Überlegungen zu § 6 Embryonenschutzgesetz, in: Geis, Max-Emanuel/Lorenz, Dieter (Hg.): Staat, Kirche, Verwaltung: Festschrift für Hartmut Maurer zum 70. Geburtstag, München 2001

Hilgendorf, Eric Scheinargumente in der Abtreibungsdiskussion – am Beispiel des Erlanger Schwangerschaftsfalls, Neue Juristische Wochenschrift (NJW) 1996, S. 758 ff.

Hilgendorf, Eric Ektogenese und Strafrecht, Medizinrecht (MedR) 1994, S. 429 ff.

Hillebrand, Ingo / Lanzerath, Dirk / Wachlin, Klaus Dietrich (Hg.) Akademie für Technikfolgenabschätzung: Klonen; Stand der Forschung, ethische Diskussion, rechtliche Aspekte, Stuttgart 2001

Hillgruber, Christian Grundrechtsschutz des Arztes für die Vornahme von Schwangerschaftsabbrüchen?, Medizinrecht (MedR) 1998, S. 201 ff.

Hoerster, Norbert Ein Lebensrecht für die menschliche Leibesfrucht?, Juristische Schulung (JuS) 1989, S. 172 ff.

Hoerster, Norbert Zur Bedeutung des Prinzips der Menschenwürde, Juristische Schulung (JuS) 1983, S. 93 ff.

Hoerster, Norbert Ein „verringertes" Lebensrecht zur Legitimation der Fristenregelung?, Neue Juristische Wochenschrift (NJW) 1997, S. 773 ff.

Hoerster, Norbert Kompromisslösungen zum Menschenrecht des Embryos auf Leben?, Juristische Schulung (JuS) 2003, S. 529 ff.

Höfling, Wolfram Verfassungsrechtliche Aspekte der Verfügung über menschliche Embryonen und „humanbiologisches Material"; Gutachten für die Enquete-Kommission des Deutschen Bundestages „Recht und Ethik der modernen Medizin, Köln 2001

Hofmann, Hasso Die Pflicht des Staates zum Schutz des menschlichen Lebens, in: Schlüchter, Ellen / Laubenthal, Klaus (Hg.): Recht und Kriminalität, Festschrift für Friedrich-Wilhelm Krause, Köln 1990

Hofmann, Hasso Die versprochene Menschenwürde, Archiv des öffentlichen Rechts (AöR) 118 (1993), S. 353 ff.

Holm, Søren Embryology, Ethics of, in: Chadwick, Ruth (Hg.): Encyclopedia of Applied Ethics, Vol. 2, San Diego 1998

Hornett, Stuart Ian The legal Status of the human Embryo in vitro: a comparative Study, Leicester 1991

Hufen, Friedhelm Präimplantationsdiagnostik aus verfassungsrechtlicher Sicht, Medizinrecht (MedR) 2001, S. 440 ff.

Huster, Stefan Gehört der Tierschutz ins Grundgesetz?, Zeitschrift für Rechtspolitik (ZRP) 1993, S. 326 ff.

IBC International Bioethics Committee: The Use of Embryonic Stem Cells In Therapeutic Research, Paris 2001

Iliadou, Ekaterini Forschungsfreiheit und Embryonenschutz, Berlin 1999

Ipsen, Jörn Staatsrecht I, Staatsorganisationsrecht, 13. Aufl., Neuwied 2001

Ipsen, Jörn Staatsrecht II, Grundrechte, 5. Aufl., Neuwied 2002

Ipsen, Jörn Der „verfassungsrechtliche Status" des Embryo in vitro, Juristenzeitung (JZ) 2001, S. 989 ff.

Jarass, Hans Dieter / Pieroth, Bodo Grundgesetz für die Bundesrepublik Deutschland, 6. Aufl., München 2002

Kahn, Jeffrey Can We Broker Eggs Without Making Omlets?, The American journal of bioethics (ajob) 2001, Vol. 1, Nr. 4, S. 14 f.

Katz, Alfred Staatsrecht: Grundkurs im öffentlichen Recht, 15. Auflage, Heidelberg 2002

Kaufman, Dan S. u.a. Hematopoietic colony-forming cells derived from human embryonic stem cells, Proceedings of the National Academy of Sciences of the United States (PNAS) 2001, S. 10716 ff.

Kaufmann, Arthur Rechtsphilosophie, 2. Aufl., München 1997

Kehat, Izhak u.a. Human embryonic stem cells can differentiate into myocytes with structural and functional properties of cardiomyocytes, Journal of Clinical Investigation (JCI) 2001, S. 407 ff.

Keller, Rolf / Guenther, Hans-Ludwig / Kaiser, Peter Kommentar zum Embryonenschutzgesetz, Stuttgart 1992

Kempermann, Gerd Stellungnahme Gesetzentwurf Stammzellgesetz, BT A-Drs. 14-574a

Kern, Bernd-Rüdiger Die Bioethik-Konvention des Europarates – Bioethik versus Arztrecht?, Medizinrecht (MedR) 1998, S. 485 ff.

Kienle, Thomas Das Verbot des Klonens von Menschen, Zeitschrift für Rechtspolitik (ZRP) 1998, S. 186 ff.

Kloepfer, Michael Humangentechnik als Verfassungsfrage, Juristenzeitung (JZ) 2002, S. 417 ff.

Klotzko, Arlene Judith The Regulation of Embryo Research under the Human Fertilisation and Embryology Act of 1990, in: Evans, Donald (Hg.): Conceiving the Embryo (Ethics, Law and Practice in Human Embryology), The Hague/London/Boston 1996

Köhler, Michael Europäische Bioethikkonvention – Beitritt unter Vorbehalt?, Zeitschrift für Rechtspolitik (ZRP) 2000 S. 8 ff.

Kopp, Ferdinand/ Ramsauer, Ulrich Verwaltungsverfahrensgesetz, 7. Aufl., München 2000

Kreide, Regina Book Review – John Rawls on International Justice, German Law Review (GLJ) Vol. 3, No. 11

Kriele, Martin Vorbehaltlose Grundrechte und die Rechte anderer, Juristische Arbeitsblätter (JA) 1984, S. 629 ff

Lanza, Robert P. u.a. Human Therapeutic Cloning, Nature Medicine 1999, S. 975 ff.

Lee, Robert G. / Morgan, Derek Human Fertilisation & Embryology, Regulating the Reproductive Revolution, London 2001

Leisner, Walter „Abwägung überall" – Gefahr für den Rechtsstaat, Neue Juristische Wochenschrift (NJW) 1997, S. 636 ff.

Lerche, Peter Verfassungsrechtliche Aspekte der Gentechnologie, in: Lukes, Rudolf / Scholz, Rupert (Hg.): Rechtsfragen der Gentechnologie, Köln 1986

Liegsalz, Andreas Strafrechtliche Grenzen der „künstlichen" Fortpflanzung, in: Roxin, Claus / Schroth, Ulrich (Hg.): Medizinstrafrecht, Stuttgart 2000

Loewenich, V. von Definition, Diagnose und Prognose bei Anenzephalus, in: Hierche, Hans-Dieter / Hirsch, Günter / Graf-Baumann, Toni (Hg.): Rechtliche Fragen der Organtransplantation, Berlin 1990

Lorenz, Dieter Recht auf Leben und körperliche Unversehrtheit, § 128 in: Isensee, Josef / Kirchhof, Paul (Hg.): Handbuch des Staatsrechts der Bundesrepublik Deutschland, Band VI, Freiheitsrechte, Heidelberg 1989

Losch, Bernhard Lebensschutz am Lebensbeginn: Verfassungsrechtliche Probleme des Embryonenschutzes, Neue Juristische Wochenschrift (NJW) 1992, S. 2926 ff.

Löwer, Wolfgang Öffentliche Anhörung zum Entwurf eines „Stammzellgesetzes" (BT-Drs. 14/8394) am 11. März 2002, BT A-Drs. 5741

Löwer, Wolfgang Klonen von Tieren, Wissenschaftsrecht (WissR) 2001, S. 182 ff.

Lübbe, Anna Embryonenschutz als Verfassungsfrage, Zeitschrift für Rechtspolitik (ZRP) 1989, 138

Lücke, Jörg Das universale Verfassungsrecht als Quelle eines Weltgemeinschaftsrechts zur Lösung globaler rechtspolitischer Probleme, Medizinrecht (MedR) 2002, S. 432 ff.

Mai, Gerald Die rechtliche Zulässigkeit der embryonalen Gewebe- und Zellentnahme zum Zwecke der Entwicklung einer neuartigen Therapiestrategie gegen die Parkinsonsche Krankheit, Frankfurt am Main 1999

Maienschein, Jane What's in a Name: Embryos, Clones and Stem Cells, The American journal of bioethics (ajob) 2002, Vol. 2, Nr. 1, S. 12 ff.

Mangoldt, Hermann v./ Klein, Friedrich / Starck, Christian Das Bonner Grundgesetz; Kommentar, Band 1, 4. Aufl., München 1999; zit.: v.Mangoldt/Klein/Starck-*Bearbeiter*

Manssen, Gerrit Grundrechte, 2. Aufl., München 2002

Mastroianni Jr., Luigi Risk Evaluation and Informed Consent for Ovum Donation: A Clinical Perspective, The American journal of bioethics (ajob) 2001, Vol.1, Nr. 4, S. 28 f.

Maunz, Theodor / Dürig, Günter / Herzog, Roman / Scholz, Rupert Grundgesetz; Kommentar, Band I, Stand: 02/2003; zit.: Maunz/Dürig/Herzog/Scholz-*Bearbeiter*

Maunz, Theodor / Zippelius, Reinhold Deutsches Staatsrecht: ein Studienbuch, 30. Aufl., München 1998

Maurer, Hartmut Allgemeines Verwaltungsrecht, 14. Aufl., München 2002

McLaren, Anne Ethical and social considerations of stem cell research, Nature Vol. 414, S. 129 ff.

Megone, Christopher Potentiality and Persons: An Aristotelian Perspective, in: Kuczewski, Mark G. / Polansky, Ronald (Hg.): Bioethics, Cambridge 2000

Merkel, Reinhard Forschungsobjekt Embryo, München 2002

Model Otto / Müller, Klaus Grundgesetz für die Bundesrepublik Deutschland: Taschenkommentar für Studium und Praxis, 11. Aufl., Köln 1996

Mola, J. Ricardo Loret de Reproduction, in: Dulbecco, Renato (ed.): Encyclopedia of Human Biology, Vol. 7

Montgomery, Jonathan Rights, Restraints and Pragmatism: The Human Fertilisation and Embryology Act 1990

Morsey, Benedikt Biomedizinische Forschung, § 21 in: Wagner, Hellmuth (Hg.): Rechtliche Rahmenbedingungen für Wissenschaft und Forschung, Bd. 3: Forschungsbereiche, Baden-Baden 2000; zit.: Morsey, Biomedizinische Forschung

Morsey, Benedikt Verfassungsrechtliche Spannungsfelder der biomedizinischen Forschung, in: Wagner, Hellmuth (Hg.): Rechtliche Rahmenbedingungen für Wissenschaft und Forschung, Band 1: Freiheit von Wissenschaft und Forschung, Baden-Baden 2000, S. 293 ff.; zit.: Morsey, Verfassungsrechtliche Spannungsfelder

Mullen, Michelle A. What Oocyte Donors Aren´t Told?, The American journal of bioethics (ajob) 2001, Vol. 1, Nr. 4, S. 1c f.

Müller-Terpitz, Ralf Die neuen Empfehlungen der DFG zur Forschung mit menschlichen Stammzellen, Wissenschaftsrecht (WissR) 2001, S. 271 ff.

Nationaler Ethikrat Stellungnahme zum Import menschlicher embryonaler Stammzellen, Berlin 2001

NBAC National Bioethics Advisory Commission: Ethical Issues in Human Stem Cell Research, Volume I, Rockville 1999, zit.: NBAC, Stem Cell Report, Vol. I

NBAC National Bioethics Advisory Commission: Cloning Human Beings, Bethesda 1997, zit.: NBAC, Cloning

Neidert, Rudolf Das überschätzte Embryonenschutzgesetz – was es verbietet und nicht verbietet, Zeitschrift für Rechtspolitik (ZRP) 2002, S. 467 ff.

Neidert, Rudolf Zunehmendes Lebensrecht, Deutsches Ärzteblatt (DÄ) 97 (2000), S. A-3483 ff.

Neumann, Ulfrid Die Tyrannei der Würde, Archiv für Rechts- und Sozialphilosophie (ARSP) 1998, S. 153 ff.

NIH National Institutes of Health: Stem Cells: Scientific progress and future research directions, Bethesda 2001, zit.: NIH, Report

NIH National Institutes of Health: Stem Cell Registry, Bethesda 2002, zit.: NIH, Registry

NIH National Institutes of Health: Stem Cells: A Primer, Bethesda 2002, zit.: NIH, Primer

NIH National Institutes of Health: Strategies for Implementing Human Embryonic Stem Cell Research, Bethesda 2002, zit.: NIH, Strategies

Nisker, Jeffrey A. Physician Obligation in Oocyte Procurement, The American journal of bioethics (ajob) 2001, Vol. 1, Nr. 4, S. 22 f.

Nuffield Council on Bioethics Stem Cell Therapy: the ethical issues, a discussion paper, London 2000

Orr, Robert D. The Moral Status of the Embryonal Stem Cell: Inherent or Imputed?, The American journal of bioethics (ajob) 2002, Vol. 2, Nr. 1, S. 57 ff.

Ossenbühl, Fritz Vorrang und Vorbehalt des Gesetzes, § 62 in: Isensee, Josef/ Kirchhof, Paul (Hg.): Handbuch des Staatsrechts der Bundesrepublik Deutschland, Band III: Das Handeln des Staates, Heidelberg 1988

Ossenbühl, Fritz Abwägung im Verfassungsrecht, in: Erbguth, Wilfried / Oebbecke, Janbernd / Rengeling, Hans-Werner / Schulte, Martin (Hg.): Abwägung im Recht, Köln 1996, S. 25 ff.

Ossenbühl, Fritz Rechtsquellen und Rechtsbindungen der Verwaltung, § 10 in: Erichsen, Hans-Uwe (Hg.): Allgemeines Verwaltungsrecht, 11. Aufl., Berlin 1998

Pagenkopf, Martin Stellungnahme zum „Stammzellgesetz“ (Themenblock: „Rechtliche Fragen“), BT A-Drs. 14-574b

Pap, Michael Extrakorporale Befruchtung und Embryotransfer aus arztrechtlicher Sicht, Frankfurt/Main 1987

PCBE The President's Council of Bioethics: Human Cloning and Human Dignity: An Ethical Inquiry, Washington 2002

Peine, Franz-Joseph Allgemeines Verwaltungsrecht, 6. Aufl., Heidelberg 2002

Pieroth, Bodo / Schlink, Bernhard Grundrechte; Staatsrecht II, 18. Aufl., Heidelberg 2002

Püttner, Günter Forschungsfreiheit und Embryonenschutz, in: Günther, Hans-Ludwig / Keller, Rolf (Hg.): Fortpflanzungsmedizin und Humangenetik – strafrechtliche Schranken, 2. Aufl., Tübingen 1991

Raasch, Johanna Das Stammzellengesetz – ein beladenes Gesetzesvorhaben, Kritische Justiz (KJ) 2002, S. 285 ff.

Reich, Andreas Magdeburger Kommentar zum Grundgesetz für die Bundesrepublik Deutschland, Bad Honnef 1998

Reiss, Michael Biotechnology, in: Chadwick, Ruth (Hg.): Encyclopedia of Applied Ethics, Vol. 2, San Diego 1998

Renzikowski, Joachim Stellungnahme zum Entwurf eines Stammzellgesetzes (BT-Drs. 14/8394), BT A-Drs. 14-574d

Riedel, Eibe H. Gentechnologie und Embryonenschutz als Verfassungs- und Regelungsproblem, Europäische Grundrechte-Zeitschrift (EuGRZ) 1986, S. 469 ff.

Robertson, John Crossing the Ethical Chasm: Embryo Status and Moral Complicity, The American journal of bioethics (ajob) 2002, Volume 2, Number 1, S. 33 f.

Rudloff-Schäffer, Cornelia Übereinkommen über Menschenrechte und Biomedizin des Europarats vom 4. April 1997, in: Winter, Stefan F. / Fenger, Hermann / Schreiber, Hans-Ludwig (Hg.): Genmedizin und Recht, München 2001, S. 63 ff.

Sachs, Michael (Hg.) Grundgesetz; Kommentar, 3. Aufl., München 2003; zit.: Sachs-*Bearbeiter*

Sacksofsky, Ute Der verfassungsrechtliche Status des Embryos in vitro, Gutachten für die Enquete-Kommission des Deutschen Bundestages „Recht und Ethik der modernen Medizin", Frankfurt am Main 2001

Sass, Hans-Martin Extrakorporale Fertilisation und Embryotransfer, in: Flöhl, Rainer (Hg.): Genforschung – Fluch oder Segen?, München 1985

Sauer, Mark V. Egg Donor Solicitation: Problems Exist, But Do Abuses?, The American journal of bioethics (ajob) 2001, Vol. 1, Nr. 4, S. 1 f.

Schirmer, Günter Status und Schutz des frühen Embryos bei der „In-vitro"-Fertilisation, Frankfurt/Main 1987

Schmidt, Tobias Die derzeitige Rechtslage beim Schwangerschaftsabbruch, in: Roxin, Claus / Schroth, Ulrich (Hg.): Medizinstrafrecht, Stuttgart 2000

Schmidt-Bleibtreu, Bruno / Klein, Franz Kommentar zum Grundgesetz, 9. Aufl., Neuwied 1999

Schmidt-Jortzig, Edzard Systematische Bedingungen der Garantie unbedingten Schutzes der Menschenwürde in Art. 1 I GG, Die öffentliche Verwaltung (DÖV) 2001, S. 925 ff.

Schneider, Susanne Rechtliche Aspekte der Präimplantations- und Präfertilisationsdiagnostik, Frankfurt am Main 2002

Schoch, Friedrich/ Schmidt-Aßmann, Eberhard / Pietzner, Rainer	Verwaltungsgerichtsordnung; Kommentar, Band II, München, Stand: 01/2002; zit.: Schoch/Schmidt-Aßmann/Pietzner-*Bearbeiter*
Scholz, Rupert	Instrumentelle Beherrschung der Biotechnologie durch die Rechtsordnung, Bitburger Gespräche 1986/1, S. 59 ff.
Schreiber, Hans-Ludwig	Die Würde des Menschen – eine rechtliche Fiktion?, Medizinrecht (MedR) 2003, S. 367 ff.
Schroeder, Friedrich Christian	Die Rechtsgüter des Embryonenschutzgesetzes, in: Kuehne, Hans-Heiner (Hg.): Festschrift für Koichi Miyazawa: den Wegbereiter des japanisch-deutschen Strafrechtsdiskurses, Baden-Baden 1995
Schroth, Ulrich	Forschung mit embryonalen Stammzellen und Präimplantationsdiagnostik im Lichte des Rechts, Juristenzeitung (JZ) 2002, S. 170 ff.
Schulz, Stefan	Schleichende Harmonisierung der Stammzellforschung in Europa?, Zeitschrift für Rechtspolitik (ZRP) 2001, S. 526 ff.
Schulz, Stefan	Das Recht der Reprogenetik – flexibel und transparent?, Zeitschrift für Rechtspolitik (ZRP) 2002, S. 487 ff.
Schwarz, Kyrill-A.	„Therapeutisches Klonen" – ein Angriff auf Lebensrecht und Menschenwürde des Embryos?, Kritische Vierteljahresschrift für Gesetzgebung und Rechtswissenschaft (KritV) 2001, S. 182 ff.
Schwarz, Kyrill-A.	Strafrechtliche Grenzen der Stammzellforschung?, Medizinrecht (MedR) 2003, S. 158 ff.
Select Committee	The United Kingdom Parliament, House of Lords, Select Committee on Stem Cell Research: Report, London 2002
Siekmann, Helmut / Duttge, Gunnar	Staatsrecht I, Grundrechte, 3. Aufl., Thüngersheim 2000

Simons, Eric Human Embryos are more protected by the law than the human foetus: must they therefore be treated as people?, NI Ethics Journal Vol. 2

Sina, Stephan Buchbesprechung: Public Law in Israel, Ed. by Itzhak Zamir and Allen Zysblat, Zeitschrift für ausländisches öffentliches Recht und Völkerrecht (ZaöRV) 57 (1997), S. 792 f.

Sleator, Alex (Hg.) Stem Cell Research and Regulations under the Human Fertilisation and Embryology Act 1990 (Revised edition), House of Commons Research Paper 00/93, London 2000, zit.: Sleator, 00/93

Sleator, Alex (Hg.) The Human Reproductive Cloning Bill (HL), House of Commons Research Paper 01/104, London 2001, zit.: Sleator, 01/104

Smend, Rudolf Das Recht der freien Meinungsäußerung, Veröffentlichungen der Vereinigung der Deutschen Staatsrechtslehrer (VVDStRL) 4 (1928), S. 44 ff.

Sobota, Katharina Die Ethik-Kommission – Ein neues Institut des Verwaltungsrechts?, Archiv des öffentlichen Rechts (AöR) 121 (1996), S. 229 ff.

Spiekerkötter, Jörg Verfassungsfragen der Humangenetik, Neuwied 1989

Spike, Jeffrey Bush and Stem Cell Research: An Ethically Confused Policy, The American journal of bioethics (ajob) 2002, Volume 2, Number 1, S. 45 f.

Spranger, Tade Matthias Verfassungsrechtliche Aspekte der Präimplantationsdiagnostik, Sozialrecht in Deutschland und Europa (ZFSH/SGB) 2001, S. 266 ff

Starck, Christian Die künstliche Befruchtung beim Menschen – Zulässigkeit und zivilrechtliche Folgen, 1. Teilgutachten: Verfassungsrechtliche Probleme, 56. DJT (1986), Gutachten A

Starck, Christian Verfassungsrechtliche Grenzen der Biowissenschaft und Fortpflanzungsmedizin, Juristenzeitung (JZ) 2002, S. 1065 ff.

Stelkens, Paul / Bonk, Heinz Joachim / Sachs, Michael (Hg.) Verwaltungsverfahrensgesetz; Kommentar, 6. Aufl., München 2001, zit.: Stelkens/Bonk/Sachs-*Bearbeiter*

Stellpflug, Martin H. Embryonenschutz in England, Zeitschrift für Rechtspolitik (ZRP) 1992, S. 4 ff.

Stern, Klaus Das Staatsrecht der Bundesrepublik Deutschland, Band III/1, Allgemeine Lehren der Grundrechte, München 1988

Stock, Gregory Eggs for Sale: How Much Is Too Much?, The American journal of bioethics (ajob) 2001, Vol. 1, Nr. 4, S. 26 f.

Stratmann, Susanne Der Anspruch auf das medizinisch Machbare, Aachen 2000

Suerbaum, Joachim Berufsfreiheit und rechtswidriger Schwangerschaftsabbruch, Neue Juristische Wochenschrift (NJW) 2000, S. 849 ff.

Taupitz, Jochen Der rechtliche Rahmen des Klonens zu therapeutischen Zwecken, Neue Juristische Wochenschrift (NJW) 2001, S. 3433 ff.

Taupitz, Jochen Import embryonaler Stammzellen, Zeitschrift für Rechtspolitik (ZRP) 2002, S. 111 ff.

Taupitz, Jochen Stellungnahme zum Entwurf eines Stammzellgesetzes (BT-Drucksache 14/8394) aus rechtlicher Perspektive, BT A-Drs. 14-574e

Tendler, Moshe Dovid	Stem Cell Research and Therapy: A Judeo-Biblical Perspective, in: NBAC (National Bioethics Advisory Commission): Ethical Issues in Human Stem Cell Research, Vol. III, Rockville 2000
Theile, Ursel	Aktuelle Fragen der Bioethik – Medizinische Aspekte, Deutsche Richterzeitung (DRiZ) 2002, S. 170 ff.
Thomasma, David C.	Selling Human Egg Donation, The American journal of bioethics (ajob) 2001, Vol. 1, Nr. 4, S. 1b
Thomson, J. u.a.	Embryonic stem cell lines derived from human blastocysts, Science 1998, S. 1145 ff.
Trachtman, Howard	A Modest Proposal, The American journal of bioethics (ajob) 2002, Vol. 2, Nr. 1, S. 1b f.
Umbach, Dieter C. / Clemens, Thomas (Hg.)	Grundgesetz; Mitarbeiterkommentar und Handbuch, Band I, Heidelberg 2002; zit.: Umbach/Clemens-*Bearbeiter*
Vetenskapsrådets	Vetenskapsrådets riktlinjer för forskningsetisk prövning av human stamcellsforskning, Stockholm 2001
Vitzthum, Wolfgang Graf	Gentechnologie und Menschenwürdeargument, in: Klug, Ulrich / Kriele, Martin (Hg.): Menschen- und Bürgerrechte, Archiv für Rechts- und Sozialphilosophie (ARSP)-Beiheft 33, Stuttgart 1988
Voss, Daniela	Rechtsfragen der Keimbahntherapie, Hamburg 2001
Waechter, Kay	Forschungsfreiheit und Fortschrittsvertrauen, Der Staat (Staat) 30 (1991), S. 19 ff.
Wagner, Hellmuth	Zur Stellung der Forschungsfreiheit im Gefüge der Grundrechte, in: Wagner, Hellmuth (Hg.): Rechtliche Rahmenbedingungen für Wissenschaft und Forschung, Band 1: Freiheit von Wissenschaft und Forschung, Baden-Baden 2000

Wahrman, Myriam Z. „Im Reagenzglas gibt es kein Verbot", Jüdische Allgemeine v. 28.02.2002

Warnock, Mary (Hg.) Report of the Committee of Inquiry into Human Fertilisation and Embryology, London 1984

Weschka, Marion Internationale Standards zur Bioethik: Handlungsbedarf für die Bundesrepublik Deutschland?, Speyer 2001

White House Fact Sheet Embryonic Stem Cell Research, Washington 2001

Winter, Stefan F. Europäisches Protokoll zum Verbot des Klonens menschlicher Lebewesen, in: Winter, Stefan F. / Fenger, Hermann / Schreiber, Hans-Ludwig (Hg.): Genmedizin und Recht, München 2001, S. 79 ff.

Witteck, Lars / Erich, Christina Straf- und verfassungsrechtliche Gedanken zum Verbot des Klonens von Menschen, Medizinrecht (MedR) 2003, S. 258

Wolff, Hans J. / Bachof, Otto / Stober, Rolf Verwaltungsrecht I, 11. Aufl., München 1999

Wolfrum, Rüdiger Stellungnahme zu dem Entwurf eines Gesetzes zur Sicherstellung des Embryonenschutzes im Zusammenhang mit Einfuhr und Verwendung menschlicher embryonaler Stammzellen (Stammzellgesetz), BT A-Drs. 14-574f

Zoloth, Laurie The Ethics of the Eighth Day: Jewish Bioethics and Genetic Medicine; A Jewish Contribution to the Discourse, in: NBAC (National Bioethics Advisory Commission): Ethical Issues in Human Stem Cell Research, Vol. III, Rockville 2000

Zuck, Rüdiger Wie führt man eine Debatte? Die Embryonennutzung und die Würde des Menschen (Art. 1 I GG), Neue Juristische Wochenschrift (NJW) 2002, S. 869

Kapitel 1: Einleitung

§ 1 Gang der Untersuchung

Die Forschung mit menschlichen embryonalen Stammzellen (ES-Zellen) ist ein Wissenschaftszweig, der nicht nur naturwissenschaftliche, sondern auch rechtliche, insbesondere verfassungsrechtliche und rechtsethische Fragen und Probleme verschiedenster Art aufwirft. Einige davon – notwendigerweise nur einige – sollen im Rahmen dieser Arbeit einer genaueren Betrachtung unterworfen werden.

Folgt man einer in der biopolitischen Debatte in Deutschland weithin vertretenen Position,[1] fällt die Forschung mit menschlichen embryonalen Stammzellen als Gegenstand der Rechtsetzung weitgehend aus, da die Rechtslage durch verfassungsrechtliche Vorgaben im Wesentlichen vorgezeichnet ist. Ziel der vorliegenden Arbeit ist es, diese Aussage kritisch zu hinterfragen.

Der rechtlichen Prüfung wird ein Tatsachenteil vorangestellt. Dieser muß sich zwangsläufig auf das für die Nachvollziehbarkeit der rechtlichen Erörterungen Unabdingbare beschränken, denn erstens würden tiefergehende Ausführungen den Rahmen dessen überschreiten, was eine juristische Arbeit vernünftigerweise zu leisten im Stande ist, und zweitens kann es auch nicht Aufgabe der Rechtswissenschaft sein, zur Klärung naturwissenschaftlicher Fragen beizutragen.

Anschließend werden die rechtlichen Regelungen der Materie dargestellt, wobei schwerpunktmäßig auf Gemeinsamkeiten und Unterschiede zwischen der einfachgesetzlichen Rechtslage in der Bundesrepublik Deutschland und der in einigen anderen Rechtsordnungen einzugehen ist; dem britischen Human Fertilisation and Embryology Act, der gewissermaßen den Gegenpol zur restriktiven deutschen Rechtslage bildet, kommt dabei ein besonderes Gewicht zu.

Ebenso wird auf die bereits bestehenden und sich entwickelnden rechtlichen Regelungen auf den verschiedenen Ebenen des internationalen Rechts einzugehen sein.

Es folgt die Herausarbeitung der verfassungsrechtlichen Grundlagen, also der Relevanz der widerstreitenden Verfassungsgüter Forschungsfreiheit und Embry-

[1] beispielhaft Höfling, S. 10; Sacksofsky, S. 86

onenschutz sowie der verfassungsrechtlichen Grenzen einer Lösung des Konflikts durch den Gesetzgeber.

Schließlich stellt sich die Frage, inwieweit nach Maßgabe dieses verfassungsrechtlichen Rahmens eine Änderung der einfachgesetzlichen Rechtslage möglich oder gar geboten ist, und ob dabei die Rechtslage in anderen Staaten Orientierungsmöglichkeiten bietet.

Kapitel 2: ES-Zellen - Fakten und Anwendungsmöglichkeiten

§ 2 Zur Begriffsbestimmung

Die nachfolgenden Ausführungen dienen nur der kurzen Darstellung der rechtlich zu regelnden Ausgangslage aus naturwissenschaftlicher Sicht. Für tiefergehende Informationen sei auf die einschlägige Fachliteratur verwiesen.[2]

Der Klarheit halber sei vorweg auf einen wichtigen Unterschied im Sprachgebrauch hingewiesen: Im angelsächsischen Sprachraum ist es üblich, den Embryo im frühesten Stadium, also vor der Nidation, als „preembryo" zu bezeichnen.[3] Damit soll noch keine vorweggenommene Aussage über seinen rechtlichen oder moralischen Status, sondern lediglich eine – allerdings nicht unumstrittene – begriffliche Unterscheidung getroffen werden.[4] Im deutschsprachigen Raum wird der Begriff „Präembryo", wenn überhaupt, für Eizellen in einer Phase der Befruchtung verwendet, bei der sich die Vorkerne bereits einander angenähert haben, aber noch nicht „verschmolzen" sind (auf Einzelheiten zur Problematik dieser Differenzierung wird noch an anderer Stelle eingegangen, S. 67). Für Präimplantations-Embryonen sind dagegen die Bezeichnungen Zygote (von der Befruchtung an), Morula (ab dem achtzelligen Stadium) und Blastozyste (vom siebten Tag nach der Befruchtung bis zur Einnistung) gebräuchlich.[5]

§ 3 Warum Forschung mit ES-Zellen?

ES-Zellen sind pluripotent, sie sind demzufolge in der Lage, sich prinzipiell in jede denkbare Art von Körpergewebe auszudifferenzieren. Ziel der Forschung mit diesen Zellen ist es, Näheres darüber in Erfahrung zu bringen, unter welchen Bedingungen sie jeweils kultiviert werden müssen, um die gewünschte Gewebeart zu entwickeln. Gelänge dies, würden sich völlig neue medizinische Anwendungsmöglichkeiten eröffnen, beispielsweise folgende:

---

[2] Empfehlenswerte Einführungen in die Thematik mit weiterführenden Hinweisen auf Fachliteratur u.a. bei Enquete-Zwischenbericht; NIH, Report; NBAC, Stem Cell Report, Vol. I

[3] Holm, S. 40

[4] Lee/Morgan, S. 64 f.

[5] DFG, S. 7

- Das Problem des beklagenswerten Mangels an Transplantationsorganen ließe sich entschärfen, wenn Organteile, vielleicht eines Tages sogar vollständige Organe, aus Stammzellen herangezüchtet werden könnten.[6]

- Durch die Kultivierung von Nerven- Haut- oder Blutzellen rücken Behandlungsmöglichkeiten für bislang unheilbare Krankheiten in den Bereich des Möglichen.[7]

- Zur Behandlung von Diabetes könnte versucht werden, spezielle Zellen zur Insulinproduktion herauszudifferenzieren.[8]

Da sich der gesamte Forschungszweig bis auf weiteres noch im Stadium der Grundlagenforschung befindet, wird ihm entgegengehalten, es handele sich um nicht mehr als bloße Heilungsversprechen, mit denen bei unheilbaren Patienten trügerischen Hoffnungen geweckt werden. In der Tat ist es wichtig, darauf hinzuweisen, daß bis zur Entwicklung praktischer Anwendungsmöglichkeiten unstreitig noch jahrelange Grundlagenforschungsarbeit zu leisten sein wird.[9] Aktuelle Forschungsergebnisse deuten aber darauf hin, daß tatsächlich beachtliche Fortschritte zu verzeichnen sind, und das durchaus nicht nur mit Stammzellen tierischen Ursprungs:

- So ist es gelungen, menschliche ES-Zellen so zu entwickeln, daß ihre Eigenschaften denen von Herzmuskelzellen sehr ähnlich sind.[10]

- Im Rahmen eines anderen Forschungsprojekts konnten menschliche ES-Zellen in verschiedene Arten von Blutzellen umgewandelt werden.[11]

§ 4 Möglichkeiten der Gewinnung

Um embryonale Stammzellen für die Forschung nutzbar zu machen, müssen sie in Form von Stammzell-Linien kultiviert werden.[12] Dazu werden einer Blastozyste die benötigten ES-Zellen entnommen; unter entsprechenden Laborbedingungen lassen sie sich in vitro praktisch unbegrenzt vermehren. Probleme wirft dabei jedoch die Gewinnung der ursprünglichen ES-Zellen auf.

---

[6] NBAC, Stem Cell Report, Vol. I, S. 23
[7] Donaldson, S. 18
[8] Sleator, 00/93, S. 20
[9] Donaldson, S. 21 f.
[10] Kehat u.a., JCI 2001, 407
[11] Kaufman u.a., PNAS 2001, 10716

A. Import von Stammzellen aus dem Ausland

Die einfachste Möglichkeit, in den Besitz von ES-Zellen zu kommen, ist der Import von Zellen aus bereits bestehenden Stammzell-Linien aus dem Ausland. Von diesen stehen, auch eigens für den Import, ausreichende Mengen zur Verfügung, um den Bedürfnissen der Forschung für einige Zeit (wenn auch nicht unbegrenzt) zu genügen.[13] Oft werden Importverträge jedoch nur unter patent- und vertragsrechtlichen Bedingungen angeboten, die die Attraktivität für eine breite Forschungsarbeit sehr vermindern.[14]

B. Etablierung eigener Stammzell-Linien

Der wegen der genannten ungünstigen Begleiterscheinungen letztlich unbefriedigende Stammzellimport kann nur umgangen werden durch die Etablierung eigener Stammzell-Linien im Inland. Fraglich ist dabei allerdings, woher die Blastozysten stammen sollen, aus denen die Ursprungszellen gewonnen werden können. In Betracht kommen:

- Redundante Embryonen, die bei In-Vitro-Fertilisationen (IVF) übrig geblieben sind; diese existieren jedoch in Deutschland soweit ersichtlich nur in geringer Zahl,[15] denn in aller Regel werden hierzulande bei der IVF nicht Embryonen kryokonserviert, bei denen sich die Vorkerne bereits vereinigt haben, sondern Präembryonen, die sich in einem Stadium kurz vor dieser Kernverschmelzungsphase befinden.[16]

- eigens erzeugte Embryonen, wobei hier wiederum zu unterscheiden ist zwischen der Nutzung redundanter kryokonservierter Präembryonen, die beim Auftauen den Befruchtungsvorgang selbständig vollenden, und Eizellen, die eigens zu Forschungszwecken in vitro befruchtet werden.[17]

C. Zellkerntransfer („Therapeutisches Klonen")

Eins der schwerwiegendsten Hindernisse, das der praktischen medizinischen Nutzung embryonaler Stammzellen in tatsächlicher Hinsicht entgegensteht, ist

---

[12] Grundlegend Thomson, Science 1998, 1145
[13] vgl. NIH, Stem Cell Registry
[14] Theile, DRiZ 2002, 170, 174; Enquete-Zwischenbericht, S. 87, insbes. Fn. 299
[15] Enquete-Zwischenbericht, S. 69
[16] Keller/Guenther/Kaiser, § 1 Abs. 1 Nr. 5, Rn. 4
[17] Enquete-Zwischenbericht, S. 68

die Gefahr von Abstoßungsreaktionen, die dadurch ausgelöst werden, daß dem Patienten genetisch fremdes Gewebe implantiert wird. Als eine Möglichkeit, solche Probleme zu vermeiden, wird die Züchtung von Gewebe erwogen, das mit dem des Patienten genetisch übereinstimmt.

Als erfolgversprechendster Weg in dieser Hinsicht erscheint nach derzeitigem Kenntnisstand der Transfer eines Zellkerns aus einer somatischen Zelle des Patienten in eine unbefruchtete, entkernte menschliche Eizelle, die anschließend durch spezielle Laborbedingungen zur Teilung aktiviert wird.[18] Diese Technik ist auch unter der Bezeichnung „Therapeutisches Klonen" bekannt geworden, was begrifflich jedoch in verschiedener Hinsicht irreführend ist: Zum ersten handelt es sich im gegenwärtigen Stadium keineswegs um eine therapeutische Maßnahme, sondern einen Bestandteil der Grundlagenforschung, welcher therapeutische Anwendungsmöglichkeiten als fernes Ziel in Aussicht stellt.[19] Und zum zweiten ist durchaus streitig, ob insoweit überhaupt von einer Klonierung gesprochen werden kann, da lediglich die Zellkern-DNS des Patienten übernommen wird, die mitochondriale DNS der Eizelle aber erhalten bleibt.[20]

In der Praxis ist der somatische Zellkerntransfer an menschlichen Zellen bislang kaum erprobt worden. Fortschritte in dieser Hinsicht waren zunächst nur im Rahmen eines Forschungsprojekts zu verzeichnen, bei dem es zwar gelang, so erzeugte Embryonen tatsächlich zur Herausbildung von Pronuclei und zur Teilung anzuregen; sie gelangten jedoch in keinem Fall über ein sechszelliges Stadium hinaus.[21]

Am 12.02.2004 wurde in der Online-Ausgabe des Science-Magazins die erfolgreiche Gewinnung von Stammzellen aus einem durch Zellkerntransfer erzeugten menschlichen Embryo bekanntgegeben.[22] Damit sind die tatsächlichen Zweifel an der grundsätzlichen technischen Realisierbarkeit dieses Verfahrens überholt. Die Besorgnis, daß diese Erkenntnisse für Versuche des reproduktiven Klonens genutzt werden könnten, hält einer der Leiter des genannten Projekts, der südkoreanische Gynäkologe Shin Yong Moon von der Universität Seoul, angesichts

[18] Lanza, Nature Medicine 1999, 975
[19] Hillebrand/Lanzerath/Wachlin, S. 17
[20] DFG, S. 16
[21] Cibelli, e-biomed 2001, Vol. 2, S. 25
[22] http://www.sciencemag.org/cgi/content/abstract/1094515

der praktischen Schwierigkeiten nicht für naheliegend (zit. bei Vogel, Science 2004, S. 937 f.).

§ 5 Alternativen

Da, wie gesehen, schon allein die technischen Schwierigkeiten bei der praktischen Nutzbarmachung embryonaler Stammzellen für medizinische Zwecke tatsächliche Heilungsmöglichkeiten für Patienten nur als langfristige Perspektive erscheinen lassen, ist es sinnvoll, brauchbare Alternativen in Erwägung zu ziehen. Als solche kommen andere Stammzellen als ES-Zellen in Betracht.

A. Embryonale Keimzellen (EG-Zellen)

EG-Zellen lassen sich aus abgetriebenen Föten gewinnen. Sie sind nach derzeitigen Erkenntnissen nur begrenzt differenzierungsfähig.[23] Auch ihre Vermehrungsfähigkeit unter Laborbedingungen bleibt hinter der von ES-Zellen deutlich zurück.[24]

B. Stammzellen aus Nabelschnurblut (CR-Zellen)

CR-Zellen kommen bereits in therapeutischen Verfahren zur Anwendung, wobei man sich den Umstand zunutze macht, daß es bei Identität von Spender und Patient keine Abstoßungsprobleme gibt.[25] Es liegen auch bereits Erkenntnisse über eine begrenzte Differenzierungsfähigkeit dieser Zellen vor,[26] allerdings beschränkt auf bestimmte Gewebearten.

C. Adulte Stammzellen (AS-Zellen)

AS-Zellen wurden bereits in verschiedensten Gewebearten nachgewiesen. Ihre Nutzung wird vor allem deswegen befürwortet, weil sie nicht die ethischen Probleme aufwirft, die mit der Gewinnung von ES-Zellen verbunden sind.[27] Gelänge es, Verfahren zu entwickeln, AS-Zellen beliebig zur Differenzierung und Vermehrung anzuregen, könnten Patienten mit ihren eigenen AS-Zellen therapiert werden, ohne daß es zu Abstoßungsreaktionen kommt. Dies ist wiederum

---

[23] NBAC, Stem Cell Report Vol. I, S. 19
[24] NIH, Report, S. 14
[25] Sleator, 00/93, S. 23
[26] Enquete-Zwischenbericht, S. 12
[27] Orr, ajob 2002, Vol. 2, Nr. 1, S. 58

nur als eine sehr langfristige Perspektive denkbar, die sich nicht ohne eine aufwendige und langwierige Grundlagenforschung realisieren lassen wird. Erste Schritte in dieser Richtung sind immerhin erfolgreich unternommen worden, indem es gelungen ist, adulte Nervenstammzellen in andersartiges Gewebe zu differenzieren.[28] Allerdings warnen selbst die Forscher, die auf diesem Gebiet Erfolge erzielt haben, vor einer Vernachlässigung der Forschung mit ES-Zellen, sie befürworten vielmehr einen parallelen Fortschritt auf beiden Forschungszweigen.[29] Insgesamt muß das Potential der AS-Zellen aus heutiger Sicht gegenüber dem der ES-Zellen prinzipiell als begrenzt angesehen werden.[30]

D. Schlußfolgerung

Festzuhalten bleibt, daß trotz aller Fortschritte bei der Erforschung und Nutzung der aufgezählten Stammzellarten eine Beendigung oder ein Aufschub der Forschung mit embryonalen Stammzellen aus heutiger naturwissenschaftlicher Sicht weitgehend für nicht sinnvoll gehalten wird.[31] Diese Einschätzung als solche muß auch der Naturwissenschaft vorbehalten bleiben, sie kann nicht durch politische oder juristische Entscheidungen ersetzt werden.[32] Der Rechtswissenschaft obliegt hingegen die Aufgabe, festzustellen, ob die naturwissenschaftlich für erforderlich gehaltenen Schritte rechtlich zulässig sind oder, falls das nicht der Fall ist, inwieweit sie im Einklang mit den verfassungsrechtlichen Vorgaben legalisiert werden können.

---

[28] Galli u.a., nature neuroscience 2000, 986
[29] editorial, nature neuroscience 2000, 961
[30] Müller-Terpitz, WissR 2001, 271, 275 f.
[31] NIH, Primer
[32] Nationaler Ethikrat, S. 11

Kapitel 3: Einfachgesetzliche Regelungen

Zu einer Bestandsaufnahme der dieser Untersuchung zugrunde liegenden Faktenlage gehört die Darstellung der vorhanden einfachgesetzlichen Regelwerke auf nationaler Ebene. Von der einfachgesetzlichen Rechtslage in Deutschland sind dabei Bezüge zum verfassungsrechtlichen Hintergrund zu erwarten, welche sowohl bei der Interpretation der Rechtslage im Wege der verfassungskonformen Auslegung als auch bei der Herausarbeitung von Ansatzpunkten für Zweifel an der verfassungsrechtlichen Gültigkeit von Bedeutung sein werden, wobei die vollständige verfassungsrechtliche Würdigung einer gesonderten Betrachtung (S. 166 ff.) vorbehalten bleibt. Ziel der Aufarbeitung ausländischer nationaler Regelwerke insbesondere die Länder betreffend, die als Stammzellexporteure in Betracht kommen, ist die Herausarbeitung von alternativen Regelungsmodellen, die dem hiesigen Gesetzgeber als Orientierungspunkte dienen können.

§ 6 Deutsches nationales Recht

In Deutschland wird die Materie bundesgesetzlich durch das Embryonenschutzgesetz (ESchG) von 1990 geregelt. Vom Kernstrafrecht wird der Schutz von Präimplantations-Embryonen nicht erfaßt (vgl. § 218 ff. StGB). Zu beachten sind aber die einschlägigen Richtlinien der Bundesärztekammer (BÄK).[33]

A. Allgemeines zum ESchG

Das ESchG ist von seinem Charakter her ein Nebenstrafgesetz. Es regelt den Schutz von Embryonen bis hin zur Nidation, wo der Schutz des Kernstrafrechts zu greifen beginnt.[34] Die Strafvorschriften spiegeln die gesetzgeberische Intention wider, menschliche Embryonen auch vor weit in der Zukunft liegenden biotechnologischen Entwicklungen umfassend zu schützen.

B. Einschlägige Einzelbestimmungen

Die Bestimmungen des ESchG stammen aus einer Zeit, zu der zahlreiche aktuelle Probleme der Forschung mit embryonalen Stammzellen noch nicht absehbar waren. Die Auslegung des Gesetzes macht es daher stets notwendig, weder die

---

[33] BÄK-Richtlinien zur Durchführung der assistierten Reproduktion
[34] Neidert, ZRP 2002, 467, 468

gesetzliche Zweckbestimmung eines hohen Schutzniveaus noch das strafrechtliche Analogieverbot (Art. 103 II GG) außer acht zu lassen.[35]

I. Begriffsbestimmung

§ 8 I ESchG bezeichnet als Schutzgut die befruchtete entwicklungsfähige Eizelle vom Zeitpunkt der Kernverschmelzung an sowie jede einem Embryo entnommene totipotente Zelle.

1. Totipotenz

§ 8 I ESchG macht damit die Totipotenz, die Fähigkeit, sich zu einem vollständigen menschlichen Organismus zu entwickeln, zum maßgeblichen Kriterium für die Einbeziehung in den Schutzbereich der gesetzlichen Normen.[36] Pluripotente Stammzellen als solche sind demnach nicht vom Regelungsgehalt erfaßt.[37] Nach überwiegender – nicht unbestrittener[38] – Auffassung wird davon ausgegangen, daß die embryonalen Zellen nicht länger als bis zum achtzelligen Stadium totipotent sind;[39] jedenfalls ist eine Totipotenz menschlicher Embryonalzellen über das Achtzellstadium hinaus bislang in keinem Fall experimentell belegbar gewesen.[40] Klare und schlüssige Abgrenzungen zur Totipotenz waren allerdings nur möglich, solange noch nicht absehbar war, daß durch Zellkerntransfer auch ohne Kernverschmelzung Zellkernmaterial aus nicht-totipotenten Zellen in einen totipotenten Zustand versetzt werden kann.[41] Nun, da prinzipiell jeder Zellkern aus einer somatischen Zelle in eine entkernte Eizelle transferiert und in einen entwicklungsfähigen Zustand versetzt werden kann, ist es nicht mehr unstreitig, jedes dieser Gebilde als „Embryo" und damit als werdendes menschliches Leben zu bezeichnen, auch wenn daraus bloß Gewebe oder ein Organ gezüchtet werden soll.[42]

In diesem Zusammenhang ist anzumerken, daß dem ESchG mit seinem Anknüpfen ans Kriterium der Totipotenz ein rechtstechnischer Embryonenbegriff

---

[35] BT-Drs. 13/11263, S. 6; Neidert, ZRP 2002, 467, 469
[36] Betta, KritV 1997, 66, 71
[37] Taupitz, NJW 2001, 3433, 3434; Enquete-Zwischenbericht, S. 32
[38] vgl. die Nachweise bei Höfling, S. 185 f.
[39] Keller/Guenther/Kaiser, § 8, Rn. 12
[40] Beier, Reproduktionsmedizin 2000, 332, 338
[41] v.Bülow, DÄ 94(1997), 718, 724 f.
[42] Hilgendorf, FS-Maurer, S. 1162 ff.

zugrunde liegt, der weder mit naturwissenschaftlichen noch mit alltäglichen Sprachgebräuchlichkeiten zwangsläufig deckungsgleich sein muß; wäre dies nicht so, könnten anders als durch Befruchtung entstandene totipotente Erscheinungsformen menschlichen Lebens schon mit Hinweis auf bloße Begrifflichkeiten vom gesetzlichen Schutz ausgenommen werden, was mit der weitgefaßten Schutzrichtung des Gesetzes nicht vereinbar wäre.

Auch der Entwurf für das Stammzellgesetz (StZG) enthielt keine eigenständige Definition des Embryos, sondern bezog sich nur auf die unzulängliche Begriffsbestimmung des ESchG.[43] In der endgültigen Fassung ist jedoch in § 3 Nr. 4 StZG ein eigenständiger Embryonenbegriff unter Verzicht auf das Merkmal der Befruchtung enthalten, damit eindeutig auch durch Zellkerntransfer erzeugte Embryonen erfaßt werden.[44]

2. Zellkerntransfer

Der Wortlaut des § 8 I ESchG setzt voraus, daß die Eizelle durch Kernverschmelzung in den Zustand der Totipotenz versetzt wurde. Fraglich ist, welche Auswirkungen diese Festlegung für Zellverbände hat, deren Totipotenz auf andere Weise, namentlich durch Zellkerntransfer, erreicht wurde. Überwiegend wird auf den nicht abschließenden Charakter des § 8 I ESchG („gilt bereits") verwiesen.[45] Von den Entwicklungsmöglichkeiten stehe die durch Zellkerntransfer erzeugte totipotente Zelle einer befruchteten Eizelle gleich.[46] Auch spreche die Ratio des Gesetzes[47] dagegen, totipotenten Zellen, die anders als in § 8 I ESchG beschrieben entstanden sind, einen gleichwertigen Schutz abzusprechen.[48]

Diese Argumentation sieht sich dem Einwand ausgesetzt, sie überdehne den Wortlaut: „bereits" könne nur temporär verstanden werden in dem Sinne, daß der Schutz zum Zeitpunkt der Befruchtung und nicht später einsetzt.[49] Tatsächlich finden sich in den gesetzgeberischen Materialien nur Hinweise auf die tem-

---

[43] Renzikowski, BT A-Drs. 14-574d, S. 2
[44] BT-Drs. 14/8846, S. 13
[45] Enquete-Zwischenbericht, S. 33; v.Bülow, DÄ 94(1997), 718, 721; Schwarz, KritV 2001, 182, 186 f.
[46] Schwarz, KritV 2001, 182, 187
[47] vgl. BT-Drs. 13/11263, S. 14
[48] v.Bülow, DÄ 94(1997), 718, 721; Enquete-Zwischenbericht, S. 33
[49] Gutmann, S. 327; Schroth, JZ 2002, 170, 172; Witteck/Erich, MedR 2003, 258, 259

poräre Deutungsmöglichkeit.[50] Dennoch legt der Wortlaut der Vorschrift („gilt") nahe, daß sie auch für naturwissenschaftlich neue Sachverhalte offen bleiben soll.[51] Fraglich ist dann allerdings, wie eine derart vage Begriffsbestimmung des Schutzgutes den für Strafvorschriften besonders hoch anzusetzenden Anforderungen hinsichtlich der Bestimmtheit (Art. 103 II GG) genügen kann.[52]

Im Ergebnis ist mithin davon auszugehen, daß die durch Zellkerntransfer erzeugte totipotente Zelle einerseits nicht entgegen dem Gesetzeszweck vom Schutzbereich des § 8 I ESchG ausgenommen werden kann, daß diese Vorschrift jedoch verfassungsrechtliche Bedenken hinsichtlich ihrer Unbestimmtheit nahelegt, worauf im Einzelnen später (S. 167) einzugehen sein wird.

Weitere Probleme ergeben sich aus der Bestimmung des Zeitpunktes, von dem an eine durch Zellkerntransfer manipulierte Eizelle als totipotent und damit als Embryo gelten soll.[53] In Betracht kommt der Zeitpunkt, an dem die Zelle zur ersten Zellteilung fähig ist;[54] das Problem der Unbestimmtheit der geltenden Regelung bleibt.

Der Begriff der embryonalen Stammzelle nach § 3 Nr. 2 StZG umfaßt hingegen ganz eindeutig auch Zellen, die aus durch Zellkerntransfer erzeugten Embryonen stammen,[55] da allein die extrakorporale Herstellung des Embryos vorausgesetzt wird.

II. Befruchtungsverbote

§ 1 I Nr. 2 ESchG enthält ein Befruchtungsverbot für den Fall, daß die künstlich befruchtete Eizelle nicht zur Herbeiführung einer Schwangerschaft bei der Frau, von der die Eizelle stammt, eingesetzt werden soll. Insbesondere soll damit die Befruchtung von Eizellen zu Forschungszwecken verboten werden.[56] Schutzgut ist damit die „Lebensgerichtetheit" der befruchteten Eizelle.[57] Damit ist die In-Vitro-Fertilisation als Methode zur Gewinnung von embryonalen Stammzellen eindeutig unzulässig, umstritten ist insoweit nur, ob die Vorschrift auch prä-

---

50 BR-Drs. 417/89, S. 28
51 Keller/Guenther/Kaiser, § 8, Rn. 1; aA Raasch, KJ 2002, 285, 287
52 Enquete-Zwischenbericht, S. 34 unter Hinweis auf Höfling, S. 213 f.
53 v.Bülow, Genmedizin, Rn. 366
54 BT-Drs. 13/11263, S. 14 f.
55 BT-Drs. 14/8394, S. 9
56 BR-Drs. 417/89, S. 15

implantative Diagnosen an pluripotenten Zellen aus durch In-Vitro-Fertilisation erzeugten Embryonen verbietet.[58]

Tatbestandsmerkmal ist die künstliche Befruchtung. Sie muß durch Vereinigung der Vorkerne vollendet sein, so daß die (von vornherein beabsichtigte) Kryokonservierung im Vorkernstadium außerhalb des Regelungsbereiches liegt;[59] die Befruchtung zahlreicher Eizellen „auf Vorrat" wird nicht durch § 1 I Nr. 2 ESchG, aber durch Nr. 5 unterbunden.[60] Hiernach können zwar Vorkernstadien auf Vorrat für mehrere Befruchtungsversuche kryokonserviert werden,[61] zur Befruchtung dürfen aber nur so viele gelangen, wie der Frau, von der die Eizellen stammen, innerhalb eines Zyklus eingesetzt werden sollen, und das dürfen nach § 1 I Nr. 3 ESchG höchstens drei sein. Kommt es beim Auftauen des Materials zu einer Vereinigung der Vorkerne, so ist dies als tatbestandsmäßige künstliche Befruchtung anzusehen.[62] Damit kommen nach § 1 I Nr. 2 ESchG auch die kryokonservierten Vorkernstadien nicht für die Gewinnung von Stammzellen in Betracht.

Der Zellkerntransfer ist keine Befruchtung im tatbestandlichen Sinne und wird daher nicht durch diese Vorschrift verboten.[63]

III. Verwendungs- und Erwerbsverbot

§ 2 I ESchG schränkt den rechtlich zulässigen Umgang mit menschlichen Embryonen dahingehend ein, daß sie ausschließlich zu ihrer Erhaltung dienenden Zwecken verwendet werden dürfen, daß jede „fremdnützige Verwendung"[64] also ausgeschlossen ist. In den Anwendungsbereich fallen nur Embryonen im Sinne des Gesetzes, also keine Vorkernstadien.[65]

Andererseits spricht § 2 I ESchG nur von „extrakorporal erzeugten" Embryonen, setzt also keine Befruchtung voraus und gilt daher auch für durch Zellkerntrans-

---

[57] Liegsalz, S. 318 f.; Schroeder, FS-Miyazawa, S. 537
[58] siehe etwa die Nachweise bei Hufen, MedR 2001, 440, 441 oder bei Höfling, S. 186 ff.
[59] Keller/Günther/Kaiser, § 1 Abs. 1 Nr. 2, Rn. 10
[60] Keller/Günther/Kaiser, § 1 Abs. 1 Nr. 2, Rn. 16
[61] Frommel, KJ 2002, 411, 412; Keller/Günther/Kaiser, § 1 Abs. 1 Nr. 5, Rn. 22
[62] Keller/Günther/Kaiser, § 1 Abs. 1 Nr. 2, Rn. 13
[63] BT-Drs. 13/11263
[64] BR-Drs. 417/89, S. 21
[65] Keller/Günther/Kaiser, § 2, Rn. 9 ff.

fer kreierte Embryonen.[66] Embryonen dürfen also unabhängig davon, auf welche Weise sie extrakorporal geschaffen wurden, in keinem Fall zur Entnahme von pluripotenten Stammzellen zu Forschungszwecken verwendet werden, da eine derartige Maßnahme nicht ihrer Erhaltung dient.[67] Umstritten ist allenfalls, ob § 2 I ESchG auch eine Entnahme von pluripotenten Zellen zu diagnostischen Zwecken verbietet.[68]

Schließlich gilt § 2 I ESchG seinem Wortlaut gemäß auch für redundante kryokonservierte Embryonen, die für eine Befruchtung nicht mehr in Betracht kommen,[69] wobei das Gesetz aber offen läßt, was mit diesen Embryonen letztlich geschehen soll.[70]

Weiterhin enthält § 2 II ESchG als Spezialvorschrift[71] ein Verbot der extrakorporalen Weiterentwicklung eines menschlichen Embryos selbst für den Fall, daß diese Maßnahme vorübergehend seiner Erhaltung dient,[72] wenn damit nicht das Ziel der Herbeiführung einer Schwangerschaft verfolgt wird. Auch nach dieser Vorschrift ist die Weiterentwicklung eines durch Zellkerntransfer zur Stammzellzüchtung kreierten Embryos verboten.[73]

Über diese Veräußerungsverbote hinaus verbietet § 2 I ESchG den Erwerb von Embryonen zu fremdnützigen Zwecken. Damit ist insbesondere der Import von Embryonen im Sinne des Gesetzes zu Forschungszwecken untersagt.[74]

Nicht nach dem ESchG untersagt ist dagegen der Import von pluripotenten embryonalen Stammzellen, die keine Embryonen sind,[75] jedenfalls unter der Voraussetzung, daß der Importierende weder Anstifter noch Gehilfe von Deutschland aus bei der Herstellung der Stammzell-Linie gewesen ist.[76] Das läßt sich jetzt auch im Umkehrschluß aus § 4 II Nr. 2 StZG ableiten, der keinen Sinn

---

[66] Schwarz, KritV 2001, 182, 187
[67] Taupitz, NJW 2001, 3433, 3434
[68] s. die Nachweise bei Hufen, MedR 2001, 440, 441
[69] Keller/Günther/Kaiser, § 2, Rn. 50
[70] DFG, S. 30
[71] Keller/Günther/Kaiser, § 2, Rn. 3
[72] BR-Drs. 417/89, S. 22
[73] Schwarz, KritV 2001, 182, 187
[74] Enquete-Zwischenbericht, S. 36; Taupitz, NJW 2001, 3433, 3434
[75] Enquete-Zwischenbericht, S. 36; Taupitz, NJW 2001, 3433, 3435
[76] Schroth, JZ 2002, 170, 171 f.; DFG, S. 28

ergäbe, würde das ESchG den Import von pluripotenten embryonalen Stammzellen unter allen Umständen ausschließen.

IV. Das Stammzellgesetz (StZG)

Mit dem Stammzellgesetz (StZG) hat der Gesetzgeber die Möglichkeit des nach dem ESchG nicht verbotenen Import von embryonalen Stammzellen eingeschränkt.[77]

1. Systematik

Das Gesetz weist insofern eine eigenartige Systematik auf, als § 4 I StZG ein „Verbot" der Einfuhr und Verwendung embryonaler Stammzellen postuliert, dieses jedoch sogleich in § 4 II StZG für die dort genannten Tatbestände relativiert. Hierbei handelt es sich nicht bloß um eine Erscheinungsform des in der Gesetzgebungstechnik gebräuchlichen Regel-Ausnahme-Verhältnis, sondern um das taktische Resultat eines politischen Kompromisses.[78] Der Gesetzgeber wollte hiermit nur vordergründig seine Vorstellungen von Grundsatz und Ausnahme verdeutlichen,[79] entscheidend für die Rechtswirklichkeit ist jedoch allein, daß es ein möglicherweise „grundsätzliches", aber nicht vollständiges Importverbot gibt.

Noch eigenartiger ist der Kontrast zwischen der „Verbotsbestimmung" des § 4 I StZG auf der einen und der Genehmigungsnorm des § 6 IV StZG auf der anderen Seite: § 6 IV StZG verleiht dem Antragsteller einen Rechtsanspruch[80] auf Genehmigungserteilung bei Vorliegen der Voraussetzungen. Ein solcher Rechtsanspruch gibt dem Genehmigungserfordernis den Charakter eines präventiven Verbots mit Erlaubnisvorbehalt, das materiellrechtlich ein ohnehin grundrechtlich garantiertes Handeln betrifft und lediglich formellrechtlich behördliche Kontrollbefugnisse sichern soll.[81] Tatsächlich ordnet der Gesetzgeber die Forschung mit embryonalen Stammzellen und deren Einfuhr zu diesem Zweck dem Gewährleistungsgehalt der Forschungsfreiheit (Art. 5 III GG) zu,[82]

---

[77] Gehrlein, NJW 2002, 3680, 3681
[78] vgl. auch Faßbender, MedR 2003, 279, 280
[79] BT-Drs. 14/8394, S. 9
[80] so auch explizit BT-Drs. 14/8394, S. 9 f.; Raasch, KJ 2002, 285, 291; Gehrlein, NJW 2002, 3680, 3681
[81] Peine, Rn. 159; Maurer, § 9, Rn. 51
[82] BT-Drs. 14/8394, S. 7 f.

so daß es vor diesem Hintergrund nahezuliegen scheint, diese Tätigkeit nur präventiv mit Erlaubnisvorbehalt zu verbieten.

Die Formulierung des § 4 I StZG spricht im Zusammenhang mit dem Kompromißcharakter der Gesamtregelung demgegenüber dafür, daß es sich in Wirklichkeit um eine grundsätzlich unerwünschte Tätigkeit handelt, die auch den normierten Ausnahmefällen nicht erwünscht ist, aber geduldet werden soll. Dies ließe eigentlich ein repressives Verbot mit Befreiungsvorbehalt erwarten.[83] Dann müßte aber bei Vorliegen der Ausnahmetatbestände die Genehmigungsbehörde zur Ausübung eines Versagungsermessens ermächtigt sein, was nach § 6 IV StZG gerade nicht der Fall ist. Letztendlich erklärt der Gesetzgeber mit der geschilderten Konstruktion des StZG den Import embryonaler Stammzellen für unerwünscht, in den von ihm festgelegten Ausnahmefällen aber doch für erlaubt weil verfassungsrechtlich garantiert.[84]

2. Materielle Genehmigungsvoraussetzungen

Die materiellen Genehmigungsvoraussetzungen finden sich in §§ 4, 5 StZG.

a) Qualität des Forschungsvorhabens

§ 5 Nr. 1 StZG knüpft die Forschung mit embryonalen Stammzellen an die wissenschaftliche Darlegung hochrangiger Forschungsziele. Derartige unbestimmte Rechtsbegriffe müssen zumindest von den Betroffenen hinreichend bestimmbar sein.[85] Im Falle der hochrangigen Forschungsziele ist diese Voraussetzung erfüllt, denn § 5 Nr. 1 StZG präzisiert selber, daß es nur um Grundlagenforschung und medizinische Anwendungsmöglichkeiten gehen kann. Fraglich bleibt aber, warum die Nutzung der Stammzellen von Vornherein auf die Forschung beschränkt wird, eine therapeutische Anwendung hingegen nicht vorgesehen ist.[86]

b) Subsidiarität

§ 5 Nr. 2 StZG schreibt eine Subsidiarität der Forschung mit embryonalen Stammzellen in dem Sinne fest, daß die Forschung soweit als möglich zunächst mit tierischen Zellen oder in Tierversuchen betrieben worden sein muß und daß

---

[83] Maurer, § 9, Rn. 55; Bull, Rn. 546
[84] vgl. BT-Drs. 14/8394, S. 7
[85] Benda, BT A-Drs. 14-574c, S. 5
[86] Raasch, KJ 2002, 285, 293; Taupitz, ZRP 2002, 111, 114

die Forschung mit anderen als embryonalen Stammzellen nach dem Stand von Wissenschaft und Technik nicht mindestens gleichwertige Ergebnisse erwarten läßt. Gerade die letztere Voraussetzung ist fragwürdig, da ihr Vorliegen einerseits theoretisch von der Verwaltung voll überprüfbar ist,[87] auf der anderen Seite aber regelmäßig vor Beginn der Forschung kaum mit Sicherheit festzustellen ist, so daß es praktisch bei einer Plausibilitätsprüfung durch die Verwaltung bleiben muß.[88] Folglich verlangt die endgültige Fassung des Gesetzes im Gegensatz zum ersten Entwurf auch nur noch, daß die genannten Tatbestände wissenschaftlich begründet dargelegt sind.

c) Stichtagsregelung

Weitere materielle Anforderungen sind in der „Ausnahmebestimmung" des § 4 II StZG normiert. Nr. 1 der Vorschrift enthält Voraussetzungen, die zur Überzeugung der Genehmigungsbehörde erfüllt sein müssen. Dies ist zunächst die Stichtagsregelung (§ 4 II Nr. 1 a), mit der der Gesetzgeber jeglichen Anreiz für den Embryonenverbrauch im Ausland zugunsten deutscher Forschungsprojekte ausschließen will.[89] Verschiedentlich wird die Erforderlichkeit dieser Bestimmung bezweifelt und damit ein Verstoß gegen den Verhältnismäßigkeitsgrundsatz unterstellt. Soweit dies aber allein mit der Begründung geschieht, mit einer flexiblen Stichtagsregelung, die den Stichtag sechs Monate vor der jeweiligen Antragstellung festsetzt, sei das gesetzgeberische Ziel ebensogut zu erreichen,[90] ist dem nicht zuzustimmen, da so gerade nicht auszuschließen wäre, daß ein voraussehbarer Bedarf an embryonalen Stammzellen in Deutschland ausländische Produzenten zur Stammzellproduktion auf Vorrat veranlaßt. Tatsächlich kann der Gesetzgeber als rechtspolitisches Argument für sich beanspruchen, sich noch im Rahmen seines Einschätzungsspielraums zu bewegen, wenn er eine besonders rigide Variante wählt, um sicherzugehen, daß sein Ziel der Vermeidung eines weiteren Embryonenverbrauchs auch wirklich erreicht werden kann.[91] Ob dies den verfassungsrechtlichen Maßstäben genügt, bleibt der späteren eingehenden Betrachtung vorbehalten (S. 174).

---

[87] Wolfrum, BT A-Drs. 14-574f, S. 2
[88] Kempermann, BT A-Drs. 14-574a, S. 2; Taupitz, ZRP 2002, 111, 115
[89] BT-Drs. 14/8393, S. 9; Raasch, KJ 2002, 285, 291; Gehrlein, NJW 2002, 3680, 3681
[90] in diesem Sinne Wolfrum, BT A-Drs. 14-574f, S. 3
[91] Löwer, BT A-Drs. 14-574l, S. 8 f.; Taupitz, BT A-Drs. 14-574e, S. 5

d) Entgeltverbot, Herkunft und legale Erzeugung der Stammzellen

Fraglich ist aber, ob die weiteren in § 4 II StZG genannten Voraussetzungen ebenfalls als dem Ziel der Vermeidung weiteren Embryonenverbrauchs dienlich bezeichnet werden können, oder ob sie nicht aus anderen Zielsetzungen folgen. Durch sie wird nämlich kein weiterer Embryonenverbrauch über das, was ohnehin durch die Stichtagsregelung festgesetzt ist, verhindert.[92] Das Entgeltverbot in § 4 II Nr. 1 c StZG soll die Kommerzialisierung des Embryos als reine Handelsware verhindern.[93] Die Beschränkung in § 4 II Nr. 1 b StZG auf überzählige Embryonen aus der Reproduktionsmedizin, die nicht aufgrund ihrer eigenen Beschaffenheit nicht zur Herbeiführung einer Schwangerschaft verwendet wurden, verdeutlicht die Vorstellungen des Gesetzgebers darüber, welche Verwendung eines Embryos ethisch hinnehmbar und welche verwerflich ist.[94] Daß er die Nutzung von Embryonen, die auf nach seinen Maßstäben verwerfliche Weise entstanden sind, nicht gestattet, soll offensichtlich der Würde der Embryonen über die Dauer ihrer Existenz hinaus dienen.[95] Letztlich machen aber die beiden letztgenannten Einschränkungen deutlich, daß das StZG durchaus nicht nur dem Schutz subjektiver Rechtsgüter dient, sondern auch der Wahrung objektiver Prinzipien und Wertvorstellungen.

Das Erfordernis der Einwilligung der Gametenspender nach Aufklärung, das in § 4 II Nr. 2 StZG in der Fassung des ersten Entwurfes enthalten war, hatte seinen Grund im Persönlichkeitsrecht der Gametenspender.[96] Um den Eindruck einer Dispositionsbefugnis über den Embryo zu vermeiden,[97] hat der Gesetzgeber diese Formulierung nicht in die endgültige Gesetzesfassung übernommen. Im Ergebnis ist eine solche Einwilligung nach Aufklärung aber nach wie vor erforderlich, denn § 4 II Nr. 1 a schreibt vor, daß die Stammzellen im Herkunftsland in Übereinstimmung mit dem dort geltenden Recht gewonnen sein müssen.[98]

---

[92] Löwer, BT A-Drs. 14-574l, S. 9; Taupitz, BT A-Drs. 14-574e, S. 6
[93] Taupitz, BT A-Drs. 14-574e, S. 6
[94] vgl. BT-Drs. 14/8394, S. 9; dazu auch Raasch, KJ 2002, 285, 291
[95] Löwer, BT A-Drs. 14-574l, S. 10, spricht von einem „postmortalen Würdeschutz pränatalen Lebens"
[96] Löwer, BT A-Drs. 14-574l, S. 9
[97] BT-Drs. 14/8846, S. 13
[98] BT-Drs. 14/8846, S. 13

e) Auffangtatbestand

Als eine Art Auffangtatbestand schließt § 4 III 1 StZG die Genehmigungserteilung aus, wenn die Stammzellgewinnung offensichtlich im Widerspruch zu tragenden Grundsätzen der deutschen Rechtsordnung erfolgt ist. Mit den tragenden Grundsätzen sind ausweislich der Gesetzgebungsmaterialien insbesondere die Grundrechte gemeint.[99] Allerdings kann nicht die Tatsache der Stammzellgewinnung aus menschlichen Embryonen für sich genommen zur Genehmigungsversagung führen (§ 4 III 2 StZG), da dies dem Gesetzeszweck der ausnahmsweisen Zulässigkeit des Stammzellimportes zuwiderlaufen würde.[100] Insgesamt dürfte die Vorschrift des § 4 III StZG keine praktische Bedeutung erlangen, da der Gesetzgeber die wesentlichen Wertentscheidungen bereits in den speziellen Genehmigungsvoraussetzungen verankert und damit den tragenden Grundsätzen der deutschen Rechtsordnung Genüge getan hat.

3. Insbesondere: Die „ethische Vertretbarkeit“

Neben den in §§ 4 II und 5 StZG genannten Anforderungen normierte § 6 IV Nr. 1 StZG in der Fassung des ersten Gesetzentwurfes als materielle Genehmigungsvoraussetzung die ethische Vertretbarkeit des Forschungsvorhabens. Für den Bedeutungsgehalt dieser Generalklausel lieferte die Begründung des ursprünglichen Gesetzentwurfs neben dem unspezifischen Hinweis auf die „ Wertentscheidungen des Embryonenschutzgesetzes“ keine genaueren Anhaltspunkte.[101] In der endgültigen Gesetzesfassung wird das Tatbestandsmerkmal lediglich dahingehend konkretisiert, daß das Forschungsvorhaben im Sinne der Voraussetzungen nach § 5 StZG ethisch vertretbar sein muß (§ 6 IV Nr. 2 StZG). Unklar bleibt deshalb vor allem, welche Kriterien über die gesetzlich ausdrücklich normierten Genehmigungsvoraussetzungen hinaus für die ethische Vertretbarkeit maßgeblich sein sollen.[102] Dies gilt um so mehr, als diese Voraussetzungen bereits Ausdruck der ethischen Wertmaßstäbe des Gesetzgebers sind, wie oben (S. 60) festgestellt.

Der Genehmigungsbehörde wird es daher obliegen, den unbestimmten Rechtsbegriff der ethischen Vertretbarkeit im Einzelfall durch teleologische Auslegung

---

[99] BT-Drs. 14/8846, S. 13
[100] BT-Drs. 14/8846, S. 13
[101] vgl. BT-Drs. 14/8394, S. 10

zu konkretisieren.[103] Dies hat erhebliche Auswirkungen auf den Charakter der im Gesetz als präventives Verbot mit Erlaubnisvorbehalt ausgestalteten Genehmigungskonstruktion (S. 57). Je weiter die Behörde zur Ausübung subjektiver Entscheidungsgewalt[104] zwar nicht auf der Rechtsfolgenseite (wie beim repressiven Verbot mit Erlaubnisvorbehalt), dafür aber auf der Tatbestandsseite ermächtigt ist, desto schwächer wird die Rechtsposition des Inhabers des eigentlich im Gesetz vorgesehenen Genehmigungsanspruchs.

a) Gesetzgeberische Ermächtigung zur eingeschränkt überprüfbaren Beurteilung?

Fraglich bleibt bei alledem, inwieweit die Einschätzung der Behörde, ob ein Forschungsvorhaben ethisch vertretbar ist, gegebenenfalls verwaltungsgerichtlicher Überprüfung ausgesetzt ist. Von einer eingeschränkten gerichtlichen Überprüfbarkeit der Verwaltungsentscheidung kann der normativen Ermächtigungslehre zufolge nur dann ausgegangen werden, wenn der Verwaltung von Seiten des Gesetzgebers ein dementsprechender Beurteilungsspielraum eingeräumt wurde.[105] Bei der Annahme solcher Ermächtigungen ist grundsätzlich Zurückhaltung geboten, denn jeder gerichtlich nicht voll überprüfbare Beurteilungsspielraum der Verwaltung stellt eine Verkürzung der Rechtsschutzgarantie (Art. 19 IV GG) dar.[106]

Auf der anderen Seite ist eine gesetzgeberische Ermächtigung der Verwaltung zur Ausübung eines Beurteilungsspielraumes in den seltensten Fällen eindeutig festzustellen.[107] So verhält es sich auch bei § 6 IV Nr. 2 StZG, wo sich weder aus dem Gesetzeswortlaut noch aus der Begründung des ursprünglichen Gesetzentwurfes[108] entsprechende Klarstellungen ergeben: Auf der einen Seite ist die „ethische Vertretbarkeit" ein normativ nicht faßbares Kriterium, was für eine Konkretisierungsbefugnis seitens der Verwaltung spricht.[109] Jedoch ergibt sich diese Konkretisierungsbefugnis nicht automatisch aus der Unbestimmtheit der

---

[102] Löwer, BT A-Drs. 574l, S. 12
[103] Pagenkopf, BT A-Drs. 574b, S. 3
[104] Löwer, BT A-Drs. 574l, S. 12
[105] Ossenbühl, § 10, Rn. 33; BVerfGE 61, 82, 111
[106] Wolff/Bachof/Stober, § 31, Rn. 16; Maurer, § 7, Rn. 56; vgl. BVerfGE 84, 34, 49
[107] Ossenbühl, § 10, Rn. 33
[108] vgl. BT-Drs. 14/8394, S. 10
[109] Schoch/Schmidt-Aßmann/Pietzner-*Gerhardt*, § 114, Rn. 58 f.

Norm an und für sich.[110] Die Rechtsprechung hat der Verwaltung zumindest im Zusammenhang mit der begrifflich vergleichbaren „wissenschaftlichen Vertretbarkeit“ jegliche Beurteilungsermächtigung abgesprochen.[111]

Unabhängig davon vermindert sich die Plausibilität der Annahme eines Beurteilungsspielraumes mit der Grundrechtsrelevanz der zu entscheidenden Frage.[112] Da der Gesetzgeber selbst die betreffenden Tätigkeiten dem Schutzbereich der Forschungsfreiheit (Art. 5 III 1 GG) zuordnet,[113] kann er die Verwaltung kaum uneingeschränkt zur Beurteilung ermächtigt haben.

In der Begründung des Änderungsantrages, dessen Inhalt Teil der endgültigen Gesetzesfassung geworden ist, äußert sich der Gesetzgeber dahingehend, die Behörde solle „nicht eigenständige ethische Urteile“ abgeben.[114] Diese Einschränkung bezieht sich jedoch nur darauf, daß die ethische Bewertung nicht isoliert von den Wertentscheidungen erfolgen kann, die der Gesetzgeber in den Genehmigungsvoraussetzungen verankert hat; inwieweit die Entscheidung der Behörde, wenn sie sich denn nach diesen Maßstäben richtet, bindend sein soll, läßt sich daraus nicht ersehen.

b) Entscheidungsgremium

Mithin bleibt nur der Rückgriff auf die überkommenen, von der Rechtsprechung entwickelten Kriterien. Das BVerwG hat in gewissen Konstellationen, insbesondere für den Bereich der Beurteilung von Kunst, zumindest einen behördlichen Entscheidungsvorrang konstatiert.[115] Vorausgesetzt wird dabei, daß die Entscheidung einem weisungsfreien Gremium obliegt, das interessenpluralistisch und/oder aufgrund besonderer Sachkunde der Mitglieder zusammengesetzt ist.[116] Die Rechtsprechung des BVerfG weist insofern zwar einen restriktiveren Charakter auf;[117] gleichwohl dürfte aber auch nach seinen Maßstäben ein derart besetztes Gremium zur Konkretisierung normativ kaum faßbarer Begriffe wie

---

[110] Kopp/Ramsauer, § 40, Rn. 73
[111] BVerwG, NVwZ-RR 1990, 134, 136
[112] Schoch/Schmidt-Aßmann/Pietzner-*Gerhardt*, § 114, Rn. 58, 60
[113] BT-Drs. 14/8394, S. 7
[114] BT-Drs. 14/8846, S. 13
[115] BVerwGE 91, 211, 215 ff.
[116] BVerwGE 59, 213, 217 f.; 62, 330, 337 ff.; 72, 195, 200; 77, 75, 78; BVerwG, NVwZ 91, 268, 269
[117] BVerfGE 83, 130, 148

der „ethischen Vertretbarkeit" besser in der Lage sein als das Gericht, das zwar Sachverständige hinzuzuziehen vermag, aber nicht die Kombination aus pluralistischer Erörterung und Sachkunde ersetzen kann.

Fraglich ist aber, ob nach dem StZG diese Anforderungen überhaupt erfüllt sind. Als weisungsunabhängiges, pluralistisch besetztes Sachverständigengremium kommt die Zentrale Ethik-Kommission für Stammzellenforschung in Betracht, deren Stellungnahme für jede Genehmigungserteilung erforderlich ist (§ 6 IV Nr. 3 StZG). Sie ist an Weisungen nicht gebunden (§ 8 III 1 StZG) und setzt sich aus Sachverständigen der Fachrichtungen Biologie, Ethik, Medizin und Theologie zusammen. Damit genügt sie den Kriterien der interessenpluralistischen Zusammensetzung hinsichtlich sowohl Kompetenz als auch Repräsentativität jedenfalls eher als die ausschließlich aus Medizinern und Juristen bestehenden Ethikkommissionen, denen bislang stets ein pluralistisch-repräsentativer Charakter abgesprochen wurde.[118] Dennoch ist kaum einzusehen, warum die Zentrale Ethik-Kommission, sei sie auch mit „Berufsethikern" versehen, kompetenter für die Beurteilung der Frage sein soll, welche Forschungsprojekte im Einzelnen ethisch vertretbar sind, was sich letztendlich stets als eine sehr subjektive Einschätzung[119] erweisen wird, als das Gericht.

Noch fernliegender erscheint die Annahme eines Beurteilungsspielraumes vor dem Hintergrund, daß der Zentralen Ethik-Kommission gar nicht die letzte Entscheidungsgewalt über die Genehmigungserteilung obliegt,[120] sondern daß die Genehmigungsbehörde ihre Einschätzung lediglich zu berücksichtigen (§ 6 V 2 StZG) und Abweichungen schriftlich zu begründen (§ 6 V 3 StZG) hat. Es ist davon auszugehen, daß die gemäß § 7 I 1 StZG durch Rechtsverordnung des Bundesministeriums für Gesundheit zu bestimmende Genehmigungsbehörde über den notwendigen naturwissenschaftlichen Sachverstand verfügt und damit auch zu einer Bewertung der ethischen Fragestellungen aus naturwissenschaftlicher Sicht in der Lage ist. Sie vermag jedoch als Bundesbehörde unter der Fachaufsicht des Bundesministeriums für Gesundheit (§ 7 I 2 StZG) keinesfalls die genannten Kriterien, die auf einen gerichtlich nicht überprüfbaren Beurteilungsspielraum hindeuten, zu erfüllen.

---

[118] vgl. Sobota, AöR 121 (1996), 229, 250; Stelkens/Bonk/Sachs-*Sachs*, § 40, Rn. 209
[119] In BT-Drs. 14/8394, S. 10 wird diesbezüglich auf die „Wertentscheidungen des Embryonenschutzgesetzes" verwiesen
[120] vgl. Raasch, KJ 2002, 285, 293; Gehrlein, NJW 2002, 3680, 3681

c) Zwischenergebnis

Zusammenfassend läßt sich nach alledem feststellen, daß der unbestimmte Rechtsbegriff der „ethischen Vertretbarkeit" in § 6 IV Nr. 2 StZG die Position des Antragstellers auf Genehmigung bei weitem nicht in dem Maße beeinträchtigt, wie es zunächst den Anschein hat. Denn zum einen wird er praktische Relevanz allenfalls als Auffangtatbestand erlangen, da so gut wie kein „ethisch unvertretbares" Forschungsvorhaben den Anforderungen der §§ 4 II, 5 StZG genügen wird. Zum anderen ist die Genehmigungsbehörde für den Fall, daß die Zentrale Ethik-Kommission das Vorhaben für ethisch unvertretbar hält, an diese Einschätzung nicht rechtlich gebunden.[121] Und selbst wenn sich die Genehmigungsbehörde der Auffassung der Kommission anschließt und aus diesem Grund die Genehmigungserteilung verweigert, ist diese Entscheidung auf Initiative des Antragstellers hin gerichtlich in vollem Umfang überprüfbar.

V. Klonierungsverbot

§ 6 I ESchG definiert Klonen als die künstliche Herstellung eines menschlichen Embryos mit der gleichen Erbinformation wie ein anderer Embryo, Fötus, Mensch oder Verstorbener und verbietet diese Handlung.

1. Schutzgut

Fraglich ist, inwieweit dieses Verbot den Zellkerntransfer zur therapeutischen Gebeweentwicklung erfaßt. Hierzu wird vertreten, ein Verbot des therapeutischen Klonens könne nicht in § 6 I ESchG enthalten sein, da diese Praktik zum Zeitpunkt der Entstehung der Vorschrift noch nicht bekannt gewesen sei.[122] Aus den Gesetzgebungsmaterialien wird ersichtlich, daß der Gesetzgeber tatsächlich beabsichtigte, zu verhindern, daß „gezielt einem künftigen Menschen seine Erbanlagen" zugewiesen werden,[123] was auf ein Verbot des reproduktiven Klonens hindeutet. Wenn das geschützte Gut damit die „Eingriffsfreiheit der Bildung menschlicher Individualität" ist,[124] so ist das therapeutische Klonen vor dem Hintergrund dieses Schutzzwecks unbedenklich, da die Embryonalentwicklung vor der Individualisierung gestoppt wird. Dessen ungeachtet wird im neueren

---

[121] Zur faktischen Bindungswirkung Pagenkopf, BT A-Drs. 14-574b, S. 2
[122] DFG, S. 30
[123] BR-Drs. 417/89, S. 26; Schroeder, FS-Miyazawa, S. 541
[124] Liegsalz, S. 322

Schrifttum überwiegend davon ausgegangen, daß § 6 I ESchG auch das therapeutische Klonen verbietet.[125] Zusätzlich erschwert wird die Diskussion um § 6 I ESchG durch die Unklarheit darüber, welches Rechtsgut die Vorschrift schützen soll.[126]

2. Bestimmtheit der Norm

Weiterhin ist fraglich, ob beim Zellkerntransfer ein Embryo mit der „gleichen" Erbinformation entsteht, wie sie in der Spenderzelle vorhanden war. Der Gesetzgeber ging offensichtlich ausschließlich vom Embryo-Splitting als Klonierungsmethode aus und konnte eine Anwendbarkeit des Zellkerntransfers als Klontechnik für menschliche Zellen nicht vorhersehen. Von einer identischen Erbinformation kann nämlich nur im ersteren Fall ausgegangen werden, während beim Zellkerntransfer die Mitochondrial-DNS in der Eizelle verbleibt und sich so ein Unterschied ergibt, der mit 0,01-0,02 % des Gesamtgenoms beziffert werden kann.

Die herrschende Literaturmeinung hält dies für irrelevant und verweist darauf, daß § 6 I ESchG von der gleichen, nicht aber derselben Erbsubstanz spreche; eine so geringe Abweichung, wie sie die mitochondriale DNS ausmacht, stehe der Annahme einer gleichen Erbsubstanz nicht entgegen.[127]

Ein solch freizügiger Umgang mit dem Wortlaut einer Strafvorschrift ist vor dem Hintergrund des Analogieverbotes (Art. 103 II GG) nicht haltbar. Davon abgesehen, daß im Wortsinne „dasselbe" Erbgut gar nicht zweimal vorliegen kann,[128] wäre demnach die Festlegung, wann die Erbsubstanz „gleich" und wann sie nur noch „fast gleich" ist, völlig willkürlich.[129] Die Grenze zur Unbestimmtheit der Norm wäre überschritten.[130] In diesem Sinne definiert auch die zeitnah zur Entstehung des ESchG erschienene Kommentarliteratur das Merkmal der

---

[125] Enquete-Zwischenbericht, S. 32; Taupitz, NJW 2001, 3433, 3434; Schwarz, KritV 2001, 182, 187

[126] Hilgendorf, FS-Maurer, S. 1158 ff.

[127] Taupitz, NJW 2001, 3433, 3434; Enquete-Zwischenbericht, S. 33; v.Bülow, Genmedizin, Rn. 358; Witteck/Erich, MedR 2003, 258, 259; vgl. auch bereits BT-Drs. 13/11263, S. 13

[128] Gutmann, S. 326

[129] Gutmann, S. 326 f., der auch darauf hinweist, daß Menschen „fast das gleiche" wie Schimpansen sein mögen, aber keineswegs „das gleiche", obwohl ihr Erbgut zu 99 % übereinstimmt.

[130] Schroth, JZ 2002, 170, 172

gleichen Erbinformation als „Identität des Genoms".[131] Schließlich erfordert die saubere Abgrenzung zu § 7 I Nr. 1 ESchG („Embryonen mit unterschiedlicher Erbinformation") ein exaktes Festhalten am Wortlaut.[132]

Demzufolge ist die Erzeugung eines Embryos zur Gewinnung von pluripotenten Stammzellen durch Zellkerntransfer nicht durch § 6 I ESchG verboten, ihr steht aber § 2 I ESchG entgegen.

VI. Präembryonales Stadium

Mit § 1 II ESchG wird der Strafrechtsschutz von der Befruchtung vorverlagert und auf die imprägnierte Eizelle ausgedehnt. Eizellen dürfen demzufolge nur zur Herbeiführung einer Schwangerschaft imprägniert werden. Der Gesetzgeber wollte damit die Entstehung überzähliger Embryonen aus kryokonservierten Vorkernstadien verhindern.[133] Verhindert werden sollte nach der Vorstellung des Gesetzgebers auch, daß Embryonen aus Vorkernstadien entstehen, an denen Manipulationen durchgeführt worden sind.[134]

Diese Zielsetzungen deuten darauf hin, daß es dem Gesetzgeber auch bei dieser Vorschrift um den Embryonenschutz im Wortsinne ging und nicht um den Schutz der Vorkernstadien um ihrer selbst willen. Das ergibt sich auch aus dem Charakter des § 1 II ESchG als konkretes Gefährdungsdelikt,[135] mit dem einer möglichen Gefährdung von überzähligen Embryonen bereits in der Weise vorgebeugt werden soll, daß sie gar nicht erst zur Entstehung gelangen.[136]

Der Schutz der Vorkernstadien bleibt aber hinter dem eigentlichen Embryonenschutz deutlich zurück im Hinblick darauf, daß § 1 II ESchG einer Erzeugung und Kryokonservierung mehrerer Vorkernstadien auf Vorrat keineswegs entgegensteht,[137] wenn und solange diese für Befruchtungsversuche zur Herbeiführung einer Schwangerschaft vorgesehen sind. Insoweit besteht eine Mitteilungspflicht gegenüber der Zentralen Kommission der Bundesärztekammer.[138] Was bei einem erfolgreichen Befruchtungsversuch mit den überzähligen Vorkernsta-

---

[131] Keller/Günther/Kaiser, § 6, Rn. 6
[132] Hilgendorf, FS-Maurer, S. 1160
[133] BR-Drs. 417/89, S. 19
[134] BR-Drs. 417/89, S. 19 f.
[135] Keller/Günther/Kaiser, § 1 Abs. 2, Rn. 4
[136] BT-Drs. 13/11263, S. 17
[137] Frommel, KJ 2002, 411, 412; Keller/Günther/Kaiser, § 1 Abs. 2, Rn. 17

dien geschehen soll, läßt das Gesetz offen. Die Vorschriften des ESchG jedenfalls stehen einer Forschung mit redundanten Vorkernstadien nicht entgegen, solange dabei nicht entgegen § 2 I ESchG Embryonen erzeugt werden.[139]

VII. Zusammenfassung

Hinsichtlich des Regelungsgehaltes der einfachgesetzlichen Normen des ESchG läßt sich zusammenfassend festhalten:

- Verboten ist die Erzeugung von Embryonen zur Etablierung von Stammzell-Linien, egal ob durch Befruchtung oder Zellkerntransfer.

- Verboten ist ebenfalls die Nutzung redundanter Embryonen zu Forschungszwecken.

- Erlaubt ist der Import von im Ausland erzeugten Stammzell-Linien, soweit keine Beteiligung in Form der Anstiftung oder Beihilfe von Deutschland aus vorliegt. Ursprünglich sollte das StZG einen § 13 III enthalten, der die Anwendung des § 9 II 2 StGB auf die Strafvorschriften des § 13 I, II StZG ausschloß, um deutschen Forschern die internationale Kooperation nicht unverhältnismäßig zu erschweren.[140] § 13 III StZG wurde jedoch nachträglich gestrichen, so daß es bei der Strafbarkeit der Teilnahme nach Maßgabe des § 9 II 2 StGB bleibt.[141]

- Erlaubt ist auch die Forschung mit redundanten Vorkernstadien, soweit dabei keine Embryonen entstehen.

- Verfassungsrechtliche Problemfelder, welche eingehender Betrachtung bedürfen, rühren insbesondere von der mangelnden technischen Aktualität des ESchG sowie den teilweise diffusen Schutzzwecken der Einzelbestimmungen des StZG her. Insoweit sei auf die Ausführungen in Kapitel 6 verwiesen.

C. Perspektiven zur Weiterentwicklung

Die obigen Ausführungen haben gezeigt, daß das ESchG von 1990 den aktuellen Gegebenheiten in einigen Punkten nicht mehr Rechnung zu tragen vermag.

---

[138] BÄK-Richtlinien zur Durchführung assistierten Reproduktion
[139] dagegen fragwürdig Liegsalz, S. 318
[140] BT-Drs. 14/8846, S. 14
[141] BT-Drs. 14/8876, S. 2; näher dazu Schwarz, MedR 2003, 158, 159 ff.

Teilweise existieren bereits konkrete Vorstellungen, wie bestehende Lücken zu schließen sind. Im einzelnen sind dies:[142]

- Präzisierungen zur Begriffsbestimmung in § 8 ESchG, so daß der durch Zellkerntransfer erzeugte Embryo zweifelsfrei erfaßt wird.

- Eine Ausweitung des Tatbestandes in § 6 ESchG, etwa in dem Sinne, daß bereits jede Erzeugung eines Embryos anders als durch Befruchtung verboten wird

- Ein Verbot des Transfers eines genmanipulierten somatischen Zellkerns in eine menschliche Eizelle, was nach geltendem Recht gemäß § 5 ESchG nicht strafbar ist.[143]

- Eine Einbeziehung des Kerntransplantationsverfahrens in den Tatbestand des § 7 ESchG, da auch insofern eine Gesetzeslücke existiert

- Eine Streichung der strafbewehrten Pflicht zur Tötung geklonter Embryonen nach § 6 II ESchG

Allen diesen Vorhaben ist gemein, daß sie eine restriktive Tendenz aufweisen. Gesetzgeberische Bestrebungen hin zu einer Liberalisierung des Embryonenschutzgesetzes sind derzeit nicht ersichtlich.[144]

Dringend erforderlich ist eine Regelung über den Verbleib redundanter kryokonservierter Embryonen.[145]

§ 7 Nationales Recht stammzellexportierender Staaten

Beim Vergleich des deutschen Embryonenschutzgesetzes mit ausländischen Regelungen läßt sich keine einheitliche Tendenz ausmachen. Generell läßt sich nur feststellen, daß die Gesetzgebung in den meisten Staaten im Fluß ist. Sinnvoll ist zunächst eine nähere Betrachtung der Rechtslage in Großbritannien, die gewissermaßen als Gegenpol zum restriktiven Embryonenschutz in Deutschland bezeichnet werden kann. Darüber hinaus liegt es nahe, die Regelungen des Embryonenschutzes in denjenigen Staaten zu untersuchen, die als

---

[142] zu alledem BT-Drs. 13/11263, S. 13 ff.
[143] Taupitz, NJW 2001, 3433, 3434
[144] vgl. aber den Entwurf BT-Drs. 14/8103, der jedoch weit von einer Zustimmung entfernt war.
[145] DFG, S. 30

Herkunftsländer für importierte Stammzell-Linien in Betracht kommen. Dies sind, soweit derzeit ersichtlich, in erster Linie die USA, Israel und Schweden.

A. Großbritannien

In Großbritannien ist die Materie der Embryonenforschung im Wesentlichen durch den Human Fertilisation and Embryology Act von 1990[146] geregelt.

I. Historie

Das Gesetzeswerk geht maßgeblich auf den Report of the Committee of Inquiry into Human Fertilisation and Embryology (Warnock-Report) von 1984 zurück. Obwohl damals die therapeutischen Möglichkeiten der Forschung mit embryonalen Zellen nicht abzusehen waren, werden im Warnock-Report bereits richtungsweisende Aussagen zur Nutzung von Embryonen zu Forschungszwecken getroffen.

Ausgangspunkt ist die Feststellung, daß die Rechtslage zum Zeitpunkt des Warnock-Reports dem Embryo in vitro im Gegensatz zum Embryo in vivo, der zwar nicht in gleichem Maße wie ein geborener Mensch, aber immerhin begrenzt geschützt wird, keinerlei Schutz gewährte. Die Warnock-Kommission schlug vor, dem Embryo in vitro wegen seiner Zugehörigkeit zur menschlichen Spezies einen begrenzten rechtlichen Schutz zukommen zu lassen und so den Embryonenschutz als objektives Prinzip gesetzlich zu verankern.[147]

Mehrheitlich war die Warnock-Kommission der Ansicht, der Embryonenschutz solle der Nutzung von Embryonen zu Forschungszwecken nicht grundsätzlich entgegenstehen, er solle vielmehr durch ein Kontroll- und Lizenzverfahren für entsprechende Forschungsprojekte verwirklicht werden. Auf diese Weise sollte auf der einen Seite wissenschaftlicher Fortschritt ermöglicht werden, ohne daß auf der anderen Seite die Nutzung von Embryonen zu Forschungszwecken unkontrollierte Ausmaße annehmen könnte.[148]

Als zeitliche Begrenzung für die Nutzung von Embryonen zu Forschungszwecken schlug die Warnock-Kommission mehrheitlich den vierzehnten Tag nach der Befruchtung vor. Für maßgeblich hielt man, daß der Embryo nach die-

---

[146] im Folgenden Act 1990
[147] Warnock-Report, 11.17
[148] Warnock-Report, 11.18

sem Zeitpunkt das erste erkennbare anatomische Merkmal („primitive streak") aufweist und eine Zwillingsbildung nicht mehr möglich ist, daß demnach von diesem Zeitpunkt an die Entwicklung eines Individuums beginne.[149]

Hinsichtlich der Gewinnung der Embryonen lehnte die Kommissionsmehrheit eine Unterscheidung zwischen der Nutzung von überzähligen Embryonen und der gezielten Erzeugung von Embryonen zu Forschungszwecken ab.[150]

Obwohl sich nach Abgabe des Reports abzeichnete, daß innerhalb der Regierung breite Zustimmung für eine Regulierung der Embryonenforschung durch ein Lizensierungs- und Kontrollsystem im Sinne der Kommissionsempfehlungen vorhanden war,[151] blieb der Gesetzgeber für einige Jahre untätig. Insbesondere die Grenzziehung, derzufolge an bis zu 14 Tage alten Embryonen Forschung zulässig sein soll, war umstritten und wurde von Lebensschützern als zu weitgehend, von Wissenschaftsorganisationen aber als zu restriktiv kritisiert.[152]

Andererseits wurde der Zwischenzustand für in zunehmendem Maße unbefriedigend erhalten, denn nach zutreffender Ansicht der Warnock-Kommission existierte tatsächlich keine gesetzliche Regelung des rechtlichen Status des Embryos in vitro.[153] Die Regulierung der Embryonenforschung blieb den Ärzteorganisationen vorbehalten, die eine Lizensierungsstelle für die Übergangszeit errichteten.[154] Erst 1990 trat der Human Fertilisation and Embryology Act in Kraft.

II. Systematik des Act 1990

Grundsätzlich ist der Act 1990 hinsichtlich seiner Systematik einem deutschen Verwaltungsgesetz mit Begriffsbestimmungen, formellen Regelungen sowie Verboten mit Erlaubnis- oder Befreiungsvorbehalten vergleichbar.

1. Verbote

Innerhalb Section (S.) 3 des Act 1990 lassen sich hinsichtlich der Embryonenforschung Verbote mit und solche ohne Lizensierungsvorbehalt unterschei-

---

149 Warnock-Report, 11.22
150 Warnock-Report, 11.23 ff.
151 Cusine, S. 200
152 Schirmer, S. 76 ff.
153 Lee/Morgan, S. 80 ff.
154 Klotzko, S. 307

den.[155] Gemäß S. 3 (1) bedürfen künstliche Erzeugung sowie Erhaltung und Verwendung eines Embryos grundsätzlich einer Lizenz. Nicht lizensierungsfähig sind S. 3 (3) zufolge die Erhaltung oder Verwendung eines Embryos über den Zeitpunkt der Entwicklung des primitive streak hinaus, die Erhaltung und Verwendung eines Embryos, welche den zu erlassenden Einzelbestimmungen zuwider läuft, sowie der Transfer von Zellkernen in einen Embryo.

a) Zeitliche Grenze der Lizensierungsfähigkeit

Hinsichtlich der zeitlichen Begrenzung wird die Entwicklung des primitive streak nicht später als am vierzehnten Tag der Embryonalentwicklung vermutet (S. 3 (4)). Dabei handelt es sich insofern um eine unwiderlegliche Vermutung, als eine spätere Entwicklung nicht behauptet werden kann.[156] Es steht jedoch gegebenenfalls der Anklagevertretung die Möglichkeit offen, eine frühere Entwicklung zu beweisen.[157]

Die Festlegung auf die Entwicklung des primitive streak als maßgeblichen Zeitpunkt der Embryonalentwicklung, von dem an eine weitere Verwendung des Embryos für die Forschung nicht mehr zulässig ist sein soll, folgt den Empfehlungen der Warnock-Kommission, die diesen Zeitpunkt favorisierte, weil er sowohl den Beginn der Individualentwicklung als auch das Ende der Präimplantationsphase markiert.[158] Die 14-Tage-Regelung darf jedoch nicht als Versuch einer allgemeingültigen Lösung eines ethisch-moralischen Konflikts mißinterpretiert werden. Es ging lediglich darum, eine an naturwissenschaftlichen Fakten festzumachende, klar ersichtliche Grenze zu ziehen.[159] Dem Gesetzgeber war vollkommen klar, daß es sowohl vor als auch nach dem 14. Tag der Embryonalentwicklung weitere einschneidende Ereignisse gibt, die als Anknüpfungspunkte für eine solche Grenzziehung denkbar wären, etwa die Befruchtung oder den Beginn der Organbildung.[160] Er entschied sich aber für die im Warnock-Report vorgezeichnete Lösung, weil er sie für ethisch im großen und ganzen allgemein akzeptabel und für die Bedürfnisse der Forschung als brauchbar

[155] Klotzko, S. 307 f.
[156] Klotzko, S. 309
[157] Montgomery, MLR 1990, 524, 527, Fn. 17
[158] Warnock, 11.22
[159] Klotzko, S. 311; vgl. auch Anleu, Law&Policy 2001, 417, 435
[160] Lee/Morgan, S. 68 ff.

erachtete.[161] Mit dieser pragmatischen Vorgehensweise hebt sich der britische Gesetzgeber diametral vom Rigorismus seines deutschen Pendants ab, der seine Lösung eines umfassenden Embryonenschutzes vom Zeitpunkt der Befruchtung an für die einzige mit höherrangigem Recht und Wertentscheidungen der Verfassung vereinbare hält.[162]

Das Modell der Verbote mit beschränkten Lizensierungsvorbehalten hatte sich im Gesetzgebungsverfahren gegen alle anderen Vorschläge durchgesetzt. Eine Beschränkung auf einzelne Präimplantationsdiagnosen wurde ebenso abgelehnt wie eine Unterscheidung zwischen überzähligen und speziell für die Forschung erzeugten Embryonen.[163]

b) Zweckbindung

Die Lizenzen müssen sich nach den materiellen Vorgaben des in verschiedene „paragraphs" unterteilten Anhangs 2 zum Act 1990 richten. Paragraph 3 (1) schreibt fest, daß Lizenzen für die Erzeugung, Erhaltung und Verwendung von Embryonen für Forschungsvorhaben nur vergeben werden dürfen, wenn die Forschung der Lizensierungsbehörde für die in paragraph 3 (2) aufgezählten Zwecke notwendig oder wünschenswert erscheint. Diese Zweckbindung stellt eine zusätzliche Restriktion dar, wenngleich die einzelnen Zweckbestimmungen nur abstrakt formuliert sind.[164] Weiterhin muß die Behörde davon überzeugt sein, daß die Erzeugung, Erhaltung oder Verwendung des Embryos für das Forschungsvorhaben notwendig ist (paragraph 3 (6)). Für die Entscheidung darüber, ob diese Voraussetzungen erfüllt sind, wird der Lizensierungsbehörde ein Beurteilungsspielraum eingeräumt.[165] Schließlich sieht paragraph 3 (9) eine Befristung der Lizenz auf höchsten drei Jahre vor. Die im Rahmen des Forschungsprojekts erzeugten oder verwendeten Embryonen dürfen gemäß S. 15(4) des Act

---

[161] Stellpflug, ZRP 1992, 4, 5

[162] vgl. z.B. BT-Drs. 11/1856, S. 7 f.: „Mit der in Artikel 2 Abs. 2 Satz 1 des Grundgesetzes getroffenen Entscheidung zugunsten des menschlichen Lebens wäre es kaum in Einklang zu bringen, extrakorporal menschliche Eizellen zu befruchten, wenn deren Transfer auf eine zur Austragung bereite Frau von vornherein ausgeschlossen oder überhaupt nicht beabsichtigt ist..."

[163] Klotzko, S. 309 f.

[164] Montgomery, MLR 1991, 524, 527

[165] Hornett, S. 29

1990 zu keinem anderen Zweck mehr verwendet werden, insbesondere dürfen sie nicht mehr implantiert werden.[166]

c) Weitere materielle Vorgaben

Voraussetzung für die Erteilung einer Lizenz ist gemäß paragraph 4 (1), daß darin ein individuell Verantwortlicher bezeichnet wird, der die alleinige (paragraph 4 (2) (c); S. 16 (2) (a)) Aufsicht ausübt, um sicherzustellen, daß die in der Lizenz enthaltenen Festsetzungen eingehalten werden. Die Behörde darf die Lizenz nur erteilen, wenn sie von der Zuverlässigkeit des Aufsichtführenden (S. 16 (2) (c)) sowie, falls beide nicht identisch sind, des Empfängers (S. 16 (2) (b) (ii)) überzeugt ist.

Ausdrücklich ausgeschlossen ist die Lizensierung von Keimbahninterventionen (paragraph 3 (4)) sowie die Entwicklung von Hybriden über das Zweizellstadium hinaus (paragraph 3 (5)).

d) Neue Zweckbestimmungen (regulations)

Aus den aufgezählten Forschungszwecken wird deutlich, daß der Gesetzgeber damit speziell die Embryonenforschung zum Zwecke der Entwicklung von Maßnahmen zur Behandlung von Unfruchtbarkeit, Schwangerschaftskomplikationen und zur Empfängnisverhütung sowie der Verbesserung der verfügbaren Methoden der Präimplantationsdiagnostik ermöglichen wollte.[167] Obwohl diese Vorschriften für eine verbrauchende Embryonenverwendung schon an sich sehr weitreichend sind,[168] war eine generelle Erlaubnis der Embryonenforschung zur Entwicklung neuer Medikamente und Therapien in der ursprünglichen Fassung des Act nicht vorgesehen.

Neue Zweckbestimmungen können jedoch durch „regulations" hinzugefügt werden (paragraph 3 (2) a.E.), sofern sie der Erlangung von Kenntnissen über die Erschaffung und Entwicklung von Embryonen oder über Krankheiten oder der Anwendung solcher Kenntnisse dienen (paragraph 3 (3)). Für den Erlaß solcher Bestimmungen ist laut S. 45 (1) der Secretary of State zuständig. Soweit dadurch paragraph 3 geändert wird, müssen beide Häuser des Parlaments zu-

---

[166] Hornett, S. 30
[167] Hornett, S. 29
[168] Bernat, MedR 1991, 308, 315

stimmen (S. 45 (4)). Dieser Vorbehalt einer positiven Zustimmung durch das Parlament (im Gegensatz zu einer bloßen Ablehnungsmöglichkeit, wie etwa in S. 45 (5) vorgesehen) erklärt sich aus der zentralen Bedeutsamkeit, die der Gesetzgeber diesen Regelungsbereichen zugedacht hat und die nicht ohne eingehende Befassung des Parlamentes modifiziert werden sollen.[169]

e) Rechtsstellung des Lizenzinhabers

Die Rechtsposition des Lizenzinhabers wird deutlich eingeschränkt durch die Befugnis der Behörde, die Lizenz aufzuheben oder zu modifizieren (S. 18). Dies kommt vor allem bei einer Änderung der tatsächlichen Verhältnisse in Betracht. Ein milderes Mittel ist die zeitweise Aussetzung der Wirkungskraft der Lizenz (S. 22).

Gegen die Versagung einer Lizenz kann gemäß S. 20 (1) binnen achtundzwanzig Tagen Widerspruch bei der Behörde erhoben werden. Gleiches gilt für Widersprüche gegen Aufhebungen und Modifizierungen (S. 20 (2)). Die Entscheidung der Behörde über den Widerspruch kann vor dem High Court bzw. Court in Session beanstandet werden (S. 21).

2. Begriffsbestimmung

S. 1 (1) (a) definiert den Embryo als lebenden menschlichen Embryo, dessen Befruchtung abgeschlossen ist. S. 1 (1) (b) bezieht die Eizelle im Befruchtungsvorgang in den Definitionsbereich mit ein, um eine eventuelle Gesetzeslücke zu schließen,[170] und erklärt den Befruchtungsvorgang für abgeschlossen, sobald ein Zweizellstadium erreicht ist.

Lizenzen werden in S. 2 (1) als Lizenzen nach Maßgabe des Anhangs 2 zum Act 1990 definiert.

3. Behördeneinrichtung (HFEA)

S. 5 (1) sieht die Einrichtung einer neuen Behörde, der Human Fertilisation and Embryology Authority (HFEA), vor. Die Mitglieder und ihre Zahl werden vom Secretary of State festgelegt (S. 5 (2)). Näheres ist in Schedule 1 geregelt (S. 5 (3)). Zentrale Aufgabe der HFEA ist neben der Erteilung von Lizenzen die Be-

---

[169] Lee/Morgan, S. 109
[170] Hornett, S. 24

obachtung der Forschungstätigkeit an Embryonen und die Berichterstattung hierüber.[171] Die HFEA muß ihre Arbeit somit unmittelbar gegenüber der Regierung und über diese mittelbar gegenüber dem Parlament verantworten.[172] Daneben steht dem zuständigen Ministerium die Handlungsform der „regulations“ (S. 45) zur Verfügung, um die Aktivitäten der HFEA zu steuern.[173]

Die Lizenzen nach dem Act 1990 werden nicht von der HFEA selbst vergeben, sondern diese bildet zu diesem Zweck gemäß S. 9 (1) spezielle Lizensierungskomitees, die auch für die Modifizierung, Aufhebung oder Suspendierung von Lizenzen zuständig sind. Ansonsten sind der HFEA in ihrer Selbstorganisation in den Grenzen der S. 9 relativ breite Spielräume eingeräumt.

In materieller Hinsicht ist die HFEA berechtigt und aufgrund von S. 25 (1) sogar verpflichtet, einen „code of practice“ zu erstellen, in dem die unbestimmten Vorgaben des Act präzisiert werden.[174] Hiermit folgt der Gesetzgeber den Stimmen, die schon vor Erlaß des Act gefordert haben, der mit entsprechendem Sachverstand versehenen Lizensierungsbehörde auch die Macht zu verleihen, die Forschungstätigkeit zu beobachten und bis in die Einzelheiten hinein selbständig zu regulieren.[175] Der Entwurf des Code bedarf der Zustimmung des Secretary of State (S. 26 (2)) und muß dem Parlament vorgelegt werden (S. 26 (4)). Der Code hat selbst keine unmittelbare Außenwirkung, ein Verstoß eines Lizenzinhabers dagegen indiziert jedoch einen Verstoß gegen den Act selbst und soll das zuständige Lizensierungskomitee veranlassen, entsprechend zu reagieren (S. 25 (6)). Insofern schafft der Code die aufgrund der unbestimmt formulierten Voraussetzungen für die Erlangung einer Lizenz notwendige Rechtssicherheit.

Neben dem Erlaß des Code und der bloßen Beobachtungs- und Berichtstätigkeit steht der HFEA noch der Erlaß von Einzelentscheidungen (directions) als aktive Handlungsform zur Verfügung (S. 23 f.). Directions können erlassen werden, soweit sie im Act ausdrücklich vorgesehen sind, woraus sich ein breites Spektrum von Anwendungsbereichen ergibt.[176] Für Forschungslizenzen sind insbe-

[171] Lee/Morgan, S. 105 f.
[172] Montgomery, MLR 1991, 524, 527
[173] Böckenförde-Wunderlich, S. 75
[174] Stellpflug, ZRP 1992, 4, 5
[175] Cusine, S. 207
[176] vgl. im einzelnen die Auflistung bei Lee/Morgan, S. 107 f.

sondere S. 15 (2) und (3) von Bedeutung, wonach durch directions die Erhebung und Aufbewahrungsfrist für Informationen über die jeweiligen Forschungsprojekte geregelt werden kann.

III. Die Neuregelung von 2001

Der Gesetzgeber des ursprünglichen Act 1990 hat das therapeutische Potential der embryonalen Stammzellen nicht vorausgesehen und konnte es auch nicht voraussehen.[177]

Im Zuge des raschen technologischen Fortschritts auf diesem Forschungssektor erschien 1998 ein gemeinsames Diskussionspapier der HFEA und der beim Handels- und Industrieministerium angesiedelten Human Genetics Advisory Commission (HGAC) unter der Bezeichnung Cloning Issues in Reproduction, Science and Medicine. Als Ergebnis wurde darin der Erlaß von regulations durch den Secretary of State empfohlen, durch die zwei weitere Zweckbestimmungen zu den in Schedule 2, paragraph 3(2) genannten hinzugefügt werden sollten: Die Entwicklung von Therapiemethoden gegen mitochondriale Krankheiten sowie die Entwicklung von Behandlungsmöglichkeiten für kranke oder verletzte Gewebe und Organe.[178]

Als Reaktion der Regierung folgte die Einsetzung einer neuen beim Gesundheitsministerium angesiedelten Expertengruppe unter dem Vorsitz von Chief Medical Officer Prof. Liam Donaldson, die neue Empfehlungen unter Berücksichtigung aller mit der Stammzellforschung zusammenhängenden Fragen erarbeiten sollte. Die Gruppe schloß ihre Arbeit 2000 mit der Verabschiedung des Berichts „Stem Cell Research: Medical Progress with Responsibility" ab. Darin zeigte sie sich mehrheitlich vom Nutzen der Forschung mit embryonalen Stammzellen überzeugt und hielt die damit zusammenhängenden Risiken für beherrschbar, allerdings nur unter der Voraussetzung, daß die HFEA ihre rigide Kontrollfunktion auch auf diesem Sektor beibehalte.[179] Sie schloß sich daher der Empfehlung der HGAC und der HFEA an, die Liste der Zweckbestimmungen in paragraph 3 (2) zu erweitern, um auch nach Erkenntnissen über Krankheiten und Behandlungsmöglichkeiten forschen zu können.[180]

---

[177] Nuffield, Rn. 12
[178] HGAC/HFEA, 9.3
[179] Donaldson, S. 44
[180] Donaldson, S. 45

Die Regierung folgte dieser Empfehlung mit der Begründung, die grundsätzliche Entscheidung über die Nutzbarkeit von Embryonen im frühesten Stadium zu Forschungszwecken sei bereits beim Erlaß des Act 1990 getroffen worden; das therapeutische Potential der Stammzellforschung rechtfertige eine Ausweitung des Anwendungsbereiches, wie von der Donaldson-Kommission vorgeschlagen.[181] Als weitere Vorgehensweise kündigte die Regierung eine freie Abstimmung in beiden Parlamentshäusern an.[182]

Die erste Fassung der Parlamentsvorlage sah als neue Zweckbestimmung den Erkenntnisgewinn über die Erschaffung und Entwicklung von Embryonen, über Krankheiten und über die Anwendung des so erworbenen Wissens vor. Dieser Text wurden im Nachhinein dahingehend geändert, daß zum einen der Begriff der „Erschaffung" gestrichen wurde, da man ihn für überflüssig und überzeichnet hielt. Zum anderen wurde der Anwendungsbereich auf „schwere" Krankheiten begrenzt, um einer Nutzung von Embryonen zu trivialen Zwecken von vornherein vorzubeugen.[183]

Die Vorlage erhielt in dieser Fassung die notwendige Mehrheit und trat am 31.1.2001 in Kraft.

IV. Zellkerntransfer

Die Möglichkeit einer Erzeugung von Embryonen durch Zellkerntransfer zur Gewinnung von Stammzellen für wissenschaftliche Zwecke und zur Züchtung von Organgewebe war zum Zeitpunkt der Verabschiedung des Act 1990 zwar abzusehen, jedoch nur als vage Zukunftsvision.[184] Im Warnock-Report finden sich deshalb keine konkreten Empfehlungen hierzu. In der zeitnah erschienenen einschlägigen Literatur wird lediglich der Vorschlag gemacht, die Regulierung der Einzelheiten der Lizensierungsbehörde zu überlassen.[185]

In der gemeinsamen Stellungnahme von HGAC und HFEA wurde das therapeutische Potential des Zellkerntransfers als sehr aussichtsreich bewertet.[186] Als Schlußfolgerung wurde eine Zulassung dieser Technik empfohlen, allerdings

[181] DOH, Government Response, S. 3
[182] DOH, Government Response, S. 2
[183] Sleator, 00/93, S. 30
[184] Warnock, 12.14
[185] Cusine, S. 190
[186] HGAC/HFEA, 5.3 ff.

nur unter Beibehaltung der 14-Tage-Grenze.[187] Im Donaldson-Report wurde diese Empfehlung wiederholt und bekräftigt, wobei zusätzlich auf die Möglichkeit verwiesen wurde, durch die Erforschung des Zellkerntransfers zu einem besseren Verständnis der Programmierungsmöglichkeiten an adulten Stammzellen zu gelangen.[188] Dem schloß sich die Regierung ausdrücklich an.[189]

Die rechtlich relevante Frage war in diesem Zusammenhang aber stets, ob und inwieweit der Zellkerntransfer vom Regelungsgehalt des Act umfaßt wurde. Anders als im Falle des ausdrücklich verbotenen Transfers eines somatischen Zellkerns in einen Embryo (S. 3 (3) (d)) gibt es hierfür keine eindeutige Regelung. Es läßt sich sogar bezweifeln, ob S. 3 überhaupt begrifflich anwendbar ist, da keine Befruchtung stattfindet, welche aber eigentlich in der Begriffsbestimmung des Embryos in S. 1 (1) vorausgesetzt wird; Regierung und HFEA haben diese Bedenken jedoch mit teleologischen Argumenten verworfen und die Behörde für zuständig gehalten, was die Regulierung des Zellkerntransfers angeht.[190] Auch im viel später erschienenen Donaldson-Report wurde ganz selbstverständlich davon ausgegangen, daß der Zellkerntransfer durch den Act 1990 derart geregelt ist, daß er nicht verboten ist, aber einer Lizenz bedarf.[191]

Im Schrifttum wurden jedoch Zweifel an dieser teleologischen Argumentation geäußert. Im Zentrum stand dabei stets die Voraussetzung einer Befruchtung in S. 1 (1), die beim Zellkerntransfer nicht erfüllt ist.[192]. Die Begriffsbestimmung in S. 1 (1) ist zwar nicht abschließend, sondern sie läßt Abweichungen zu, soweit diese an anderer Stelle geregelt werden; gerade solche Spezialregelungen waren jedoch nirgendwo zu finden. Die Legitimität einer über diesen klaren Wortlaut hinausgehenden teleologischen Erweiterung wurde daher in Frage gestellt.[193]

Nach dem Inkrafttreten der Neuregelung 2001 stellte die HFEA zunächst alle Entscheidungen in diesem Bereich zunächst bis auf weiteres zurück.[194] Mittlerweile hat die britische Behörde HFEA inzwischen erstmals Gebrauch von den

---

[187] HGAC/HFEA, 5.11 f.
[188] Donaldson, S. 44
[189] DOH, Government Response, S. 3
[190] HGAC/HFEA, 3.4; Nuffield, Rn. 15
[191] Donaldson, S. 33; s. auch Sleator, 00/93, S. 17
[192] Lee/Morgan, S. 93 f. m.w.N.
[193] Lee/Morgan, S. 95

erweiterten Zweckbestimmungen im Anhang zum Act 1990 gemacht und dem Newcastle Centre for Life eine Genehmigung zur Erzeugung eines Embryos durch Zellkerntransfer („therapeutisches Klonen") erteilt. Aus dem Embryo sollen Stammzellen gewonnen werden, die der Entwicklung neuer Therapiemöglichkeiten gegen Krankheiten wie Diabetes und Parkinson dienen.

V. Reproductive Cloning Act

Mit der Entscheidung des High Court über die Anwendbarkeit des Act für Embryonen, die durch Zellkerntransfer entstanden sind, ist die geschilderte Rechtsauffassung der Regierung hinfällig geworden. Das Gericht hielt die teleologische Argumentation zwar insofern für nachvollziehbar, als bei der Verabschiedung des Act 1990 die Möglichkeit eines erfolgreichen Zellkerntransfers noch nicht abzusehen war; wäre sie absehbar gewesen, wäre diese Technik sicherlich in den Regelungsbereich einbezogen worden.[195] Gleichwohl lehnte es das Gericht ab, über den Gesetzeswortlaut hinaus den Zellkerntransfer als durch die Bestimmungen des Act geregelt anzusehen.[196]

Damit sind weder der Act als solcher noch die dazugehörigen regulations für Embryonen anwendbar, die durch Zellkerntransfer erzeugt wurden.[197] So wäre es nicht länger gesetzeswidrig, einen durch Zellkerntransfer geschaffenen Embryo über den vierzehnten Tag oder die Entwicklung des primitive streak hinaus zu erhalten.[198] Nur für Embryonen, die durch Kernverschmelzung entstanden sind, bleibt es bei den bestehenden Regelungen.[199]

Da die Regierung bereits zuvor deutlich gemacht hatte, daß sie die Möglichkeit des reproduktiven Klonens unbedingt ausschließen wollte,[200] war durch die so entstandene Gesetzeslücke dringender Handlungsbedarf gegeben. Zur Schließung dieser Lücke wurde der Human Reproductive Cloning Act 2001 verabschiedet. Demzufolge ist es bei Strafandrohung verboten, einer Frau einen Embryo einzusetzen, welcher anders als durch Befruchtung entstanden ist. Die

---

[194] HFEA, Code of Practice, S. 53, Fn. 47
[195] High Court, (2001) EWHC Admin 918, para. 59
[196] High Court, (2001) EWHC Admin 918, para. 60 ff.
[197] Sleator, 01/104, S. 14
[198] Sleator, 01/104, S. 15
[199] Sleator, 01/104, S. 15
[200] DOH: Government Response, S. 2

Frau hingegen kann schon allein begrifflich nur als Teilnehmerin bestraft werden.[201]

Eine Regelung für das „therapeutische Klonen" durch Zellkerntransfer wurde im Human Reproductive Cloning Act 2001 bewußt nicht getroffen, da für diese Materie eine gesonderte Regelung in Aussicht gestellt wurde.[202] Die HFEA hat inzwischen erklärt, sie werde bis zur endgültigen Klärung der rechtlichen Lage keine Entscheidungen über Lizenzen für Vorhaben treffen, die durch Zellkerntransfer geschaffene Embryonen betreffen; für alle anderen Embryonen wird die HFEA jedoch die Änderungen von 2001 berücksichtigen.[203]

Mittlerweile hat ein Sonderausschuß des Oberhauses die ethische Vertretbarkeit des Zellkerntransfers zu Forschungszwecken unter der Voraussetzung bestätigt, daß die damit verfolgten Ziele nicht durch die Verwendung von überzähligen Embryonen erreichbar sind.[204] Ob und wie lange die HFEA nunmehr ihr selbst gesetztes Moratorium aufrechterhalten wird, bleibt offen. Abgesehen vom Spezialproblem des Zellkerntransfers hat die HFEA nunmehr begonnen, Lizenzen für die Produktion von Embryonen zu Forschungszwecken nach Maßgabe der Neuregelung zu erteilen, allerdings nur, soweit die betreffenden Vorhaben nicht unter Verwendung von adulten Stammzellen durchführbar sind sowie unter der Auflage verschärfter Dokumentierungspflichten.[205]

VI. Zusammenfassung

Zusammenfassend läßt sich festhalten:

- Dem Embryonenschutz in Großbritannien liegt ein Schutzkonzept zugrunde, das mit dem Act 1990 auf eine Kombination aus formellen Vorschriften und materiellen Vorgaben setzt, um so eine wissenschaftlich sinnvolle Forschung im Rahmen dessen, was überwiegend als moralisch akzeptabel erachtet wird, zu ermöglichen.

- Die Kompetenz der HFEA beschränkt sich nicht auf formelle Zuständigkeiten im Lizensierungsverfahren, sie ist vielmehr auch in materieller Hinsicht vom

---

[201] Sleator, 01/104, S. 23
[202] Sleator, 01/104, S. 21
[203] HFEA, Update 2001, S. 2
[204] Select Committee, 5.14
[205] HFEA, Annual Report 2002, S. 17

Gesetzgeber ermächtigt, Beurteilungsspielräume zu nutzen und die grobmaschigen Vorgaben des Act 1990 selbständig zu verfeinern.

- Die 14-Tage-Grenze in S. 3 (4) des Act 1990 ist nicht Ausdruck eines moralischen Alleinvertretungsanspruchs, sondern bloß Mittel zum Zweck eines Ausgleichs zwischen den Bedürfnissen der Forschung und dem Embryonenschutz als objektivem Gut der Rechtsordnung.

- Mit den regulations von 2001 hat der Verordnungsgeber die rechtliche Grundlage für die Nutzung embryonaler Stammzellen zum Zweck der Erforschung von Therapiemöglichkeiten für schwere Krankheiten gelegt.

- Für Embryonen, die durch Zellkerntransfer entstanden sind, ist nur geregelt, daß sie gemäß dem Human Reproductive Cloning Act 2001 nicht implantiert werden dürfen; in den Regelungsbereich des Act 1990 fallen sie nicht.

B. USA

In den USA existieren einige Stammzell-Linien, die für den Import nach Deutschland in Frage kommen. Dies darf allerdings nur unter der Voraussetzung geschehen, daß die Stammzell-Linien im Einklang mit dem geltenden Recht gewonnen worden sind (§ 4 II Nr. 1 a StZG) und ihre Gewinnung nicht offensichtlich im Widerspruch zu tragenden Grundsätzen der deutschen Rechtsordnung erfolgt ist (§ 4 III StZG).

Bei der Betrachtung der Rechtslage in den USA hinsichtlich der Forschung mit embryonalen Stammzellen ist es wichtig, zwei Unterscheidungen zu berücksichtigen. Zum einen bestehen Regelungen auf Bundes- und Einzelstaatenebene nebeneinander. Zum anderen wird unterschieden zwischen rein privater und staatlich geförderter Forschung.

I. Verfassungsrechtlicher Hintergrund

Jede rechtliche Regelung im Bereich der Biomedizin, die den Freiheitsraum der Wissenschaft und Forschung einschränkt, muß den objektiven allgemeinen Verfassungsgrundsätzen genügen. Relevant ist hierbei zuallererst der Bestimmtheitsgrundsatz, der im Bereich der Biomedizin bereits in mehreren zentralen

Entscheidungen eine Rolle gespielt hat.[206] Auch die Prinzipien der Verhältnismäßigkeit und der Subsidiarität müssen gewahrt sein.[207]

Ob sich aus dem Fourteenth Amendement (Recht auf persönliche Freiheit) oder auch aus dem First Amendment (Recht auf Redefreiheit) ein eigenständiges Grundrecht auf Forschungsfreiheit ergibt, ist in der verfassungsrechtlichen Diskussion ungeklärt.[208] Vorausgesetzt daß eine solche subjektiv-rechtliche Garantie existiert, könnte sie jedoch in verfassungsmäßiger Weise zum Schutz anderer Rechtsgüter eingeschränkt werden.[209] Die Beschränkung der Vergabe öffentlicher Fördergelder stellt für sich genommen jedenfalls noch keinen Eingriff in die Forschungsfreiheit dar, da sich daraus grundsätzlich kein Anspruch auf Förderung der Forschung gegen die öffentliche Hand ergibt; ungerechtfertigte Eingriffe können in diesem Sinne allein in Fällen evidenter Willkür vorliegen.[210]

Der Embryo bzw. Fötus ist nach einschlägiger Rechtsprechung des Supreme Court keine Person und damit auch kein Grundrechtsträger des Rechts auf Leben.[211] Nach alledem verdient die Einschätzung, daß sich aus der US-Verfassung keine Vorgaben für die Regulierung der Embryonenforschung ergeben, Zustimmung.[212] Gerade als Reaktion auf die wegweisende Roe v. Wade-Entscheidung hat der Gesetzgeber jedoch begonnen, Schritte zur einfachgesetzlichen Verankerung des Embryonenschutzes als objektiv-rechtliches Prinzip zu unternehmen.[213]

II. NIH Guidelines

Die Regulierung der Embryonenforschung hat ihren Ursprung im Haushaltsrecht. Nachdem 1993 das Moratorium der Forschungsförderung in diesem Bereich durch den Revitalisation Act aufgehoben worden war, beschloß der Kongreß erstmals für das Haushaltsjahr 1994, daß keine Bundesfördermittel für die Erzeugung von Embryonen zu Forschungszwecken oder für embryonenverbrau-

---

[206] Andrews, S. A-6
[207] NBAC, Cloning Human Beings, S. 91 f.
[208] vgl. Haßmann, S. 135 ff; weitere Nachweise bei Andrews, S. F-36
[209] Andrews, S. F-36 f.
[210] Fletcher, S. E-13
[211] US Supreme Court, EuGRZ 1974, 52, 55
[212] Trachtman, ajob 2002, Vol. 2, Nr. 1, S. 1b
[213] Fletcher, S. E-9 f.

chende Forschungsvorhaben verwendet werden dürften.[214] Für die folgenden Haushaltsjahre wurden jeweils ähnliche Regelungen getroffen.[215] Die rechtlich umstrittene Frage, ob damit auch die öffentliche Förderung für Forschungsprojekte mit ES-Zellen, die aus privat finanzierter embryonenverbrauchender Forschung stammen, verhindert werden sollte, wurde von Seiten des Department of Health and Human Services (DHHS) im Ergebnis verneint.[216]

Diese Position schlug sich nieder in den Richtlinien der National Institutes of Health (NIH) zur Forschung mit menschlichen pluripotenten Stammzellen; allerdings dürfen die Stammzellen demnach nicht aus Embryonen gewonnen worden sein, die eigens für die Forschung hergestellt wurden, sondern nur aus redundanten Embryonen, die nicht mehr zur Herbeiführung einer Schwangerschaft benötigt werden (Section II A 2).

Die Richtlinien enthalten noch weitere Einschränkungen; unter anderem darf keine Bezahlung dafür gewährt worden sein, daß die Embryonen der Forschung zur Verfügung gestellt wurden (S. II A 2 a). Um Interessenkonflikte zu vermeiden, wird eine saubere Trennung zwischen den Personen, die mit der Gewinnung der Stammzellen befaßt sind, und denen, die sie für die Forschung verwenden wollen, gefordert (S. II A 2 b).

Die Personen, die in der reproduktionsmedizinischen Klinik behandelt worden waren, müssen nach umfassender Beratung ihr Einverständnis mit der Embryonenspende („informed consent") erklärt haben (S. II A 2 e). Das Einverständnis darf auch erst eingeholt werden, wenn feststeht, daß der Embryo nicht mehr für Fortpflanzungsversuche benötigt wird, und um Zeitdruck zu vermeiden, dürfen Stammzellen nur aus bereits kryokonservierten Embryonen gewonnen werden (S. II A 2 c).

Von der Förderung ausdrücklich ausgeschlossen sind den Richtlinien zufolge die Gewinnung von Stammzellen aus Embryonen (S. III A) und die Nutzung von Stammzellen aus Embryonen, die zu Forschungszwecken hergestellt wurden (S. III C). Letztere Regelung stellt einen wichtigen Unterschied zur Rechtslage in Großbritannien dar, wo nicht grundsätzlich zwischen redundanten und eigens für die Forschung erzeugten Embryonen unterschieden wird.

---

[214] NBAC, Stem Cell Report, Vol. I, S. 34 f.
[215] Flannery/Javitt, S. D-7 f.
[216] Flannery/Javitt, S. D-8

Im Gegensatz zu diesen detaillierten Vorschriften für die öffentlich geförderte Forschung mit embryonalen Stammzellen existieren für privatfinanzierte Forschungsvorhaben keine speziellen bundesrechtlichen Regelungen. Die allgemeine Akzeptanz der NIH-Richtlinien ist jedoch lange Zeit so groß gewesen, daß sie im Großen und Ganzen auch im privatfinanzierten Sektor Beachtung fanden.[217] Daß dies offenbar nicht mehr uneingeschränkt vorausgesetzt werden kann, zeigen die Pläne der Universität Stanford zur privat finanzierten Durchführung von Zellkerntransfers zur Erzeugung neuer Stammzell-Linien.[218]

III. Einzelstaatliche Regelungen

Zahlreiche US-Bundesstaaten haben bislang keine rechtlichen Beschränkungen der Embryonenforschung erlassen. Die Regelungen in den übrigen Staaten sind sehr unterschiedlich, sie reichen von einem Verbot der Kommerzialisierung von Forschungsembryonen bis hin zu einem kompletten Verbot der Forschung.[219]

Im Gegensatz dazu besteht im Bundesstaat New Hampshire eine Regelung, die der Rechtslage in Großbritannien ähnelt: Forschungsembryonen dürfen nicht älter als vierzehn Tage sein und dürfen nicht mehr implantiert werden.[220] Im bevölkerungsreichsten Bundesstaat Kalifornien wurden die embryonenverbrauchende Stammzellforschung und ihre finanzielle Förderung ausdrücklich legalisiert.[221]

IV. Restriktionen durch die Bush-Administration

Die US-Bundesregierung hat am 9.8.2001 entschieden, eine weitere Förderung embryonenverbrauchender Forschungsprojekte aus Bundesmitteln zu verhindern. Konkret soll demnach nur noch die Forschung mit zu diesem Zeitpunkt bereits existierenden Stammzell-Linien aus redundanten Embryonen aus der Reproduktionsmedizin gefördert werden. Die Spender müssen nach Beratung zugestimmt haben und dürfen keine finanziellen Vergünstigungen erhalten haben. Von der Förderung ausgeschlossen werden die Gewinnung und Nutzung von Stammzell-Linien aus nach dem Stichtag zerstörten Embryonen, die Erzeugung

---

217 Enquete-Zwischenbericht, S. 125
218 Chase/Regalado, Wall Street Journal – Eastern Edition v. 11.12.2002, S. B1
219 NBAC, Stem Cell Report, Vol. I, S. 35; Übersicht bei Andrews, Appendix A
220 Andrews, S. A-4
221 The Economist v. 28.9.2002, S. 32

von Embryonen zu Forschungszwecken sowie jedwedes Klonen menschlicher Embryonen.[222]

Diese Kriterien sollen auch auf Stammzell-Linien angewendet werden, die aus dem Ausland stammen.[223] Demzufolge stehen den US-Forschern angeblich über 60 Stammzell-Linien für die öffentlich geförderte Forschung zur Verfügung,[224] eine Zahl, die jedoch zunehmend in Zweifel gezogen wird.[225]

Die Vorgaben der Bush-Administration haben für die NIH bindende Wirkung. Sie können nur durch eine gegenteilige Entscheidung des Kongresses aufgehoben werden.[226]

V. Human Cloning Prohibition Act

Auch die rechtlichen Regelungen, die das Klonen von Menschen betreffen, entstammen ursprünglich dem Haushaltsrecht. Erstmals für das Haushaltsjahr 1996 hat der Kongreß ein Verbot der Vergabe von Fördermittel für „nichttherapeutische“ Forschungsvorhaben mit Embryonen beschlossen, das jedoch auf bestimmte Behörden beschränkt war und sich nicht eindeutig auf das Klonen bezog.[227] Daneben bestanden nur begrenzte Informationspflichten.[228] Die Clinton-Administration beschloß daher 1997, die Förderung für das Klonen von Menschen in vollem Umfang zu stoppen.[229]

In den NIH-Richtlinien wird demzufolge der somatische Zellkerntransfer zu den Vorhaben gezählt, die von jeglicher Förderung ausgeschlossen sind. Der Förderungsausschluß betrifft nicht nur das reproduktive Klonen (S. III G), sondern darüber hinaus auch die Gewinnung von Stammzellen, die durch somatischen Zellkerntransfer erzeugt wurden (S. III D), sowie die Nutzung solcher Zellen (S. III E). Die 2001 getroffene Entscheidung der Bush-Administration zur Begrenzung der Förderung der Forschung mit embryonalen Stammzellen bekräftigt das Verbot der Förderung jedweden Klonens von Menschen.[230]

---

[222] White House, Fact Sheet
[223] NIH, Strategies
[224] NIH, Stem Cell Registry
[225] Haßmann, S. 161; Capron, ajob 2002, Vol. 2, Nr. 1, S. 35 f.
[226] Maienschein, ajob 2002, Vol. 2, Nr. 1, S. 12
[227] NBAC, Cloning, S. 89
[228] NBAC, Cloning, S. 88
[229] NBAC, Stem Cell Report, Vol. 1, S. 37
[230] White House, Fact Sheet

Das US-Repräsentantenhaus hat den Entwurf eines „Human Cloning Prohibition Act of 2003“ verabschiedet, dem jedoch noch die Zustimmung des Senats fehlt. Darin wird in S. 302 (a) (1) das Klonen eines Menschen sowie dessen Versuch verboten, in S. 302 (a) (2) die Teilnahme an einer solchen Handlung und in S. 302 (a) (3) der Erwerb und die Weitergabe eines so erzeugten Embryos oder daraus gewonnener Produkte (insbesondere Stammzellen). Ein Verbot ist weiterhin vorgesehen für den Import solcher Embryonen und Produkte (S. 302 (b)). Nicht vom Verbot berührt sind gemäß S. 302 (d) alle Forschungsvorhaben, die zuvor nicht ausdrücklich genannt wurden.

Das menschliche Klonen wird in S. 301 (1) definiert als menschliche asexuelle (anders als durch Verschmelzung von Ei- und Samenzelle erreichte, S. 301 (2)) Reproduktion durch den Transfer menschlichen somatischen Zellkernmaterials in eine Eizelle, deren Zellkernmaterial entfernt oder deaktiviert wurde, um einen lebenden Organismus zu schaffen, der mit einem anderen genetisch identisch ist. Da die somatische Zelle in S. 301 (3) als diploide Zelle definiert ist, die aus einem lebenden oder toten menschlichen Körper, gleich welcher Entwicklungsstufe, stammt, weist der Act eine Gesetzeslücke auf: Der Fall, daß das Zellkernmaterial aus einer Blastozyste stammt, wird vom Wortlaut nicht erfaßt, da eine Blastozyste kein „Körper“ ist.[231]

VI. Zusammenfassung

Abgesehen vom geplanten gesetzlichen Verbot des Klonens von Menschen spielen gesetzliche Verbote für den Bereich der Forschung mit embryonalen Stammzellen auf US-Bundesebene kaum eine Rolle. Der Gesetzgeber verfolgt vielmehr den Ansatz, für unethisch gehaltene Forschungsvorhaben mittels Einschränkungen der Förderung durch Bundesmittel zu verhindern. Wichtigstes Steuerungsmittel sind dabei die durch politische Entscheidungen der Bush-Regierung deutlich verschärften NIH-Richtlinien, denen zufolge nur noch die Forschung mit solchen Stammzell-Linien aus Bundesmitteln gefördert wird, die bis zum Stichtag entstanden sind. Aufgrund ihrer allgemeinen Akzeptanz schlägt sich die Wirkung der Richtlinien weitgehend, allerdings nicht ausnahmslos auch auf den Bereich der privaten Forschung nieder.

---

[231] Maienschein, ajob 2002, Vol. 2, Nr. 1, S. 17

Auf Einzelstaatenebene finden sich alle erdenklichen Regelungsvarianten von einem vollständigen Verbot der Forschung bis hin zum Fehlen jeglicher Bestimmungen.

C. Israel

In Israel stehen die embryonalen Stammzell-Linien der Universität Haifa für den Export zur Verfügung.[232]

I. Hintergrund

Für das Verständnis der israelischen Gesetzgebung zur Embryonenforschung ist es wichtig, sich die Bedeutung des kulturellen und religiösen Hintergrundes zu vergegenwärtigen. So wurde im Rahmen des Gesetzgebungsverfahrens zum „Gesetz über das Verbot der genetischen Intervention“ eigens eine Stellungnahme der führenden Rabbiner zu der Frage eingeholt, welche Aussagen die Halacha (religiöses jüdisches Recht) zur Gesetzgebungsmaterie trifft.[233]

Auffällig ist zunächst, daß der von Anhängern des Christentums der biotechnologischen Forschung oft entgegengebrachte Vorwurf, „Gott zu spielen“,[234] im jüdischen Kulturkreis keine vergleichbare Rolle zu spielen scheint. Dort sieht man die Forschungstätigkeit tendenziell nicht als Anmaßung gottgleicher Fähigkeiten an, sondern begreift die naturwissenschaftlichen Erkenntnisse als Gabe Gottes, die in seinem Sinne anzuwenden sei.[235]

Eine der wichtigsten Verpflichtungen, die sich aus dem jüdischen Glauben ergeben, ist der Auftrag, Leben zu bewahren; diese Verpflichtung ist von so fundamentaler Bedeutung, daß sie in gewissen Grenzen sogar gegenüber anderen Glaubenssätzen zu überwiegen vermag. Die Stammzellforschung als eine Technologie, die Heilungschancen für ansonsten unheilbar Erkrankte eröffnet, kann sich somit in religiöser Hinsicht auf ein schlagkräftiges Argument berufen.[236]

Auf der anderen Seite läßt sich auf der Grundlage des Gebotes der Lebensbewahrung nach weitverbreiteter Ansicht unter den Rabbinern kein Schutz für

---

[232] NIH, Registry
[233] Ben-Or, ZaöRV 2000, 763, 764
[234] vgl. Reiss, S. 324; Hedgecoe, S. 388; Häyry/Häyry, S. 413 ff.
[235] Rapoport, zit. bei Sleator, 00/93, S. 53
[236] Tendler, S. H-4

Präimplantations-Embryonen herleiten.[237] Nach jüdischem religiösem Recht haben Embryonen während der ersten 40 Tage nach der Befruchtung nicht den Status eines Menschen. Für Embryonen in utero gilt zwar, daß ihre Abtreibung grundsätzlich verboten ist, wenn auch nicht um ihrer selbst willen; Embryonen in vitro dagegen bleibt jeglicher Schutz versagt, da sie ohne die Möglichkeit der Implantation nicht einmal das Potential haben, sich zu Menschen zu entwickeln. Sie können daher zur Gewinnung von Stammzellen verwendet werden.[238]

In Konflikt geraten könnte die Verwendung von Präimplantations-Embryonen zu Forschungszwecken allein mit dem religiös begründeten Verbot der Vergeudung menschlicher Keimzellen.[239] Die meisten religiösen Autoritäten verneinen jedoch die Anwendbarkeit dieses Grundsatzes auf bereits befruchtete Eizellen.[240] Und selbst wenn man das Verbot für einschlägig erachten würde, müßte es wohl hinter das Gebot zur Rettung menschlichen Lebens zurücktreten.[241]

Für das säkulare Recht des Staates Israel sind die genannten Grundsätze von erheblicher Bedeutung, was jedoch keineswegs bedeutet, daß staatliche Reglementierung nicht über das, was sich aus dem religiösen Recht ergibt, hinausgehen könnte.[242]

II. Gesetz über das Verbot der genetischen Intervention

Das israelische Verfassungsrecht ist im Begriff, einen Wandel von dem herkömmlichen Common Law-System mit entsprechend ausgeprägtem Primat des Parlaments hin zu einer erweiterten Überprüfbarkeit von Gesetzen anhand von verfassungsrechtlichen Maßstäben durch den Obersten Gerichtshof zu vollziehen.[243] Als solche sind hier insbesondere die sogenannten Grundgesetze[244] zu nennen. Ein solches Regelwerk betreffend Menschenwürde und persönliche Freiheit wurde 1992 seitens der Knesset verabschiedet.[245] Aussagen über die im Raum stehende Problematik lassen sich daraus jedoch schon deshalb nicht ent-

---

[237] Wahrman, Jüdische Allgemeine v. 28.02.2002
[238] Dorff, S. C-4
[239] Tendler, S. H-3
[240] Wahrman, Jüdische Allgemeine v. 28.02.2002
[241] Tendler, S. H-4
[242] Zoloth, S. J-12
[243] Sina, ZaöRV 57 (1997), 792, 793
[244] zu Begriff und historischer Entwicklung Freudenheim, S. 67
[245] Fischer, NJW 2000, 1008, 1009

nehmen, weil es einen rechtlich relevanten Status des vorgeburtlichen menschlichen Lebens nicht kennt; die Rechte aus den Bestimmungen des genannten Grundgesetzes beginnen erst mit der Vollendung der Geburt ihre Wirkung zu entfalten.[246]

Das israelische „Gesetz über das Verbot genetischer Intervention (Klonen von Menschen sowie genetische Veränderung an Reproduktionszellen) 5759-1999" hat den Charakter eines Moratoriums. Das wird nicht nur an der Zielbestimmung in § 1 deutlich, der die auf fünf Jahre befristete Geltung des Gesetzes mit der Notwendigkeit der Gewinnung weiterer ethischer, juristischer, sozialer und naturwissenschaftlicher Erkenntnisse begründet, sondern auch an der Gültigkeitsbegrenzung in § 8, demzufolge das Gesetz nach Ablauf dieser Frist automatisch außer Kraft tritt.

Der Gesetzgeber hat mithin erkannt, daß es für längerfristige Festlegungen zu früh ist, und wollte dem insoweit Rechnung tragen, als Verstöße gegen die Menschenwürde durch bestimmte Handlungen nicht ohne weiteres behauptet werden, sondern Handlungsweisen, die solche Verstöße nach Lage der Dinge befürchten lassen, solange unterbunden werden, bis eine fundiertere Aussage darüber möglich ist.[247] Als flankierende Maßnahme schreibt daher § 4 die regelmäßige Heranziehung der dort genannten Kommissionsberichte vor.

Zu den befristet verbotenen Handlungen gehört gemäß § 3 (1) das „Klonen von Menschen". Dies ist in § 2 definiert als „Schaffen eines vollständigen Menschen, der genetisch und seinen Chromosomen nach mit einem anderen vollkommen identisch ist, Mensch oder Embryo, lebendig oder tot". Ziel dieser weitgefaßten Definition ist es, nicht nur bestimmte Klonierungstechniken zu erfassen, sondern die „Tatsache des Klonens an sich".[248] Der Wortlaut macht aber auch deutlich, daß der somatische Zellkerntransfer zum Zwecke der Gewinnung von Gewebe nicht untersagt ist,[249] weil dabei ein Embryo, aber kein „vollständiger Mensch" im Sinne des Gesetzes entsteht (§ 2 nennt sogar explizit das Begriffspaar „Mensch oder Embryo").

---

[246] Schulz, ZRP 2002, 487, 487
[247] Ben-Or, ZaöRV 2000, 763, 765 f.
[248] Ben-Or, ZaöRV 2000. 763, 766 f.
[249] Schreiber, MedR 2003, 367, 371

Für die hierbei verwendeten Eizellen sind jedoch die Verordnungen der nationalen Gesundheitsbehörde (In-Vitro-Fertilisation) 5747-1987 zu beachten, wonach menschliche Eizellen nur zum Zwecke der Befruchtung und Implantation entnommen werden dürfen, nicht aber bloß zu Forschungszwecken.[250]

D. Schweden

In Schweden existieren embryonale Stammzell-Linien an der Universität Göteborg,[251] die für den Export auch nach Deutschland zur Verfügung stehen. Nach geltendem schwedischem Recht[252] dürfen Stammzellen aus Embryonen gewonnen werden, die nicht mehr zur künstlichen Befruchtung verwendbar sind. Voraussetzung ist, daß die Embryonen nicht älter sind als vierzehn Tage und daß die Gametenspender nach Beratung zugestimmt haben. Wurde eine befruchtete Eizelle zu Forschungszwecken verwendet, darf sie nicht mehr implantiert werden. Dem Gesetz liegt die erklärte ethische Wertung des Gesetzgebers zugrunde, daß bereits zum Zeitpunkt der Befruchtung der Eizelle das Potential menschlichen Lebens angelegt wird, daß es aber noch der weiteren Entwicklung bedarf.[253]

Die Erzeugung von Forschungsembryonen durch somatischen Zellkerntransfer war zunächst nicht explizit geregelt, wurde aber vom schwedischen Forschungsrat befürwortet. Seit dem 1.1.2004 gilt in Schweden ein neues Gesetz,[254] demzufolge die Forschung mit befruchteten Eizellen zulässig ist, wenn dabei die Menschenwürde gewahrt bleibt, Alternativen nicht bestehen und der wissenschaftliche Nutzen höher wiegt als die Risiken. An diese Voraussetzungen wird auch die Zulässigkeit des Somatischen Zellkerntransfers zu Forschungszwecken geknüpft. Nicht zulässig ist demnach das reproduktive Klonen von Menschen.[255]

Schweden hat die Konvention über Menschenrechte und Biomedizin des Europarates unterzeichnet, die in Art. 18 Abs. 2 die Herstellung von Embryonen zu Forschungszwecken ausschließt. Es wird jedoch erwogen, die Konvention nur

---

[250] Ben-Or, ZaöRV 2000, 763, 769
[251] NIH; Registry
[252] einschlägig ist das Gesetz (1991:115) über Forschung und Behandlung mit befruchteten menschlichen Eizellen
[253] Vetenskapsrådets, S. 5 f.
[254] 2003:460
[255] für nähere Informationen vgl. das Online-Angebot der schwedischen Regierung, insbes. http://www.sweden.gov.se/content/1/c6/02/63/38/387bbc1d.pdf

unter der Bedingung zu ratifizieren, daß insoweit ein Ausnahmetatbestand geschaffen wird.[256]

§ 8 Zusammenfassender Vergleich der Regelungsmodelle

Die Betrachtung der Rechtslage in den Exportnationen für Stammzellen hat ergeben, daß die Gesetzgeber in allen Staaten die Herausforderungen des wissenschaftlichen Fortschritts erkannt und darauf reagiert haben. Im einzelnen unterscheiden sich die Regelungen in vielfacher Weise voneinander, was auch unvermeidlich ist, da sie letztendlich Ausdruck des ethischen und kulturellen Umfeldes sind, in dem die Diskussion jeweils geführt wurde:

A. Großbritannien (Embryonenschutz durch Verfahren)

In Großbritannien ist der materielle Rechtsrahmen, was die Embryonenforschung betrifft, traditionell eher freizügig, was dem Bestreben nach einer pragmatischen, praxistauglichen und interessenausgleichenden Lösung geschuldet ist. Als Ausgleich dafür hat der Gesetzgeber ein dichtes Netz aus formellen Vorgaben entwickelt, mit dem die Einhaltung der gesetzlichen Voraussetzungen bestmöglich garantiert werden soll. Das Regelungsmodell, das der Gesetzgeber in Großbritannien gewählt hat, weist strukturelle Ähnlichkeiten mit typischen deutschen Verwaltungsgesetzen auf, die Verbote mit und solche ohne Erlaubnis- oder Befreiungsvorbehalt enthalten.

B. Israel (Moratorium)

Auch in Israel hat sich eine nach europäischen Maßstäben sehr freizügige Rechtslage herausgebildet, wobei hier der religiöse Hintergrund zu einer weiteren Stärkung der Forschungsfreiheit gegenüber dem Embryonenschutz beigetragen hat. Gleichwohl hat der Gesetzgeber erkannt, daß es auf absehbare Zeit nicht möglich sein wird, die ethischen Fragen umfassend und endgültig zu bewerten, weshalb er sich für die Zwischenlösung eines Moratoriums die besonders umstrittenen Praktiken betreffend entschieden hat. Im Gegensatz zur Rechtslage in Deutschland oder auch in Großbritannien weist das Israelische Modell einen viel stärker fragmentarischen Charakter auf, da für viele Einzel-

---

[256] Vetenskapsrådets, S. 15

heiten, die nicht dem Regelungsbereich des Moratoriums zuzuordnen sind, keine speziellen Regelungen existieren.

C. USA (Steuerung durch Förderungsrichtlinien)

Eine Lösung auf Zeit sind auch die Förderungsrichtlinien in den USA. Jeder Administration steht es prinzipiell frei, eigene ethische Abwägungen anzustellen und ethisch mißbilligten Tätigkeiten die finanzielle Unterstützung zu verweigern. Auch das US-amerikanische Recht bleibt damit, zumindest was die Bundesebene angeht, in wesentlichen Teilen fragmentarisch, die Ausarbeitung von Regelungsmodellen für Einzelheiten bleibt eher den Einzelstaaten vorbehalten.

D. Schweden

Ebensowenig ist der Diskussionsprozeß in Schweden abgeschlossen. Man will sich dort für die Zukunft alle Möglichkeiten offenhalten und konzentriert sich bei der Diskussion um die gesetzlichen Regelungen auf die Fragen, die aktuell und konkret einer Lösung bedürfen. Daher läßt sich auch noch keine Prognose dahingehend abgeben, ob sich das schwedische Embryonenschutzrecht langfristig an eines der bestehenden Modelle angleichen oder aber einen eigenständigen Weg einschlagen wird.

E. Die deutsche Sonderproblematik

Die deutschen einschlägigen Spezialgesetze, das ESchG und das StZG, sind in ihrem Charakter sehr unterschiedlich. Während es sich beim ESchG um ein Nebenstrafgesetz handelt, ist das StZG ein Verwaltungsgesetz, welches als zentralen Regelungsgegenstand ein Verbot mit Erlaubnisvorbehalt enthält. Im Zusammenhang betrachtet bilden die beiden Gesetze eine im Vergleich mit der Rechtslage in Israel oder den USA materiell sehr umfassende und eine im Vergleich mit der Rechtslage in Großbritannien ausgesprochen restriktive Regelung der Materie.

Die Betrachtung der einfachgesetzlichen Normen von ESchG und insbesondere StZG hat jedoch gezeigt, daß sich auch die in Deutschland getroffenen Regelungen als Lösungen auf Zeit[257] darstellen. Es ist bereits abzusehen, daß die nach

---

[257] so auch Raasch, KJ 2002, 285, 294 f.; Blanke, KJ 2002, 346, 352; vgl. auch Müller-Terpitz, WissR 2001, 271, 286

der Stichtagsregelung des StZG verfügbaren Stammzell-Linien für die Bedürfnisse der Forschung nicht lange ausreichen werden,[258] sofern sie angesichts ihrer begrenzten Teilungsfähigkeit und ihrer möglichen Verseuchung mit Mausviren überhaupt brauchbar sind.[259] Spätestens dann wird sich der Gesetzgeber erneut mit der Materie auseinandersetzen müssen.

F. Zwischenergebnis

Festzuhalten bleibt, daß es keinem der hier untersuchten stammzellexportierenden Länder abgesprochen werden kann, nach gründlicher Abwägung der ethischen Argumente zu einer für die aktuell anstehenden Fragen praktikablen Regelung gekommen zu sein, wobei von endgültigen Ergebnissen des Diskussionsprozesses selbstverständlich in keinem Fall die Rede sein kann, da wissenschaftlicher Erkenntnisstand und ethische Bewertungen desselben auch weiter wie bisher einem ständigen Wandel unterworfen sein werden.

Daß die zuvor einer genaueren Betrachtung unterzogenen Rechtsordnungen stammzellexportierender Staaten durchweg tendenziell liberalere Regelungsmodelle aufweisen als es in der Bundesrepublik Deutschland der Fall ist, liegt auf der Hand, denn ein Land mit einer vergleichsweise restriktiven Embryonenschutzpolitik käme als Stammzellexporteur selbstverständlich kaum in Betracht. Der Vollständigkeit halber soll hier gleichwohl nicht der Hinweis ausbleiben, daß sich im internationalen Vergleich eine Reihe von Staaten für ähnlich restriktive Regelungen wie die deutsche entschieden haben.[260]

---

[258] Lücke, MedR 2002, 432, 432
[259] Capron, ajob 2002, Vol. 2, Nr. 1, S. 35 f.
[260] Enquete-Zwischenbericht, S. 30

Kapitel 4: Internationales Recht

§ 9 *Europäische Union*

Auf Ebene der EU gibt es keine Kompetenz für die unmittelbare Regelung der Forschung mit embryonalen Stammzellen; bestehende Richtlinien betreffen diese Materie daher nur am Rande, etwa hinsichtlich der Patentierung biotechnologischer Erfindungen oder der therapeutischen Nutzung menschlichen Gewebes.[261] Von einiger politischer Bedeutung sind aber zum einen die Entschließungen des Europäischen Parlaments zu Fragen der Bioethik. Zum anderen werden im 6. Forschungsrahmenprogramm Festlegungen hinsichtlich der Verwendung von Gemeinschaftsmitteln für die Forschungsförderung auch im Bereich der Stammzellenforschung getroffen.

A. Entschließungen des Europäischen Parlaments

Das Europäische Parlament hat sich in einer Entschließung vom 7.9.2000 gegen das Klonen menschlicher Embryonen ausgesprochen. Anlaß war das zu diesem Zeitpunkt laufende Verfahren zum Erlaß der Regulations zur Änderung des Human Fertilisation and Embryology Act in Großbritannien. Das Europäische Parlament lehnte dieses Vorhaben ab, weil das Klonen menschlicher Embryonen, auch wenn es zu Forschungszwecken durchgeführt werde, ein „grundlegendes ethisches Dilemma" aufwerfe, eine „nicht wieder rückgängig zu machende Grenzüberschreitung der Forschungsnormen" darstelle und damit „der öffentlich vertretenen Politik der Europäischen Union" widerspreche.[262]

Ein vom Europäischen Parlament eingesetzter nichtständiger Ausschuß zu Fragen der Humangenetik legte seinen Abschlußbericht am 29.11.2001 dem Parlament vor. Darin enthalten war ein Entschließungsantrag, in dem ein Verbot der allgemein für verwerflich erachteten Praktiken der Keimbahnintervention, des reproduktiven Klonens und der Hybrid- und Chimärenbildung gefordert wurde.[263] Der Report ging jedoch über diese konsensfähigen Vorschläge weit hinaus, indem er außerdem ein Verbot der Erzeugung von Embryonen zu For-

---

[261] EGE, S. 48
[262] Europäisches Parlament, Sitzungsdokument B5-0710, 0751, 0753 und 0764/2000, Nr. 2
[263] Fiori, Nr. 55 a-c

schungszwecken,[264] ihrer Verwendung[265] sowie des „therapeutischen Klonens“[266] forderte. Redundante Embryonen sollten zur Adoption freigegeben werden,[267] der Schwerpunkt der Stammzellforschung sollte bei anderen als embryonalen Stammzellen liegen.[268] Diese konkreten Festlegungen gingen vielen Abgeordneten zu weit, andere dagegen hielten sie noch nicht für restriktiv genug, folglich wurde der Entschließungsantrag mit überwältigender Mehrheit abgelehnt.

B. Rahmen für die EU-Forschungsförderung

Das faktisch bedeutsamste Instrument der Steuerung der Forschung mit embryonalen Stammzellen auf EU-Ebene ist die Entscheidung über die Vergabe von Gemeinschaftsmitteln. Das Sechste Forschungsrahmenprogramm regelt die Forschungsförderung für den Zeitraum bis 2006. Bei der Ausarbeitung der Einzelheiten war klar, daß es schwierig werden würde, eine Einigung über die ethische Zulässigkeit der Förderung von Forschungsaktivitäten zu erzielen, bei denen embryonale Stammzellen verwendet werden. Die Europäische Gruppe für Ethik der Naturwissenschaften und der neuen Technologien bei der Europäischen Kommission (EGE) hatte bereits in ihrem Bericht vom 14.11.2000 festgestellt, daß es über die ethische Vertretbarkeit der Embryonenforschung keinen staatenübergreifenden Konsens gibt; eine Finanzierung dieser Forschung aus dem Forschungsrahmenprogramm befürwortete die EGE, verlangte jedoch eine strenge öffentliche Kontrolle, etwa nach dem Vorbild der britischen HFEA.[269]

Das Europäische Parlament hingegen verlangte einen Verzicht auf die Förderung von Forschungsvorhaben, die die Embryonenerzeugung zu Forschungszwecken, auch durch somatischen Zellkerntransfer, umfassen;[270] vorrangig sollte die Forschung mit adulten Stammzellen gefördert werden.[271] Der Rat lehnte diese Änderungsanträge ab, weil manche der Mitgliedstaaten sie für zu freizügig, andere für zu restriktiv hielten. Schließlich einigte man sich auf eine Erklä-

---

[264] Fiori, Nr. 65
[265] Fiori, Nr. 55 d
[266] Fiori, Nr. 58 ff.
[267] Fiori, Nr. 56; 66 ff.
[268] Fiori, Nr. 69 f.
[269] EGE, S. 51 f.
[270] Europäisches Parlament, Sitzungsdokument A5-0153/2002, Änderungsantrag 3, Nr. 2
[271] Europäisches Parlament, Sitzungsdokument A5-0153/2002, Änderungsantrag 3, Nr. 3

rung der Kommission über zentrale ethische Grundsätze, derzufolge sie keine Forschungsmittel für das Klonen von Menschen, Forschung zur Erbgutveränderung, Züchtung von menschlichen Embryonen zu Forschungszwecken sowie Herstellung von neuen embryonalen Stammzellen freigeben werde. Die Erklärung ist nicht Bestandteil des Sechsten Forschungsrahmenprogramms, hat aber gleichwohl rechtsverbindlichen Charakter.

Das 6. Forschungsrahmenprogramm wurde am 30.9.2002 seitens des Rates verabschiedet. Zugleich erfolgte die Zustimmung zu den zentralen ethischen Grundsätzen, denen zwischenzeitlich noch eine Aussetzung der Finanzierung von Forschungsvorhaben, die die Nutzung von Stammzellen aus neu erzeugten Stammzell-Linien umfassen, bis zum Dezember 2003 hinzugefügt worden war. Die dadurch gewonnene Zeit nutzte die Kommission zur Erarbeitung detaillierter Förderrichtlichtlinien, deren Ziel eine endgültige Einigung mit Rat und Parlament bis Ende 2003 ist. Dem am 9.7.2003 präsentierten Entwurf zufolge soll die Erzeugung von Embryonen allein zu Forschungszwecken von der Förderung ausgeschlossen sein. Um auch der indirekte Förderung derartiger Maßnahmen vorzubeugen, soll weiterhin die Förderung der Verwendung von nach der Annahme des 6. Forschungsrahmenprogramms am 27.6.2002 erzeugten Embryonen unterbleiben. Die Förderung der Gewinnung neuer Stammzellen soll einer Einzelfallprüfung unterliegen, insbesondere ist die Darlegung hochrangiger Forschungsziele vonnöten, die nicht auf andere Weise erreichbar scheinen, der informed consent der Gametenspender ohne finanzielle Vorteile wird ebenso vorausgesetzt wie der Datenschutz und die Nachvollziehbarkeit der Herkunft der Embryonen, und neu erzeugte Stammzellen müssen auch anderen Forschern zugänglich gemacht werden. Um den Bedarf an neu gewonnenen Stammzellen einzuschränken, ist die Schaffung eines Stammzellenregisters auf europäischer Ebene vorgesehen.

Die langwierigen Auseinandersetzungen um die Einzelheiten der Forschungsförderung zeigen ebenso wie die Uneinigkeit im Europäischen Parlament über die ethische Bewertung der Embryonenforschung, daß ein Konsens zwischen den EU-Staaten allenfalls hinsichtlich des Verbots ethisch extrem problematischer Handlungsweisen wie des reproduktiven Klonens und der Chimären- und Hybridbildung herrscht. Andere Technologien wie Stammzellforschung, Embryonenverbrauch oder somatischer Zellkerntransfer werden dagegen in den einzelnen Staaten höchst unterschiedlich bewertet, je nach dem ethisch/kulturellen Hintergrund, vor dem die Diskussion jeweils geführt wird. Die EGE weist in diesem Zusammenhang auf die Bedeutung des Pluralismus und der Achtung der nationalen Identität der Mitgliedstaaten hin.[272] In ähnlicher Weise äußerte sich auch die Kommission in der Begründung ihres Förderrichtlinienentwurfs vom 9.7.2003, in dem insbesondere das Verbot der Förderung von Forschungsvorhaben enthalten ist, die in dem jeweiligen Mitgliedstaat verboten sind; allein das Erfordernis einer Beratung unter ethischen Gesichtspunkten auch dort, wo diese nach geltendem Recht nicht zwingend erforderlich ist, wird als allgemeingültige Förderungsvoraussetzung vorgeschlagen.

Zuletzt hat die Entwicklung um die Förderung der Forschung mit embryonalem Stammzellen mit europäischen Gemeinschaftsmitteln eine gänzlich unerwartete Wendung genommen. Nachdem die Kommission nach mühseligen Auseinandersetzungen einen mit verschiedenen Restriktionen verbundenen Kompromißvorschlag unterbreitet hatte, stimmte einerseits das Parlament völlig überraschend mehrheitlich für eine Forschungsförderung ohne eben diese Restriktionen. Im Rat andererseits wurde die Kompromißlösung seitens einer forschungsskeptischen Sperrminorität, der sich die Bundesrepublik Deutschland anschloß, blockiert. Wie sich die Kommission angesichts dieser verworrenen Lage bei ihren konkreten Förderentscheidungen verhalten wird, darf mit Spannung erwartet werden. Möglich ist durchaus, daß nunmehr gerade ohne die mit deutscher Unterstützung verhinderte Kompromißregelung mit aus deutschen Haushaltsmitteln stammenden Geldern Projekte finanziert werden, deren Durchführung in Deutschland bei Strafe verboten wäre. Sollte diese Entwicklung tatsächlich eintreten, wäre dies ein eindruckvolles Beispiel für die Problematik des Beharrens auf Maximalpositionen ohne Berücksichtigung der Konsequenzen.

C. Charta der Grundrechte der Europäischen Union

Für den Regelungsbereich der Embryonenforschung hat die Charta der Grundrechte der Europäischen Union nur begrenzte Aussagekraft. Explizit wird in Art. 3 II nur das reproduktive Klonen von Menschen untersagt. Ansonsten stehen die speziellen Grundrechte nur „Personen“ zu, so daß es den einzelnen Mitgliedstaaten überlassen bleibt, inwieweit sie den Schutz auf vorgeburtliches Leben ausdehnen.

---

[272] EGE, S. 51

Art. 1 S. 1 postuliert die Unantastbarkeit der Würde des Menschen und S. 2 die Verpflichtung, sie zu achten und zu schützen. Auch hier gilt jedoch, daß es den Mitgliedstaaten überlassen bleiben wird, diese unspezifischen Postulate aus ihrer Sicht zu interpretieren und zu konkretisieren.

§ 10 Europarat

A. Übereinkommen über Menschenrechte und Biomedizin

Das Übereinkommen über Menschenrechte und Biomedizin des Europarates ist ein völkerrechtliches Vertragswerk, das der Umsetzung durch die nationalen Gesetzgeber bedarf, das aber das Ziel verfolgt, staatenübergreifende Mindeststandards zu garantieren.[273] In Art. 1 werden als Schutzgüter die Menschenwürde und Identität aller Menschen sowie die Grundrechte jedes Einzelnen im Hinblick auf die Auswirkungen der biologischen und medizinischen Fortschritte genannt. Der Hinweis auf die Bedeutung der Identität des Individuums richtet sich insbesondere gegen das reproduktive Klonen von Menschen.[274]

Für die Embryonenforschung ist Art. 18 die bedeutendste Vorschrift: Art. 18 Nr. 1 verbietet die Forschung mit Embryonen in vitro zwar nicht, schreibt jedoch ein „angemessenes" Schutzniveau vor. Nach Art. 18 Nr. 2 ist die Erzeugung von Embryonen zu Forschungszwecken, auch durch somatischen Zellkerntransfer,[275] unzulässig. Die Auffassung, Art. 18 verbiete jegliche embryonenverbrauchende Forschung,[276] ist nicht plausibel, denn ihr liegt erstens eine einseitige Interpretation des „angemessenen" Schutzniveaus zugrunde, die die Rechtswirklichkeit in zahlreichen Unterzeichnerstaaten außer acht läßt;[277] Zweck der Konvention ist es, Mindeststandards festzusetzen, nicht aber Maximalpositionen auf alle Unterzeichnerstaaten auszudehnen. Zum zweiten erfaßt das ausdrückliche Verbot in Art. 18 Nr. 2 nur einen Teilbereich der embryonenverbrauchenden Forschung, ohne eine generelle Aussage zu treffen. Überdies sei an die zwischen den Unterzeichnerstaaten bestehenden sprachlichen Unterschiede hinsichtlich des Embryonenbegriffs erinnert (vgl. Fn. 283): Wer den Präimplantations-Embryo rein begrifflich nicht als Embryo bezeichnet, wird auch den Anwendungsbereich

---

[273] Kern, MedR 1998, 485, 486; Rudloff-Schäffer, Rn. 141 f.
[274] Rudloff-Schäffer, Rn. 169; Winter, Rn. 178
[275] Winter, Rn. 178
[276] vgl. BT-Drs. 13/5435, S. 3

des Art. 18 Nr. 2 insoweit nicht für eröffnet erachten.[278] Schließlich ist noch darauf hinzuweisen, daß die Vorschrift einen Embryonenverbrauch zu Forschungszwecken, nicht aber zwecks therapeutischer Anwendung ausschließt.[279] Im Zuge des wissenschaftlichen Fortschritts ist insoweit mit zunehmenden Abgrenzungsproblemen zwischen anwendungsbezogener Forschung und Therapie zu rechnen.[280]

Da die Konvention nur Mindeststandards setzen will und kann, sind in Art. 27 weitergehende Vorschriften auf nationaler Ebene ausdrücklich zugelassen. Auf der anderen Seite können Unterzeichnerstaaten gemäß Art. 36 zum Zeitpunkt der Unterzeichnung oder der Ratifikation Vorbehalte dahingehend anmelden, welche der Konvention entgegenstehenden nationalen Regelungen sie beibehalten wollen.

B. Zusatzprotokoll zum Verbot des Klonens menschlicher Lebewesen

Die Konvention versteht sich als Rahmenabkommen und ist daher offen für die Ergänzung im Detail durch Zusatzprotokolle (Art. 31).[281] Relevant für den Embryonenschutz ist das Zusatzprotokoll zum Verbot des Klonens menschlicher Lebewesen von 1998. Es verbietet in Art. 1 Nr. 1 jegliches Vorhaben, das die Erzeugung eines menschlichen Lebewesens, das mit einem anderen lebendigen oder toten menschlichen Lebewesen genetisch identisch ist, zum Ziel hat. Art. 1 Nr. 2 definiert die genetische Identität als Übereinstimmung des Zellkerngenoms ohne Rücksicht auf das mitochondriale Erbmaterial und vermeidet damit Unklarheiten, wie sie sich bei § 6 ESchG ergeben.[282]

Der Inhalt des Zusatzprotokolls geht materiell über das hinaus, was ohnehin in der Konvention geregelt ist, denn Art. 1 der Konvention schützt nur die Identität des Individuums und steht daher allein dem reproduktiven Klonen, nicht aber dem somatischen Zellkerntransfer zu Forschungszwecken entgegen. Letzterer wird erst durch Art. 1 des Zusatzprotokolls geregelt, sofern man zumindest den

---

[277] Morsey, Biomedizinische Forschung, S. 76
[278] Taupitz, NJW 2001, 3433, 3439
[279] Schulz, ZRP 2001, 526, 527
[280] Maunz/Dürig/Herzog/Scholz-*Herdegen*, Art. 1 Abs. 1, Rn. 96
[281] Rudloff-Schäffer, Rn. 143
[282] Kienle, ZRP 1998, 186, 187

so entstandenen Embryo als „human being“ im Sinne der Norm betrachtet.[283] Art. 13 der Konvention will erklärtermaßen Keimbahninterventionen verhindern, die sich im Erbgut der Nachkommen auswirken. Beim somatischen Zellkerntransfer wird das Erbgut des zu erzeugenden Embryos zwar insoweit manipuliert, als nur das Zellkerngenom übertragen wird, die mitochondriale DNS aber in der Eizelle verbleibt. Wenn aber eine Implantation des Embryos von vornherein ausgeschlossen ist, ist der Schutzbereich des Art. 13 nicht eröffnet.[284] Die Erzeugung eines Embryos durch somatischen Zellkerntransfer zu Forschungszwecken wird zwar in Art. 18 Nr. 2 der Konvention verboten, auf nationaler Ebene sind jedoch aufgrund Art. 36 Abweichungen möglich. Erst Art. 2 des Zusatzprotokolls schließt solche Abweichungen für den Regelungsbereich des Zusatzprotokolls aus.[285]

Gemäß Art. 4 des Zusatzprotokolls können diesem nur Unterzeichnerstaaten der Konvention beitreten. Dazu zählen weder Deutschland noch Großbritannien. Schweden hat die Konvention unterzeichnet, wird sie aber möglicherweise nur dann ratifizieren, wenn ein Ausnahmetatbestand für den somatischen Zellkerntransfer zu Forschungszwecken vorgesehen wird (S. 91). Die Niederlande haben hinsichtlich des Zusatzprotokolls eine Interpretationserklärung abgegeben, derzufolge sie als menschliches Lebewesen gemäß Art. 1 nur ein menschliches Individuum im Sinne eines geborenen menschlichen Lebewesens ansehen.[286]

Insgesamt enthalten die Konvention und das Zusatzprotokoll einige sehr weitgehende und konkrete Festlegungen zum Embryonenschutz, allerdings auf Kosten der allgemeinen Akzeptanz. Die Tatsache, daß die beiden Dokumente Restriktionen vorschreiben, die nicht einmal innerhalb der Mitgliedstaaten des Europarates konsensfähig sind, mindert ihre Überzeugungskraft nach außen hin.

§ 11 Internationale Ebene

Haben sich schon auf europäischer Ebene unüberwindliche Differenzen hinsichtlich der ethisch sowie rechtlich gebotenen Reichweite des Embryonenschutzes gezeigt, so ergibt sich dieses Problem auf internationaler Ebene in

---

[283] worüber keineswegs Einigkeit besteht, vgl. Enquete-Zwischenbericht, S. 28, Fn. 115; Kienle, ZRP 1998, 186, 188

[284] aA Winter, Rn. 179

[285] Kienle, ZRP 1998, 186, 188

[286] Enquete-Zwischenbericht, S. 28 f., Fn. 115; Schreiber, MedR 03, 367, 371

abermals verschärfter Form. Es macht daher wenig Sinn, aus deutscher Sicht ein ungeschriebenes, weltweit gültiges, völkerrechtlich verbindliches Lebensrecht für Embryonen „beginnend mit der Verschmelzung von Ei- und Samenzelle“ zu postulieren,[287] wenn die Rechtsordnungen zahlreicher Staaten ein solches Recht nicht kennen oder sogar ablehnen.[288] Aus rechtspolitischer Sicht könnte sich eine solch rigorose, nicht auf internationalen Konsens bedachte Sichtweise für Belange des Embryonenschutzes sogar als kontraproduktiv erweisen (S. 189). Die nachfolgenden Ausführungen lassen folglich derartige Konstruktionen außer Betracht und konzentrieren sich auf anerkanntermaßen rechtsgültige internationale Regelungen.

A. IBC und Humangenomdeklaration

Auf internationaler Ebene hat die UNESCO mit der Verabschiedung einer Humangenomdeklaration auf die durch den wissenschaftlichen Fortschritt aufgeworfenen Fragen reagiert. Die „Universal Declaration on the Human Genome and Human Rights“ hat zwar nur den Charakter einer politischen Erklärung und entfaltet keine völkerrechtliche Bindungswirkung; ihre politische Bedeutung als global anerkanntes Regelwerk und als Vorstufe zu einer später möglichen rechtsverbindlichen Vereinbarung ist gleichwohl nicht zu unterschätzen.[289]

Ihr Inhalt geht hauptsächlich auf die Arbeit des vom UNESCO-Generaldirektor berufenen International Bioethics Committee (IBC) zurück. Das IBC mußte sich in wesentlichen die Zulässigkeit der Embryonenforschung betreffenden Punkten darauf beschränken, den tiefgreifenden Dissens über die ethische Bewertung dieses Forschungszweiges festzustellen.[290] Die Empfehlung des IBC lautete demzufolge, jede Gesellschaft bzw. jeder Einzelstaat müsse jeweils für sich nach sorgfältiger Abwägung der ethischen Argumente zu einer den demokratischen Gepflogenheiten entsprechend allgemein akzeptierten Entscheidung kommen.[291]

Immerhin konnte sich das IBC dazu entschließen, konkrete formelle Mindestanforderungen für die Verwendung redundanter Embryonen zu Forschungszwecken zu empfehlen: Die Gametenspender sollten nach Beratung eingewilligt

[287] so aber Lücke, MedR 2002, 432, 433 f.
[288] Kloepfer, 2002, 417, 427
[289] Fulda, Rn. 503
[290] IBC, Nr. 52
[291] IBC, Nr. 53 f.

haben, das Forschungsprojekt sollte von einer unabhängigen Ethikkommission begutachtet worden sein, und die Forschung sollte auch im Nachhinein einem Monitoring unterzogen werden.[292] In materieller Hinsicht legte sich das IBC dahingehend fest, daß der somatische Zellkerntransfer nur für therapeutische Belange und Forschungszwecke zugelassen werden sollte,[293] nicht also für reproduktives Klonen.

B. Einzelheiten

Das Verbot des reproduktiven Klonens findet sich in Art. 11 S. 1 der 1997 verabschiedeten Erklärung. Es wird ebenso für unzulässig erklärt wie andere nicht näher bezeichnete menschenwürdewidrige Praktiken. Der Begriff der Menschenwürde selbst findet sich im Erklärungstext in zweierlei Facetten: In Art. 1 in einer objektiven Dimension als Würde der Menschheit, als deren „Erbe" das menschliche Genom symbolisch bezeichnet wird. Dagegen normiert Art. 2 das subjektive Recht jedes Einzelnen auf Achtung seiner Würde.

Dem IBC wird in Art. 24 die Aufgabe übertragen, den weiteren Fortgang zu beobachten und insbesondere auf Praktiken aufmerksam zu machen, die der Menschenwürde zuwiderlaufen könnten. Als eine solche potentiell menschenwürdewidrige Praxis wird allein die Keimbahnintervention ausdrücklich bezeichnet. Den somatischen Zellkerntransfer zu Forschungszwecken diesem Bereich der potentiell menschenwürdewidrigen und näher zu beobachtenden Praktiken zuzuordnen,[294] erscheint voreilig, denn das IBC hat sich bereits ausführlich mit dieser Materie befaßt und festgestellt, daß hierüber keine globale Einigkeit erreichbar scheint.[295]

Art. 12 b ordnet die Forschungsfreiheit dem Bereich der Gedankenfreiheit zu und mißt ihr damit einen hohen Stellenwert bei. Gleichzeitig wird die Erwartung geäußert, daß die Ergebnisse der Forschung zugunsten der Gesundheit der Einzelnen und der Menschheit insgesamt eingesetzt werden.

Der Erfolg der Deklaration besteht darin, daß sie zum einen einen kleinsten gemeinsamen ethischen Nenner herausgearbeitet hat, der damit fast weltweite

---

[292] IBC, Nr. 55 B
[293] IBC; Nr. 55 C
[294] eine dahingehende Vermutung äußert Fulda, Rn. 520
[295] IBC, Nr. 48 ff.

Geltung beanspruchen kann. Zum anderen hat sie mit dem IBC ein Instrument entwickelt, mit dem flexibel auf künftige, derzeit noch nicht abzusehende Entwicklungen reagiert werden kann.

Kapitel 5: Verfassungsrechtliche Grundlagen

In einem freiheitlichen Rechtsstaat sind staatliche Reglementierungen nicht in beliebigem Umfang möglich. Wenn und soweit sie Eingriffe in Grundrechte darstellen, setzt ihnen die Verfassung Grenzen. Es sind daher im Folgenden die relevanten Verfassungsgüter und ihre Verknüpfungen untereinander herauszuarbeiten.

§ 12 Forschungsfreiheit (Art. 5 III 1 GG)

Wenn und soweit die Forschung mit embryonalen Stammzellen vom Schutzbereich des Grundrechts auf Forschungsfreiheit (Art. 5 III 1 GG) gedeckt ist, stellen staatliche Regulierungen dieser Forschungstätigkeit möglicherweise einen Eingriff in dieses Grundrecht dar und bedürfen dann insoweit einer verfassungsmäßigen Rechtfertigung.[296]

A. Schutzbereich

Art. 5 III 1 GG gewährleistet die Freiheit der wissenschaftlichen Forschung[297] in einem umfassenden Sinne, ohne weitere Differenzierungen vorzunehmen. So definiert auch das BVerfG als Wissenschaft „alles, was nach Inhalt und Form als ernsthafter planmäßiger Versuch zur Ermittlung der Wahrheit anzusehen ist“[298] und schließt mittels der Kriterien Ernsthaftigkeit und Planmäßigkeit allenfalls Trivialitäten aus, ohne aber den Schutzbereich des Grundrechts inhaltlich zu begrenzen. Auf die Bestrebungen in der Literatur, diese Definition punktuell zu präzisieren und zu verfeinern,[299] muß hier nicht näher eingegangen werden, da sie für die Zugehörigkeit der in Rede stehenden Forschungsvorhaben zum Schutzbereich des Art. 5 III 1 GG nicht von Belang sind.

---

[296] vgl. Ipsen, JZ 2001, 989, 996: „Nicht die Ausübung der Freiheit – auch der Forschungsfreiheit -, sondern die Freiheitsbeschränkung bedarf der Rechtfertigung am Maßstab der Verfassung.“; ähnlich Neidert, ZRP 2002, 467, 468

[297] Maunz/Dürig/Herzog/Scholz-*Scholz*, Art. 5 Abs. III, Rn. 85; Wagner, S. 242

[298] BVerfGE 35, 79, 113

[299] vgl. etwa Maunz/Dürig/Herzog/Scholz-*Scholz*, Art. 5 Abs. III, Rn. 91; Riedel, EuGRZ 1986, 469, 471 f.

I. Versuche tatbestandlicher Reduktion des Schutzbereiches

Diskussionsbedürftig sind hingegen die immer wieder unternommenen Versuche, bestimmte Forschungsvorhaben oder Forschungszweige schon auf der Schutzbereichsebene vom Gewährleistungsgehalt des Grundrechts auszunehmen.

1. Grundlagenforschung

Eine tatbestandliche Reduktion des Grundrechtsschutzbereichs auf die Grundlagenforschung ist von vornherein kein gangbarer Weg: Die Grundlagenforschung bildet zwar als Betätigung geistiger Freiheit die Basis und Voraussetzung aller Forschungstätigkeit,[300] und im Gegensatz zur angewandten Forschung ist ihr Gefährdungspotential für andere Rechts- und Verfassungsgüter grundsätzlich (nicht ausnahmslos) als geringer einzuschätzen. Die Schwäche dieses Differenzierungsansatzes liegt in seiner mangelnden Praktikabilität: Die Grenzen zwischen Grundlagen- und angewandter Forschung sind fließend,[301] und gerade bei einem Forschungsfeld, das wie die Forschung mit embryonalen Stammzellen noch am Anfang seiner Entwicklung steht, ist eine sinnvolle Forschungstätigkeit ohne ständige Kombination zwischen der Suche nach naturwissenschaftlichen Grundlagen und deren Erprobung in praktischen Anwendungsbereichen nicht denkbar.

2. Ethische Maßstäbe

Dagegen scheint ein anderer Ansatz der tatbestandlichen Reduktion auf politisch brisante Forschungsbereiche wie die Forschung mit embryonalen Stammzellen geradezu zugeschnitten zu sein: Er besteht in der Forderung, unethischen Forschungsbereichen den Grundrechtsschutz zu verwehren.[302] Damit wird letztendlich suggeriert, die Einbeziehung eines Verhaltens in den Schutzbereich eines Grundrechts stelle schon für sich eine (positive) ethische Wertung dar.[303] Unbeantwortet bleibt jedoch die Frage, wer kompetent sein soll, diese ethischen Wertmaßstäbe, die über die Einbeziehung in den Grundrechtsschutz entscheiden, verbindlich festzusetzen. Dieser Problematik sind sich die Befürworter der

---

[300] Caspar, S. 309
[301] Caspar, S. 310
[302] Dickert, S. 400 ff.
[303] dagegen Graf Vitzthum, S. 129; Scholz, S. 68; Höfling, S. 74

ethischen Komponente durchaus bewußt, weshalb sie auch lediglich in Extremkonstellationen einer schlechthin unverantwortlichen Forschung den Grundrechtsschutz aberkennen wollen.[304] Dennoch bleibt zu bedenken, daß es sich hierbei um diffuse und dem jeweiligen Zeitgeist unterworfene Kategorien handelt,[305] so daß es schon die Rechtssicherheit gebietet, die Einbeziehung von Forschungstätigkeiten in den Schutzbereich des Grundrechts von ethischen Bewertungen zu trennen (vgl. auch die unten folgenden Ausführungen zu Art. 12 I GG, S. 153).

3. Allgemeine Rechtsordnung

Genereller als solche speziell an ethischen Gesichtspunkten ausgerichtete Komponente sind verschiedene Konstruktionen, die als Grenze der Forschungsfreiheit die allgemeine Rechtsordnung bzw. die allgemeinen Gesetze ansehen. Hier muß jedoch differenziert werden:[306] Soweit als Forschung im Sinne der Forschungsfreiheit ausschließlich die einfachgesetzlich erlaubte Forschung verstanden wird, wird der Forschungsbeschränkung insoweit jeglicher Eingriffscharakter abgesprochen, da sie ja keine dem Schutzbereich zuzuordnende Handlung betrifft.[307] Ist dagegen mit der „allgemeinen Rechtsordnung" die verfassungsmäßige Ordnung, also die Gesamtheit aller verfassungsmäßig zustandegekommenen und materiell verhältnismäßigen Gesetze gemeint, findet keine Schutzbereichseinschränkung statt, sondern das Grundrecht wird (entgegen dem Verfassungswortlaut) einem allgemeinen Gesetzesvorbehalt als Schranke unterworfen. Bedeutet „allgemeine Rechtsordnung" schließlich soviel wie „allgemeine Verfassungsordnung", so betrifft auch dies nicht die Reichweite des Schutzbereichs, sondern eine Schrankenregelung in dem Sinne, daß das Grundrecht nur aufgrund anderer Verfassungsgüter beschränkt werden kann.

Teilweise ist aufgrund verschiedener Terminologien nicht klar ersichtlich, welcher dieser drei Varianten jeweils gefolgt wird.[308] Der ersten steht jedoch von vornherein entgegen, daß sie eine tendenziell freiheitswidrige Schutzbe-

---

[304] Waechter, Staat 30 (1991), 19, 44 ff.; differenzierend Reich, Art. 5, Rn. 5
[305] Wagner, S. 244
[306] vgl. Iliadou, S. 90 ff. einerseits, S. 96 f. andererseits
[307] Lerche, S. 91
[308] vgl. etwa Alternativkommentar-Denninger, Art. 5 Abs. 3 I, Rn. 55: Der Forscher könne sich insoweit nicht auf die Forschungsfreiheit „berufen"

reichseinschränkung konstruiert:[309] Dem Gesetzgeber selbst wird auferlegt, darüber zu entscheiden, was er als Forschung zu schützen hat und was nicht. Der Forschungsfreiheit kommt damit ein wesentlicher Bestandteil ihrer Funktion als Abwehrrecht abhanden, von ihr bleibt nicht viel mehr als eine bloße institutionelle Garantie übrig. Die Berücksichtigung fremder Rechts- oder Verfassungsgüter muß daher Bestandteil der Grundrechtsschranken sein, sie systemwidrig in die Schutzbereichsabgrenzung vorzuverlegen, ist weder notwendig noch legitim[310] (vgl. auch insoweit die unten folgenden Ausführungen zu Art. 12 I GG, S. 153 ff.).

II. Eingriffsqualität staatlicher Regulierungen

Ausgehend vom weiten Eingriffsverständnis, demzufolge jeder Akt öffentlicher Gewalt, welcher die Grundrechtsausübung nicht bloß unwesentlich erschwert, einen rechtfertigungsbedürftigen Grundrechtseingriff darstellt, stellt sich die Frage, inwieweit den im Raum stehenden Regulierungen der Stammzellforschung Eingriffsqualität zukommt.

1. Verbote

Da die Forschung im Zusammenhang mit ES-Zellen vom Schutzbereich der Forschungsfreiheit gedeckt ist, stellen alle gesetzlichen Verbote in diesem Bereich ohne weiteres einen Grundrechtseingriff dar. Das gilt sowohl für die Strafbestimmungen des ESchG als auch für die materiellen Voraussetzungen, die im StZG normiert sind, da alle Forschungstätigkeiten (dazu gehört auch der Import der Forschungsobjekte), die sich nicht diesen „Ausnahmebestimmungen" zuordnen lassen, verboten sind. Aber auch formelle Genehmigungsvoraussetzungen wie die Pflicht zur Einreichung von Antragsunterlagen haben Eingriffscharakter, sofern sie der Forschungstätigkeit keine völlig unwesentlichen Hindernisse in den Weg stellen und ihre Verletzung negative Folgen für den Grundrechtsträger hat.

---

[309] Schwarz, KritV 2001, 182, 191 f.; Spiekerkötter, S. 30

[310] Graf Vitzthum, S. 128 f.; Dreier-*Pernice*, Art. 5 III (Wissenschaftsfreiheit), Rn. 34; Riedel, EuGRZ 1986, 469, 472

2. Vergabe von Fördermitteln

Schwieriger zu beurteilen ist die Frage nach dem Eingriffscharakter von Bestimmungen über die Vergabe von Fördermitteln. Fraglich ist insbesondere, ob ein faktischer Eingriff in die Forschungsfreiheit vorliegt, wenn staatliche Regulierung der Forschung in der Weise stattfindet, daß ein Zweig eines bestimmten Forschungsgebietes deutlich stärker gefördert wird als ein anderer (konkret ist dies der Fall bei der Bevorzugung der Forschung mit AS-Zellen gegenüber der mit ES-Zellen). Das würde jedoch voraussetzen, daß Art. 5 III 1 GG über seine Funktion als staatsgerichtetes Abwehrrecht hinaus einen Anspruch des Forschers auf Förderung seiner konkreten Tätigkeit begründet. Unbestrittenermaßen ist der Staat generell berechtigt finanzielle Mittel zur Forschungsförderung bereitzustellen. Unter Berücksichtigung der Funktion des Art. 5 III 1 GG als objektive Wertentscheidung zugunsten der Forschung als solcher[311] folgt darüber hinaus, daß ein Verzicht auf jegliche staatliche Forschungsförderung mit dieser Wertentscheidung inkompatibel wäre. Andererseits folgt daraus kein Anspruch des einzelnen Forschenden auf staatliche Förderung seines konkreten Vorhabens; vielmehr ist die Verteilung von Fördermitteln den staatlichen Organen bis zur aus dem Gleichheitssatz folgenden Grenze der Willkür freigestellt, ohne daß darin ein Eingriff in die Forschungsfreiheit zu sehen ist. Wird daher der Förderungsschwerpunkt auf die AS-Zell-Forschung gelegt, weil sie im Gegensatz zu Forschungszweigen, die einen Embryonenverbrauch voraussetzen, ethisch unproblematisch ist, so stellt dies keinen Eingriff in Art. 5 III 1 GG hinsichtlich derjenigen Forscher dar, die für Forschungsvorhaben mit ES-Zellen mit weniger Förderungsmitteln auskommen müssen.

B. Schranken

Da somit die genannten staatlichen Regulierungsmaßnahmen überwiegend Grundrechtseingriffe in Art. 5 III 1 GG darstellen, müssen sie sich im Rahmen dessen bewegen, was die Verfassung an Grundrechtsbeschränkungsmöglichkeiten zuläßt.

[311] Wagner, S. 240

I. Art. 5 III 1 GG als vorbehaltlose Gewährleistung

Die Forschungsfreiheit wird in Art. 5 III 1 GG vorbehaltlos, also ohne die ausdrückliche Normierung von Grundrechtsschranken gewährleistet. Das BVerfG vertritt in ständiger Rechtsprechung die Ansicht, „nur kollidierende Grundrechte Dritter und andere mit Verfassungsrang ausgestattete Rechtswerte" könnten „mit Rücksicht auf die Einheit der Verfassung und die von ihr gestützte gesamte Wertordnung ausnahmsweise (...) auch uneinschränkbare Grundrechte (...) begrenzen".[312] Dem Gesetzgeber wird dabei die Verantwortung auferlegt, die konfligierenden Verfassungsgüter unter Berücksichtigung aller Umstände des Einzelfalles[313] derart gegeneinander abzuwägen, daß beide im Wege der praktischen Konkordanz bestmöglich zur Geltung kommen.[314]

Obwohl diesem Schrankenkonzept des BVerfG auch in der Literatur weithin gefolgt wird,[315] hat es in verschiedener Hinsicht Bestrebungen gegeben, die Beschränkungsmöglichkeiten noch zu erweitern.

1. Rückgriff auf anderenorts normierte Schrankenvorbehalte

Einerseits wurde vorgeschlagen, in anderen Verfassungsbestimmungen normierte Schrankenvorbehalte auf Art. 5 III 1 GG (oder generell auf schrankenlos gewährleistete Grundrechte) auszudehnen.

a) Anwendung des Art. 5 II GG

Dabei kommt zunächst wieder der Begriff der „allgemeinen Gesetze" zur Geltung, diesmal jedoch nicht als Schutzbereichsbegrenzung, sondern als Grundrechtsschranke. Da der Begriff der allgemeinen Gesetze in der Schrankenvorschrift des Art. 5 II GG explizit genannt wird, stellt sich die Frage, ob sich diese Schranke auch auf das Grundrecht auf Forschungsfreiheit anwenden läßt.[316] Das

---

[312] BVerfGE 28, 243, 261
[313] BVerfGE 30, 173, 195
[314] BVerfGE 93, 1, 21
[315] Hoffmann, JZ 1986, 253, 255; Dreier-*Pernice*, Art. 5 Abs. III (Wissenschaftsfreiheit), Rn. 34; Maunz/Dürig/Herzog/Scholz-*Scholz*, Art. 5 Abs. III, Rn. 185; Schmidt/Bleibtreu/Klein, Art. 5, Rn. 17; Höfling, S. 73
[316] vgl. Enders, EuGRZ 1986, 241, 248

überzeugende systematische Gegenargument ist die Spezialität des Art. 5 III 1 GG.[317]

b) Anwendung des Art. 2 I GG

Abgesehen von der Anknüpfung an Art. 5 II GG enthält Art. 2 I GG mit der „verfassungsmäßigen Ordnung" eine ausdrücklich normierte Grundrechtsschranke, der sich nach gängiger Definition die Gesamtheit aller verfassungsmäßig zustandegekommenen und materiell verhältnismäßigen Gesetze zuordnen läßt.[318] Auch hier spricht die Spezialität des Art. 5 III 1 dagegen, einen im Verfassungswortlaut nicht vorgesehenen einfachen Gesetzesvorbehalt zu konstruieren.[319]

c) Allgemeine Gesetze als verfassungsimmanente Schranke

Schließlich gibt es Stimmen, die unter Verzicht auf derartige ausdrücklich normierte Anknüpfungspunkte die „allgemeinen Gesetze" als verfassungsimmanente Grundrechtsschranke voraussetzen, wobei sich die Anforderungen, die ein Gesetz erfüllen soll, um in diesem Sinne allgemein zu sein, im Einzelnen unterscheiden.

aa) materielles Begriffsverständnis

Teilweise werden solche Gesetze für allgemein erachtet, die in materieller Hinsicht dem Schutz gleich- oder höherwertiger Verfassungsgüter dienen; auf diese Weise soll der Rechtsunsicherheit vorgebeugt werden, die vermeintlich aus dem Abwägungsmodell des BVerfG folgt.[320] Fraglich ist aber, was den Gewinn an Rechtssicherheit ausmachen soll, da eine solche Rangfolge von Verfassungsgütern letztendlich selbst nur das Ergebnis eines Abwägungsprozesses sein kann. Im Übrigen ist die Annahme, es ließe sich eine für alle Situationen brauchbare Rangfolge von Verfassungsgütern aufstellen und in „allgemeinen Gesetzen" als Grundrechtsschranken festschreiben, illusionär. Das Konzept des BVerfG hat sich als flexibles Instrument zur Grundrechtskonfliktlösung bewährt, verblei-

---

[317] Riedel, EuGRZ 1986, 469, 472; Wagner, S. 246 f.; Maunz/Dürig/Herzog/Scholz-*Scholz*, Art. 5 Abs. III, Rn. 184

[318] Maunz/Dürig/Herzog/Scholz-*Scholz*, Art. 5 Abs. III, Rn. 60

[319] Maunz/Dürig/Herzog/Scholz-*Scholz*, Art. 5 Abs. III, Rn. 60; Wagner, S. 246 f.; Riedel, EuGRZ 1986, 469, 472

[320] Iliadou, S. 96 ff.; vgl. auch Smend, VVDStRL 4 (1928), 44,. 52 sowie Häberle, S. 33

bende Rechtsunsicherheiten in diesem Bereich sind mangels gangbarer Alternativmodelle unausweichlich.

bb) formelles Begriffsverständnis

Ein formelles Verständnis des Begriffs der allgemeinen Gesetze liegt der Auffassung zugrunde, die hierunter jene Gesetze einordnet, welche zum Inbegriff der öffentlichen Ordnung gehören. Als materielle Voraussetzung wird allein die aus Rechtsstaatsgründen unabdingbare Verhältnismäßigkeit verlangt.[321] Im Ergebnis ähnelt diese Konstruktion der Anwendung der verfassungsmäßigen Ordnung als generelle Grundrechtsschranke, weshalb ihr auch vergleichbare Kritikpunkte entgegenzuhalten sind: Ohne dem System vom einfachen und qualifizierten Schrankenvorbehalten sowie schrankenlos verbürgten Grundrechten Rechnung zu tragen, wird die Forschungsfreiheit einem einfachen Gesetzesvorbehalt unterworfen.[322] Das Abwägungskonzept des BVerfG hingegen würdigt den besonderen Stellenwert derjenigen Grundrechte, die der Verfassungsgeber ohne spezielle Vorbehalte garantiert wissen wollte.

d) Sittengesetz als verfassungsimmanente Schranke

Schließlich wird die Ansicht vertreten, es existiere mit dem „Sittengesetz" eine verfassungsimmanente Schranke für alle, also auch für die vorbehaltlos verbürgten Grundrechte. Dies stelle keine Ausweitung des Schrankenvorbehaltes aus Art. 2 I GG auf andere Grundrechte dar, sondern Art. 2 I GG wiederhole nur in deklaratorischer Weise eine ohnehin vorhandene Grundrechtsbeschränkung.[323] Abgesehen davon, daß dieser Zusammenhang kaum schlüssig zu belegen sein dürfte, stellt sich die Frage, wie die Sittlichkeit von Forschungsvorhaben zu bewerten sein soll, wenn nicht anhand von konkreten Beeinträchtigungen von Grundrechten und anderen Verfassungsgütern, die jedoch bereits in der vom BVerfG vorgesehenen Konkordanzabwägung angemessen berücksichtigt werden. Soweit dem Sittengesetz der „Kernbestand des Kriminalstrafrechts" zugerechnet und diesem somit eine Grundrechtsschrankenfunktion beigemessen

---

[321] Kriele, JA 1984, 629, 637 f.
[322] Caspar, S. 328
[323] Maunz/Dürig/Herzog/Scholz-*Scholz*, Art. 5 Abs. III, Rn. 186 ff. sowie Rn. 61 ff.; dagegen Caspar, S. 324 ff.

wird,[324] ist dem entgegenzuhalten, daß diese Normen des Kernstrafrechts ausnahmslos dem Schutz von verfassungsmäßig garantierten Rechtsgütern dienen und letztendlich Ergebnis eines Güterabwägungsprozesses des Gesetzgebers sind. Es gibt mithin keinen Anlaß und auch keine Rechtfertigung dafür, die Grundrechte pauschal unter den diffusen Vorbehalt eines „Sittengesetzes" zu stellen.

2. Grundsätzliche Kritik an der „praktischen Konkordanz"

Kern der vom BVerfG verfolgten Konfliktbewältigung zwischen widerstreitenden Verfassungsgütern im Wege eines möglichst schonenden Ausgleichs ist eine Entscheidung nach Kriterien der Verhältnismäßigkeit. Ansatzpunkt der hieran anknüpfenden grundsätzlichen Kritik ist der damit verbundene Abwägungsprozeß, der als Element der Rechtsunsicherheit kritisiert wird.[325] Fraglich erscheint jedoch die Berechtigung dieser Kritik angesichts dessen, daß die Herstellung praktischer Konkordanz nach ihrem urspünglichen Verständnis gerade keine reine Güterabwägung ist, sondern die Zuordnung von Freiheitsrechten und anderen Rechtsgütern und ihre Begrenzung zugunsten optimaler Wirksamkeit.[326]

Der „praktischen Konkordanz" wird weiterhin entgegengehalten, einer gewissen Beliebigkeit Vorschub zu leisten, indem die Ausschöpfung der erheblichen Bewertungsspielräume lediglich auf den Einzelfall bezogen erfolgt.[327] Jedoch entspricht es gerade dem Wesen der Verhältnismäßigkeit, bezogen auf den konkreten Fall eine angemessene Zuordnung konfligierender Verfassungsgüter herzustellen und so zu verhindern, daß das eine gegenüber dem anderen leerläuft.[328]

Der Vorzug des vom BVerfG vertretenen Modells besteht mithin in seiner Vermeidung von dem Einzelfall gegebenenfalls unangemessen abstrakten Wertungspräjudizien.[329]

---

[324] Maunz/Dürig/Herzog/Scholz-*Scholz*, Art. 5, Abs. III, Rn. 63, 188 ff.
[325] Ossenbühl, S. 33 ff.; Leisner, NJW 1997, 636, 637 f.
[326] Hesse, Rn. 72, 317 f.
[327] Sachs-*Sachs*, Einführung, Rn. 50
[328] Böckenförde, Staat 24 (1990), 1, 20
[329] Ebsen, Rn. 26

3. Konsequenzen für den Begriff des Verfassungsgutes

Ein nicht zu leugnender Schwachpunkt der Auffassung des BVerfG liegt demgegenüber in der Gefahr, daß sich eine Tendenz hin zu einem ausufernden Verständnis des Begriffs der Verfassungsgüter entwickeln könnte. Insoweit haben kritische Stimmen ihre Berechtigung, die bemängeln, praktisch jedes Interesse lasse sich bei entsprechend extensiver Verfassungsinterpretation zu einem abwägungsfähigen Verfassungsgut hochstilisieren.[330] Die Konsequenz daraus muß aber keine grundsätzliche Absage an die bewährte Konstruktion des BVerfG sein, vielmehr ist eine angemessene Zurückhaltung angebracht, was die Herleitung von Verfassungsgütern angeht.[331]

Da sich mithin alle Versuche, alternative Konzepte zur Konkordanzabwägung des BVerfG zu entwickeln, als nicht praktikabel oder als systemfremd erwiesen haben, liegt den folgenden Ausführungen die Position des BVerfG zugrunde. Demnach können die staatlichen Eingriffe in das Grundrecht auf Forschungsfreiheit aus Art. 5 III 1 GG nur unter der Voraussetzung gerechtfertigt werden, daß sie im Interesse des Schutzes kollidierender Grundrechte oder sonstiger Rechtsgüter mit Verfassungsrang bestehen. Mit dieser Formulierung macht das BVerfG zugleich deutlich, daß es grundsätzlich zwei Arten von Rechtsgütern unterscheidet, in deren Interesse auch vorbehaltlos verbürgte Grundrechte eingeschränkt werden dürfen: Kollidierende Grundrechte in ihrer subjektiven Dimension, zu deren Schutz der Staat berechtigt und in gewissem Umfang sogar verpflichtet ist, und objektive Rechtsgüter, soweit sie als Prinzipien in der Verfassung verankert sind.

II. Subjektive Rechtsgüter und Schutzpflichten als verfassungsimmanente Schranken

Der Gesetzgeber ist demnach berechtigt, Forschungsvorhaben im Zusammenhang mit ES-Zellen zu reglementieren, wenn diese Forschungsvorhaben ihrerseits subjektive Grundrechtspositionen beeinträchtigen. Er ist dazu sogar verpflichtet, soweit sich aus betroffenen Grundrechten staatliche Schutzpflichten ergeben.

---

[330] Kriele, JA 1984, 629, 631 und 634
[331] Caspar, S. 329 f.

1. Der Embryo als Grundrechtsträger?

Das zentrale Problem ist die Nutzung von Embryonen zu Forschungszwecken. Ob sie speziell für Forschungszwecke erzeugt wurden oder bei fortpflanzungsmedizinischen Maßnahmen übrig geblieben sind, in jedem Fall wird ihre Existenz beendet, damit der Forscher seine Tätigkeit ausüben kann. Die Embryonen könnten in ihren Grundrechten auf Achtung ihrer Menschenwürde (Art. 1 I GG) sowie auf Leben und körperliche Unversehrtheit (Art. 2 II GG) dadurch verletzt werden, daß der Staat seinen diesbezüglichen Schutzpflichten nicht nachkommt. Vor der Klärung grundrechtsspezifischer Einzelheiten stellt sich jedoch allgemein die Frage, inwieweit Embryonen, zumal im frühesten Stadium ihrer Entwicklung, überhaupt Grundrechtsträger sein können.

a) Extremposition: Grundrechtsträgerschaft ab dem Zeitpunkt der Befruchtung

Daß die Frage, ab wann der Embryo ein Grundrechtsträger sein kann, außerordentlich umstritten ist, bedarf keiner weiteren Erläuterung. Die einschlägige Literatur ist unüberschaubar, und es werden alle denkbaren Konzeptionen vertreten (Grundrechtsschutz ab der Kernverschmelzung,[332] ab der Individuation bzw. Implantation,[333] ab dem Beginn der Organbildung oder Hirntätigkeit,[334] ab der Geburt[335]). Als Ausgangspunkt der Überlegungen bietet sich die Ansicht an, die befruchtete Eizelle sei vom Zeitpunkt der Kernverschmelzung an grundrechtsfähig, denn sie wird zum einen in Deutschland weithin vertreten,[336] zum anderen gibt es kaum Stimmen, die von einer bereits vorher eintretenden Grundrechtsfähigkeit ausgehen;[337] es handelt sich insofern um eine Extremposition.

Die Vertreter dieser Ansicht präsentieren im Wesentlichen zwei Argumentationslinien. Erstens gehen sie aus vom genetischen Programm bzw. der genetischen Individualität, die mit der Kernverschmelzung begründet werde. Die be-

---

[332] aktuell zur Stammzelldebatte Enquete-Zwischenbericht, S. 55; Sacksofsky, S. 7; zahlreiche weitere Nachweise bei Höfling, S. 59
[333] Dressler, S. 49 ff.; Coester-Waltjen, FamRZ 1984, 230, 235
[334] Sass, S. 46 ff.; Hofmann, FS-Krause, S. 119
[335] Hoerster, JuS 1989, 172, 178; Ipsen, Rn. 213, 233
[336] vgl. die Nachweise oben Fn. 332
[337] vgl. aber Höfling, S. 2: Lebensschutz ab Imprägnation; Starck, S. A 17: Menschenwürdeschutz vor der Zeugung

fruchtete Eizelle sei aufgrund ihres genetischen Codes artspezifisch menschliches Leben und daher als Mensch Grundrechtsträger.[338]

Dabei kann es allerdings nicht bleiben, denn das genannte Kriterium würde für jede artspezifisch menschliche Körperzelle geben. Daher wird zweitens an die Potentialität der befruchteten Eizelle angeknüpft: Vom Zeitpunkt der Kernverschmelzung an laufe ein kontinuierlicher Entwicklungsprozeß, an dessen Ende der geborene Mensch stehe. Es sei nicht möglich, zwischen Kernverschmelzung und Geburt Zäsuren zu erkennen, die in überzeugender Weise als Anknüpfungspunkte für einen Beginn der Grundrechtsträgerschaft stehen könnten, daher sei es notwendig, vom frühestmöglichen Zeitpunkt an von einem individuellen Grundrechtsschutz der befruchteten Eizelle auszugehen.[339]

Die beiden Argumente sind also im Zusammenhang zu sehen: Die artspezifisch menschliche befruchtete Eizelle soll nur deswegen Grundrechtsschutz genießen, weil sie totipotent ist.[340]

b) Plausibilität der naturwissenschaftlichen Argumentationsgrundlage

Die Vertreter der genannten Ansicht nehmen für sich in Anspruch, sich auf die Kernverschmelzung als naturwissenschaftlich nachvollziehbares Faktum stützen zu können.[341] Das Problem dabei ist, daß es einen „Zeitpunkt der Kernverschmelzung“, wie er dabei stets vorausgesetzt wird, nicht gibt. Bei der Kernverschmelzung handelt es sich tatsächlich um einen viele Stunden dauernden Prozeß, der darüber hinaus noch übergangslos in die gesamte Embryonalentwicklung eingebettet ist.[342] Von einem Zeitpunkt der Kernverschmelzung auszugehen, ist daher schon sprachlich verfehlt, sachgerechter erscheint die Bezeichnung als „Befruchtungskaskade“.[343] Denkbar wäre es, das Ende des Kernverschmelzungsvorganges als Beginn der Grundrechtsfähigkeit zu bezeichnen. Doch wann dieses Ereignis innerhalb der Embryonalentwicklung rechtsverbindlich stattfinden soll, wäre reine Definitionssache. Nimmt man etwa den Beginn der selbständigen Zellteilung als Kriterium, so muß man berück-

[338] Mai, S. 75; Enquete-Zwischenbericht, S. 55 ff.
[339] Enquete-Zwischenbericht, S. 55 ff.
[340] zu einem dahinter stehenden philosophischen Konzept Megone, S. 163
[341] Iliadou, S. 113
[342] Holm, S. 44; Simons, S. 3; Heun, JZ 2002, 517, 519
[343] Beier, Reproduktionsmedizin 2000, 332, 334

sichtigen, daß der Teilungsvorgang noch von der Eizell-RNA in Gang gesetzt wird, bevor der Embryo im vier- bis achtzelligen Stadium eigene Teilungsaktivitäten entfaltet.[344] Verlegt man hingegen den maßgeblichen Zeitpunkt vor bis hin zur Imprägnation,[345] verabschiedet man sich von der eigentlichen Kernverschmelzung als Kriterium: Bei Beginn der Imprägnation hat sich noch nicht einmal der männliche Vorkern herausgebildet.[346] Erst nach Auflösung der Vorkern-Membrane kann es zur spindelförmigen Aufreihung der Chromosomen kommen, welche ihrerseits der ersten mitotischen Teilung vorausgeht[347] (insoweit ist es auch die Vorstellung von einer „Verschmelzung" der Vorkerne begrifflich verfehlt).[348] Derartige Lösungen würden dem Anspruch der Vertreter der Extremposition, eine an naturwissenschaftlichen Fakten festzumachende, zweifelsfreie Grenze zwischen Grundrechtsträger und biologischem Material zu deklarieren, nicht gerecht werden. Das spricht wiederum dafür, daß es gar nicht möglich ist, diesem Anspruch gerecht zu werden,[349] und daß der „Zeitpunkt der Kernverschmelzung" nichts weiter ist als ein Konstrukt, mit dem ein verfassungspolitisches Menschenbild quasi-naturwissenschaftlich untermauert werden soll.

c) Plausibilität des Potentialitätsarguments

Mit dem Potentialitätsargument gibt es ähnliche Probleme. Es mag zwar zutreffen, daß die befruchtete Eizelle aufgrund ihrer Totipotenz in der Lage ist, sich kontinuierlich zum geborenen Menschen weiterzuentwickeln, dessen genetischer Code bereits in der befruchteten Eizelle angelegt ist. Die Frage ist aber, ob insoweit tatsächlich die Kernverschmelzung ein maßgebliches Kriterium ist. Betrachtet man einen Präembryo im Vorkernstadium, so wird man feststellen, daß auch dieser sich übergangslos und kontinuierlich bis hin zum geborenen Menschen weiterentwickelt.[350] Die Kernverschmelzung ist für die Realisierung des Potentials nur einer von vielen notwendigen Zwischenschritten. Und was die Anlage der Erbinformation angeht, so besteht zwar erst nach der Kernver-

---

[344] Mola, S. 507
[345] Höfling, S. 2
[346] Beier, Reproduktionsmedizin 2000, 332, 333
[347] Alberts, S. 1223
[348] Beier, Reproduktionsmedizin 2000, 332, 334
[349] Betta, KritV 1997, 66, 69
[350] Schroth, JZ 2002, 170, 176

schmelzung der Chromosomensatz in seiner diploiden Form, wie er auch in jeder Körperzelle zu finden ist. Die Erbinformation als solche ist jedoch bereits vorher festgelegt, da in beiden Vorkernen das Erbgut lediglich in haploider Form vorhanden ist und eine weitere Rekombination nicht stattfindet.[351] Selbst wenn man zeitlich noch weiter zurückgeht und eine Eizelle sowie eine einzelne Samenzelle unmittelbar vor der Imprägnation betrachtet, so steht der genetische Code, der sich bei der Befruchtung in diploider Form entwickeln wird, bereits fest,[352] denn die Samenzelle enthält nur einen haploiden Chromosomensatz, und in der Eizelle befinden sich zwei identische haploide Schwesterchromatiden, von denen eines beim Befruchtungsvorgang als Polkörperchen abgestoßen wird.[353]

d) Relevanz der genetischen Individualität

Soweit demgegenüber von einer genetischen Individualität die Rede ist, die mit der Entstehung des diploiden Chromosomensatzes beginne, muß die Aussagekraft dieses Postulats für das Problem der Grundrechtsträgerschaft hinterfragt werden. Würde der genetische Code die Individualität des Menschen begründen, wären weder eineiige Zwillinge noch künstlich erzeugte Klone Individuen, da sie ihren genetischen Code mit einem anderen Menschen teilen.[354] Offensichtlich ist es nicht die Summe der Gene, welche die Individualität des Menschen ausmacht.[355]

Tatsächlich kann von einem Beginn der Individualbildung in den ersten vierzehn Tagen der Embryonalentwicklung keine Rede sein, denn bis zu diesem Zeitpunkt ist die befruchtete Eizelle noch in der Lage, sich zu teilen und eine Zwillingsbildung herbeizuführen. Bis zum vierzehnten Tag kann es sogar vorkommen, daß so entstandene eineiige Zwillinge wieder fusionieren.[356] Die Vorstellung, daß ein „Mensch“ zu zwei „Menschen“ wird, die dann eventuell sogar wieder zu einem einzelnen „Menschen“ zusammenwachsen können, ist irritierend.[357]

---

351 Alberts, S. 1200; Heun, JZ 2002, 517, 519
352 Merkel, S. 167
353 Keller/Günther/Kaiser, Einführung II A, Rn. 32
354 Gutmann, S. 342
355 Bauer, DRiZ 2002, 163, 166 ff.; Dederer, AöR 127 (2002), 1, 8; Heun, JZ 2002, 517, 521
356 Holm, S. 40
357 vgl. Green, ajob 2002, Vol. 2, Nr. 1, S. 21 f.

e) Grundrechtsschutz nur für Individuen?

Eine Möglichkeit, solche Absurditäten zu vermeiden, ist die Beschränkung der Grundrechtsfähigkeit auf Individuen in der Weise, daß ausschließlich implantierte Embryonen als Grundrechtsträger angesehen werden, da die äußerlich erkennbare Implantation etwa gleichzeitig mit dem Ende der Möglichkeit der Zwillingsbildung und –fusionierung stattfindet.[358] Diese Argumentation sieht sich dem Einwand ausgesetzt, einer befruchteten Eizelle könne nicht deswegen der Grundrechtsschutz abgesprochen werden, weil sie in der Lage sei, mehrere Grundrechtsträger hervorzubringen; die Eizelle müßte in diesem Falle sogar einen höheren Schutzanspruch genießen.[359] Abgesehen davon, daß diese Auffassung nicht praxistauglich ist (es läßt sich im Vorhinein nicht feststellen, ob sich eine befruchtete Eizelle teilen wird oder nicht, und selbst wenn es feststellbar wäre, bliebe völlig unklar, warum und in welcher Weise diese Eizelle besser geschützt werden soll als irgendeine andere), setzt sie sich auch in keiner Weise mit der Prämisse auseinander, daß die Individualität notwendige Voraussetzung für jedweden Grundrechtsschutz sei. Ähnliches gilt für den Hinweis auf die statistisch gesehen geringe Wahrscheinlichkeit der Zwillingsbildung und ihre Qualifizierung als atypischen Entwicklungsverlauf: Wenn aus der geringen, aber vorhandenen Möglichkeit einer Zwillingsbildung folgt, daß der Embryo in seinem frühesten Entwicklungsstadium kein Individuum ist, spielt die statistische Wahrscheinlichkeit dieses Entwicklungsverlaufs keine Rolle.[360]

Gleichwohl muß die Grundrechtsfähigkeit nicht zwangsläufig an die Individualität gekoppelt sein. Dem Grundgesetz ist die Anwendung von Grundrechten auf Rechtssubjekte, die keine Individuen sind, nicht völlig fremd, wie Art. 19 III GG für den Spezialfall von juristischen Personen zeigt. Möglicherweise läßt sich auch in anderen Konstellationen, etwa durch extensive Grundrechtsinterpretation oder durch Analogiebildung, eine Ausdehnung des Anwendungsbereichs von Grundrechten auf Nicht-Individuen erreichen. Es ist mithin nicht von vornherein ausgeschlossen, die Grundrechte auf Embryonen anzuwenden, die noch nicht das Stadium der Individualisierung erreicht haben.

---

[358] Dressler, S. 47; vgl. Sachs-*Murswiek*, Art. 2, Rn. 145 a
[359] Giwer, S. 68
[360] Robertson, ajob 2002, vol. 2, Nr. 1, S. 33

f) Grundrechtsschutz für potentielle Individuen?

Setzt man hingegen die Individuation/Implantation oder noch weitergehende Entwicklungsschritte (Hirntätigkeit, Geburt) für die Grundrechtsfähigkeit voraus, wird eine Auseinandersetzung mit dem Potentialitätsargument unvermeidlich. Würde das Potential einer zäsurfreien Entwicklung hin zu einem zweifelsohne grundrechtsfähigen geborenen Menschen, das der befruchteten Eizelle innewohnt, von sich aus auch die Grundrechtsfähigkeit dieser Zelle begründen, so könnten die argumentativen Ungenauigkeiten der herrschenden Meinung, was den maßgeblichen „Zeitpunkt der Kernverschmelzung“ angeht, eine weitere Restriktion der Grundrechtsfähigkeit nicht rechtfertigen; vielmehr müßte quasi sicherheitshalber der frühestmögliche Zeitpunkt, in dem das Potential bereits angelegt ist, als Maßstab Anwendung finden.[361]

aa) Keine Potentialsrealisierung ohne manipulative Intervention in den Entwicklungsablauf

Fraglich ist aber, ob es wirklich zwingend und überzeugend ist, aus dem Potential der Grundrechtsfähigkeit ohne weiteres die Grundrechtsfähigkeit selbst abzuleiten. Hinzu kommt noch, daß bei in vitro erzeugten Embryonen von einer Realisierung des Potentials ohne wesentliche Zwischenschritte nicht die Rede sein kann; vielmehr bedarf es eines massiven Eingriffs in den Entwicklungsprozeß von außen (künstliche Implantation), da dem Embryo als solchem eben nicht das Potential innewohnt, sich zum Grundrechtsträger fortzuentwickeln.[362] Da ohne diese Intervention in seine Entwicklung der Embryo nicht in der Lage sein würde, irgendein Potential zu realisieren, stellt sich die Frage, ob für den Fall, daß die Implantation des Embryos von vornherein ausgeschlossen wird, ein relevantes Entwicklungspotential überhaupt noch vorhanden ist. Läßt man hingegen die Notwendigkeit einer Manipulation in den Entwicklungsverlauf für die Potentialsrealisierung außer Betracht, so könnte man sich im Zuge des wissenschaflich-technischen Fortschritts bald mit dem Problem konfrontiert sehen, jeder menschlichen Körperzelle den Status eines Grundrechtsträgers zusprechen zu müssen, wenn es nämlich möglich geworden ist, sie durch Zellkerntransfer in

---

[361] vgl. Schroth, JZ 2002, 170, 176

[362] Anderheiden, KritV 2001, 353, 379; Sachs-*Murswiek*, Art. 2, Rn. 145 a

den Zustand der Totipotenz zu versetzen.[363] Die Einschränkung, nur natürliche Entwicklungsabläufe sollten insoweit relevant sein,[364] überzeugt nicht, denn auch die Implantation einer in vitro befruchteten Eizelle kann schwerlich als natürlicher Entwicklungsablauf angesehen werden.[365]

bb) Potentialsrealisierung als atypischer Entwicklungsverlauf

Ein weiteres Problem des Potentialitätsarguments ist der statistisch geringe Prozentsatz der Präimplantations-Embryonen, sei es in vitro oder in vivo, denen tatsächlich ein Entwicklungspotential innewohnt.[366] Es geht daher an der Realität vorbei, den Präimplantations-Embryo ohne weiteres als potentiellen Grundrechtsträger zu betrachten; eher müßte man dem Embryo den Status eines potentiell potentiellen Grundrechtsträgers attestieren. Gleichwohl liegt darin keine unüberwindliche Schwierigkeit, es ist durchaus möglich, einen generellen Schutz für sämtliche Präimplantations-Embryonen gerade damit zu rechtfertigen, daß ex ante noch nicht absehbar ist, welche von ihnen welches Potential in sich tragen.

g) Schrittweise Potentialsrealisierung

Eine Möglichkeit, der Potentialität Rechnung zu tragen, ohne sich auf die Widersprüchlichkeiten der Kernverschmelzungsthese einzulassen, besteht darin, den Embryonalentwicklungsprozeß als stetig wachsende Potentialsrealisierung zu betrachten, in deren Verlauf die Grundrechtsfähigkeit bis hin zur Geburt des grundrechtsfähigen Menschen immer weiter zunimmt. Auf diese Weise läßt sich zumindest die irritierende Vorstellung von einem Zellgebilde vermeiden, das in einem Moment tatsächlich nur ein Zellgebilde, im nächsten Sekundenbruchteil aber ein vollständiger Grundrechtsträger ist. Gleichwohl wirft auch ein solches prozederales Konzept verschiedene neue Fragen auf: Wann soll der Prozeß der Potentialsrealisierung beginnen, etwa mit der Kernverschmelzung, was ja die soeben geschilderten Probleme der herrschenden Meinung wiederum aufs neue herbeiführen würde? Warum endet er erst mit der Geburt und nicht bereits mit der Hirntätigkeit oder der Lebensfähigkeit des Fötus oder gar erst im postnatalen

---

[363] Hilgendorf, NJW 1996, 758, 761
[364] Djie, S. 18, 21
[365] Maunz/Dürig/Herzog/Scholz-*Herdegen*, Art. 1 Abs. 1, Rn. 62
[366] Sachs-*Murswiek*, Art. 2, Rn. 145 a; Spike, ajob 2002, Vol. 2, Nr. 1, S. 45

Stadium? Und welche praktische Bedeutung hat es beispielsweise für einen Fötus im fünften Schwangerschaftsmonat, daß er ein „halber“, aber kein vollständiger Grundrechtsträger ist?

Eine Antwort auf die letzte Frage kann versucht werden, indem der Status des nicht vollwertigen Rechts als wesensgleiches Minus, als Anwartschaft auf das vollwertige Recht begriffen wird.[367] Damit wäre zumindest eine gewisse Praktikabilität gewährleistet: Die Grundrechtsanwartschaft würde in die Konkordanzabwägung einzustellen sein, aber nicht in dem gleichen Maße wie das Vollrecht. Für die Annahme einer sich im Laufe der Embryonalentwicklung verfestigenden Grundrechtsanwartschaft spricht die Rechtswirklichkeit,[368] die von einer phasenweise Differenzierung des Lebensschutzes gekennzeichnet ist:[369] Das geborene Kind wird von der Rechtsordnung stärker geschützt als der Fötus vor der Geburt. Letzterer wiederum genießt in den späteren Schwangerschaftsstadien einen höheren rechtlichen Schutz als in den ersten drei Monaten der Schwangerschaft. Bis zur Nidation hin findet das Kernstrafrecht schließlich überhaupt keine Anwendung, die Tötung eines Embryos in vivo durch Verhütungsmittel ist tatbestandlich nicht erfaßt und daher auch nicht rechtswidrig.

Soweit ersichtlich wird ein Verbot nidationshemmender Verhütungsmittel auch von Verfechtern eines strikten Embryonenschutzes im Frühstadium der Embryonalentwicklung nicht eingefordert, wobei allerdings hierfür keine stichhaltigen Argumente ersichtlich sind. Daß nidationshemmende Verhütungsmittel regelmäßig bereits die Befruchtung zu verhindern in der Lage sind, ändert nichts daran, daß in den verbleibenden Fällen menschliche Lebewesen dem Untergang preisgegeben werden, um eine Fortsetzung der Schwangerschaft zu verhindern.[370] Ebenso ist die Tatsache, daß beim Einsatz eines nidationshemmenden Verhütungsmittels nicht klar ist, ob und wann dabei ein menschliches Lebewesen in seiner Existenz betroffen wird, letztlich unerheblich, denn die billigende Inkaufnahme dieses Ergebnisses dürfte seiner gezielten Herbeiführung in nichts nachstehen. Schließlich können auch eventuelle Beweisschwierigkeiten nicht die prinzipielle Versagung des Schutzes rechtfertigen. Nicht die zuvor genannten Argumente sind es, die den verminderten Schutz früher Embryonen in vivo vor

---

367 Kloepfer, JZ 2002, 417, 421
368 Kloepfer, JZ 2002, 417, 421 f.
369 Schmidt, S. 293 f.; Dreier, ZRP 2002, 377, 379 ff.
370 Nationaler Ethikrat, S. 7

der Anwendung nidationshemmender Verhütungsmittel erklären, sondern die anhand von Potentialsentwicklungsschritten differenzierende Rechtswirklichkeit.

Diese Argumentation ist keineswegs zwingend, da für die Rechtswirklichkeit letztendlich die Verfassung maßgeblich zu sein hat und nicht umgekehrt.[371] Bei der Interpretation unklarer Verfassungsbegriffe spielt die Rechtswirklichkeit dennoch eine zentrale Rolle, da sie den ständigen Wandel gesellschaftlicher und kultureller Entwicklungen, dem notwendigerweise auch die Verfassungsinterpretation unterworfen ist, widerspiegelt.

Die voranstehenden Ausführungen haben bereits gezeigt, daß die überkommene Grundrechtsdogmatik an ihre Grenzen stößt, wenn es darum geht, allgemeinverbindliche Aussagen zur Grundrechtsfähigkeit von Präimplantations-Embryonen zu treffen. Festzuhalten bleibt, daß grundsätzlich verschiedene Varianten der Handhabung dieses Problems denkbar sind, sei es durch Anknüpfung an einen naturwissenschaftlich abgrenzbaren Zeitpunkt oder durch die Konstruktion einer sich im Laufe der Embryonalentwicklung verfestigenden Grundrechtsanwartschaft, wobei jedoch keine dieser Betrachtungsweisen frei von Unstimmigkeiten bleibt. Einzelheiten lassen sich nur klären durch gesonderte Betrachtung der jeweils einschlägigen Grundrechtsbestimmungen, zumal die Fähigkeit, Grundrechtssubjekt zu sein, letztendlich grundrechtsspezifisch geklärt werden muß.

2. Besonderheiten zu Art. 1 I GG

a) Grundrecht auf Würde oder objektives Verfassungsprinzip?

Über die Frage, ob Art. 1 I GG ein Grundrecht ist, ist in der Literatur bislang keine Einigkeit erzielt worden.[372] Der Verfassungswortlaut läßt verschiedene Deutungen zu: Zwar spricht Art. 1 III GG von den „nachfolgenden Grundrechten“, was jedoch nicht zwingend darauf schließen läßt, daß die zuvor genannten Bestimmungen keine Grundrechte sind. Andererseits kann auch daraus, daß Art. 1 GG im Abschnitt „Die Grundrechte“ steht, keineswegs zweifelsfrei eine Grundrechtsqualität begründet werden.[373] Die Auseinandersetzung ist im vorlie-

---

371 Dreier, ZRP 2002, 377, 381 f.

372 dafür Sachs-*Höfling*, Art. 1, Rn. 3 ff.; Alternativkommentar-*Podlech*, Art. 1 Abs. 1, Rn. 61; Ipsen, JZ 2001, 989, 991; dagegen Zuck, NJW 2002, 869, 869

373 Harks, NJW 2002, 716, 717; Model/Müller, Art. 1, Rn. 1a

genden Zusammenhang praktisch bedeutungslos, denn Übereinstimmung besteht immerhin darin, daß Art. 1 I GG über die Funktion eines objektiven Verfassungsprinzips hinaus eine subjektive Komponente aufweist, die an einen konkreten Menschenwürdeträger gekoppelt ist. So akzeptieren auch diejenigen, die eine Grundrechtsqualität des Art. 1 I GG an sich prinzipiell verneinen, die Verknüpfung der Einzelgrundrechte mit dem Menschenwürdeprinzip in der Weise, daß jedem dieser Einzelgrundrechte ein unantastbarer Menschenwürdegehalt innewohnt.[374] Nachfolgend wird daher von einer Doppelfunktion des Art. 1 I GG ausgegangen – als subjektiv-rechtlich garantiertes Grundrecht einerseits, als objektiv-rechtlich verankertes Verfassungsprinzip andererseits.

Die Differenzierung zwischen subjektiver und objektiver Dimension der Menschenwürde ist im vorliegenden Zusammenhang für die Konkordanzabwägung von weitreichender Bedeutung, denn soweit es um Träger subjektivrechtlich garantierter Menschenwürde geht, ist diese Rechtsposition unantastbar, in diesem Sinne also nicht abwägungsfähig; Staatliche Eingriffe in den Schutzbereich des Grundrechts aus Art. 1 I GG sind nicht zu rechtfertigen.[375] Zusätzlich obliegt dem Gesetzgeber eine objektive Schutzpflicht in dem Sinne, daß er auch Eingriffe Dritter in die subjektive Menschenwürde von Grundrechtsträgern effektiv zu verhindern hat.[376] Hingegen erfordert das objektive Verfassungsprinzip Menschenwürde eine angemessene Berücksichtigung derjenigen Güter in der Konkordanzabwägung, denen aufgrund der objektiv-rechtlichen Wertentscheidung des Art. 1 I GG Verfassungsrang zukommt.[377] Das objektiv-rechtlich verankerte Verfassungsprinzip der Unantastbarkeit menschlicher Würde führt nämlich im Gegensatz zu den auf subjektiver Ebene absolut tabuisierten Eingriffen keineswegs zur Abwägungsfestigkeit sämtlicher Verfassungsgüter, die sich auf diese Weise begründen lassen;[378] in objektiver Hinsicht geht es vielmehr um die Entwicklung eines Rahmens gesellschaftlicher Gestaltungen, welcher allgemein rational nachvollziehbaren Abwägungsprozessen zugrunde zu legen sein muß.

---

[374] vgl. Maunz/Dürig/Herzog/Scholz-*Herdegen*, Art. 1 Abs. 1, Rn. 18

[375] Classen, DVBl 2002, 141, 145; Spranger, ZFSH/SGB 2001, 266, 269; aA Djie, S. 112 f.; gegen sie wiederum Dederer, AöR 127 (2002), 1, 13

[376] Hermes, S. 138 ff.; Sachs-*Höfling*, Art. 1, Rn. 39; Schwabe, S. 232

[377] Faßbender, NJW 2001, 2745, 2749

[378] Merkel, S. 113; vgl. auch Alexy, S. 94 ff.

b) Der Embryo als personalisiertes Bezugssubjekt?

Ob Embryonen Träger einer subjektivrechtlich garantierten Menschenwürde sein können, ist umstritten.

aa) Wortlaut und Entstehungsgeschichte

Der Verfassungswortlaut scheint zunächst dagegen zu sprechen:[379] Nicht von „Menschenwürde" ist dort die Rede, sondern von der Würde „des Menschen". Dies als bloße Begrifflichkeit abzutun,[380] ist gerade deswegen wenig überzeugend, weil im Prozeß der Verfassungsgebung durchaus andere Formulierungen („Würde menschlichen Lebens", „Würde des menschlichen Wesens", „Menschenwürde") im Gespräch waren, die allesamt eine Einbeziehung von Embryonen in den Schutzbereich des subjektiven Rechts eher nahegelegt hätten.[381] Maßgeblich zwecks einer deutlichen Dokumentierung der Abkehr von der prinzipiellen Mißachtung des Individuums in der Zeit des Nationalsozialismus[382] hat sich jedoch ein Wortlaut durchgesetzt, welcher an einen konkreten Menschen als personalisiertes Bezugssubjekt anknüpft. Jedenfalls Präimplantations-Embryonen, die noch keine Individuen sind, kämen demnach nicht als Menschenwürdeträger in Betracht.

bb) Teleologische Ausdehnung der subjektiv-rechtlichen Würdegarantie auf artspezifisch menschliche Lebewesen

Dennoch könnte es angebracht sein, den Gewährleistungsgehalt des subjektiven Rechts aus teleologischen Erwägungen heraus auf Embryonen auch im Frühstadium auszudehnen. Diesen Weg gehen die Vertreter eines bestimmten Verständnisses von Menschenwürde, die die schlichte Tatsache der Existenz artspezifisch menschlichen Lebens für eine hinreichende Bedingung für die Teilnahme am vollen Menschenwürdeschutz halten.[383] Hierbei ist die grundsätzliche Funktion dieses Schutzes zu berücksichtigen:

---

[379] Dederer, AöR 127 (2002), 1, 10; Model/Müller, Art. 1, Rn. 5
[380] vgl. etwa Enquete-Zwischenbericht, S. 54
[381] v.Doemming/Füsslein/Matz, JöR N.F. 1, S. 49 f.
[382] v.Doemming/Füsslein/Matz, JöR N.F. 1, S. 48
[383] Geddert-Steinacher, S. 61 ff.; Pap, S. 243; Stratmann, S. 180; Sacksofsky, S. 53; Höfling, S. 68; Mai, S. 75; Bauer, DRiZ 2002, 163, 168

Zentraler Inhalt des Grundrechts auf Menschenwürde ist der Schutz des Subjekts vor menschenwürdewidriger Behandlung. Diese umfassend abstrakt zu definieren, ist nicht möglich, weshalb in der Regel negativ solche Praktiken aufgezählt werden, die mit der Menschenwürdegarantie unvereinbar sind, wie etwa Folter oder Sklaverei.[384] Die Ablehnung dieser als menschenwürdewidrig erachteten Praktiken erfährt durchweg eine breite soziale Akzeptanz und verleiht damit der Menschenwürdegarantie ihre starke Position als gesellschaftlicher Grund- und Minimalkonsens.[385] Die gängige, an Kant angelehnte Formulierung, menschenwürdewidrig sei die Herabstufung des Subjekts zum bloßen Zweckobjekt,[386] ist hingegen zu unspezifisch, als daß sie in allen Konstellationen ein taugliches Mittel zur Herbeiführung ähnlich akzeptanzfähiger Ergebnisse darstellen könnte, denn wo im einzelnen die würdewidrige Verzweckung des Subjekts beginnt, ist keineswegs immer eindeutig zu beantworten.[387]

cc) Vergleichbarkeit der Gefährdungslagen

Sachgerecht ist die Einbeziehung von Embryonen in den subjektiv-rechtlichen Gewährleistungsgehalt des Art. 1 I GG dann, wenn sie vergleichbaren Gefährdungslagen ausgesetzt sind. Notwendigerweise sind diese Gefährdungslagen grundsätzlich anderer Natur, als sie sich bei geborenen Menschen darstellen, sie sind aber möglicherweise vergleichbar in ihrer Dimension. Im Einzelnen geht es um folgende Situationen:

(1) Die Nutzung redundanter Embryonen zur Stammzellgewinnung

Bei der Nutzung redundanter Embryonen zur Stammzellgewinnung wird die Existenz der Embryonen beendet, um das für Forschung oder Therapie benötigte Material herstellen zu können. Wären diese Embryonen würdefähige Subjekte im Sinne des Art. 1 I GG, läge es nahe, darin einen Eingriff in ihre menschliche Würde zu sehen, daß derartige Maßnahmen nicht verboten werden; der Staat würde insoweit seine Schutzpflicht gegenüber einem menschenwürdefähigen Subjekt verletzen.[388] Zwar ist nicht jede Vernichtung menschlichen Lebens gleichzusetzen mit einer Würdeverletzung, da Art. 2 II 3 GG ausdrücklich einen

---

[384] Jarass/Pieroth, Art. 1, Rn. 7
[385] Hoerster, JuS 1983, 93, 95
[386] vgl. speziell zur Stammzelldebatte Höfling, S. 64 ff.; Sacksofsky, S. 44 ff.
[387] Fechner, Nachträge, S. 49

Gesetzesvorbehalt für Lebenseingriffe normiert.[389] Gleichwohl kann die Tötung eines Menschen zugleich seine Würde verletzen; maßgeblich kommt es dabei auf die Umstände an,[390] und die Tötung eines Menschen zum Zwecke der Gewinnung von Rohstoffen aus seiner Substanz ist mit der Achtung seiner Würde ohne Rücksicht darauf unvereinbar, ob damit ein hochwertiger Zweck verfolgt wird.[391] Fraglich ist, ob sich daran deswegen etwas ändert, weil der Embryo ohnehin nicht mehr für eine Implantation zur Verfügung steht und keine Aussicht auf weitere Entwicklung hat.[392] Wer jedoch dem Embryo eine menschliche Würde beimißt, die der eines geborenen Menschen in nichts nachsteht, dürfte auch unter diesem Aspekt eine Würdeverletzung nicht verneinen können,[393] denn auch bei geborenen Menschen hängt es nicht von ihrer Entwicklungsfähigkeit bzw. Lebenserwartung ab, ob ihre Existenz beendet werden darf, um etwa ihr Organgewebe für medizinische Zwecke zu nutzen. Wäre nach alledem ein Embryo bereits in der frühesten Phase seiner Existenz ein Träger des Grundrechts aus Art. 1 I GG, hätte der Staat aufgrund seiner Schutzpflicht zu verhindern, daß auch redundante Embryonen für Forschungszwecke verbraucht werden.

(2) Die Erzeugung von Embryonen zur Stammzellgewinnung

Bei der Erzeugung von Embryonen zur Stammzellgewinnung wird der Embryo nicht nur zu einem außerhalb seiner selbst liegenden Zweck vernichtet, sondern auch zu diesem Zweck überhaupt erst geschaffen. Während hier für die Vernichtung des Embryos das soeben Ausgeführte gilt, ist fraglich, ob bereits in der Erzeugung des Forschungsembryo eine Würdeverletzung vorliegt. Zwar trifft es zu, daß der Embryo zu einem bestimmten Zweck erzeugt wird, darin allein jedoch eine Herabwürdigung zum bloßen Objekt zu sehen, ist fragwürdig. Es ist plausibel, davon auszugehen, daß die Erzeugung eines menschlichen Lebewesens als die Tatsache, auf die allein sich seine bloße Existenz zurückführen läßt,

---

388 Sachs-*Höfling*, Art. 1, Rn. 21; vgl. Sachs-*Murswiek*, Art. 2, Rn. 223 b
389 Dreier-*Dreier*, Art. 1 I, Rn. 48; Schwabe, S. 230 f.; Manssen, Rn. 172; Schmidt-Jortzig, DÖV 2001, 925, 926; Siekmann/Duttge, Rn. 191
390 Hermes, S. 144
391 Dederer, AöR 127 (2002), 1, 4
392 in diesem Sinne Umbach/Clemens-*Robbers*, Art. 1, Rn. 69; Müller-Terpitz, WissR 2001, 271, 283; Schreiber, MedR 2003, 367, 371; offen bei Herdegen, JZ 2001, 773, 776
393 Classen, DVBl 2002, 141, 145; Kaufmann, S. 319; Pap, S. 257; Stratmann, S. 182

an sich grundsätzlich nicht die Würde dieses Lebewesens beeinträchtigt.[394] Wenn also demnach die Erzeugung des Forschungsembryo als solche keineswegs eine Würdeverletzung darstellt, so müßten aber jene, die Embryonen und geborene Menschen hinsichtlich ihrer Würde für gleichgestellt erachten, aus den geschilderten Gründen ihre Vernichtung für würdewidrig erachten.

(3) Der somatische Zellkerntransfer als Unterfall der Erzeugung von Embryonen zur Stammzellgewinnung

Beim somatischen Zellkerntransfer könnte eine zusätzliche Würdeverletzung darin liegen, daß dem Embryo gezielt vorbestimmte genetische Eigenschaften zugeteilt werden, die darüber hinaus mit denen eines bereits existierenden Menschen identisch sind. Die Beantwortung der diffizilen Frage, ob es eine Würdeverletzung darstellt, gezielt einen genetisch determinierten Klon zu schaffen,[395] kann hier dahin stehen, weil der Klon noch im präimplantativen Stadium vernichtet wird. Folglich müßte man auch hier zum Ergebnis kommen, daß die Erzeugung des Embryos für sich genommen keine Würdeverletzung sein kann;[396] da jedoch ein Klon in Bezug auf seine Menschenwürde nicht anders behandelt werden kann als jeder andere Mensch,[397] würde sich seine Vernichtung zur Stammzellgewinnung als Menschenwürdeverletzung darstellen, sofern Embryonen Träger eines Grundrechts auf Menschenwürde sind.

dd) Konsequenzen für die Rechtsetzung

Wie gesehen, läge in allen geschilderten Konstellationen der Nutzung von Embryonen zur Stammzellgewinnung eine Menschenwürdeverletzung vor, wenn Embryonen vom subjektiv-rechtlichen Gewährleistungsgehalt der Menschenwürde umfaßt würden. Daraus ergäben sich wiederum außerordentlich weitreichende Konsequenzen für die Gestaltungsbefugnis des Gesetzgebers im Bereich des Embryonenschutzes: Da die Abwägungsfestigkeit der subjektivrechtlich garantierten Menschenwürde von der Ewigkeitsklausel des Art. 79 III GG umfaßt wird, wäre die Materie der Regelung durch den Gesetzgeber prak-

---

[394] Neumann, ARSP 1998, 153, 160; aA Sachs-*Höfling*, Art. 1, Rn. 21; Braun, KJ 2000, 332, 339

[395] vgl. Hilgendorf, FS-Maurer, S. 1156 f.; Gutmann, S. 341 ff.; Kaufmann, S. 326

[396] Merkel, S. 251; aA v.Mangoldt/Klein/Starck-*Starck*, Art. 1 Abs. 1, Rn. 90

[397] Gutmann, S. 336; Frankenberg, KJ 2000, 325, 329; Maunz/Dürig/Herzog/Scholz-*Herdegen*, Art. 1 Abs. 1, Rn. 49

tisch für alle Zeiten entzogen;[398] er hätte, um seiner Schutzpflicht für die Menschenwürde des Embryos gerecht zu werden, allein die Möglichkeit, die Tötung von Embryonen zur Stammzellgewinnung für alle Zeiten vollständig und umfassend zu verbieten. Ausländischen nationalen und internationalen Rechtsordnungen, welche die Embryonennutzung, gleich unter welchen Voraussetzungen, erlauben, müßte die Unvereinbarkeit mit tragenden Grundsätzen der deutschen Rechtsordnung[399] entgegengehalten werden. Und da auch im Inland das vollständige Verbot der Nutzung von Embryonen zur Stammzellgewinnung im Zuge des wissenschaftlichen Fortschritts immer mehr an Akzeptanz verloren hat (und möglicherweise noch weiter verlieren wird),[400] droht letztendlich die Menschenwürdegarantie von einer gesellschaftlichen Konsensgrundlage zum finalen Argument in einer politischen Auseinandersetzung zu verkommen.[401]

ee) Alternative Positionen

Nicht zuletzt angesichts der Tragweite dieser Konsequenzen sind verschiedene Versuche unternommen worden, die Ausdehnung des Schutzbereiches des subjektiven Rechts auf Menschenwürde auf Embryonen im Frühstadium zu überdenken und Alternativen zu erwägen.

(1) Quantitativ verminderte Menschenwürdefähigkeit von Embryonen

Insoweit wird die Auffassung vertreten, zwar seien auch Embryonen im Frühstadium ihrer Entwicklung menschenwürdefähig, jedoch in abgeschwächter Form.[402] Insbesondere vor dem Hintergrund der Konstruktion einer Grundrechtsanwartschaft[403] kann argumentiert werden, der Embryo sei noch nicht im Besitz des Vollrechtes, könne aber als potentieller Menschenwürdeträger ein gewisses Maß an subjektiv-rechtlich garantiertem Schutz genießen; auf diese Weise ließe sich der Embryonenschutz in die Konkordanzabwägung einbringen, ohne von vornherein gegenüber allen sonstigen Verfassungsgütern ausnahmslos

[398] Neumann, ARSP 1998, 153, 154
[399] vgl. dazu § 4 III StZG
[400] vgl. auch Beier, Reproduktionsmedizin 2000, 332, 341
[401] Neumann, ARSP 1998, 153, 162
[402] Losch, NJW 1992, 2926, 2930; Morsey, Verfassungsrechtliche Spannungsfelder, S. 304; Jarass/Pieroth, Art. 1, Rn. 6; Maunz/Dürig/Herzog/Scholz-*Herdegen*, Art. 1 Abs. 1, Rn. 65
[403] Kloepfer, JZ 2002, 417, 420 f.

zu überwiegen.[404] Ob diese Argumentation in Bezug auf andere Grundrechte zu überzeugen vermag, kann hier zunächst dahin stehen, hinsichtlich der Menschenwürde ist sie zumindest ausgeschlossen, denn sie stellt die Unantastbarkeit der Menschenwürde als unteilbares subjektives Recht zur Disposition. Entweder sind der Achtzeller und die befruchtete Eizelle Träger des Grundrechts auf menschliche Würde, dann sind sie in ihrem Würdeschutz einem Fötus, einem Neugeborenen und einem ausgewachsenen Menschen gleichgestellt, oder sie sind es von vornherein nicht.

(2) Menschenwürde als sozialer Achtungsanspruch

In Konsequenz dessen bliebe als Alternative zum vollen Menschenwürdeschutz vom „Zeitpunkt der Befruchtung" an nur die Ablehnung einer Einbeziehung des Embryos in den Schutzbereich des subjektiven Rechts. Die Entwicklung der Diskussion macht insoweit deutlich, daß es sich bei der Frage, ob Präimplantations-Embryonen Träger des Grundrechts auf Menschenwürde sind, um eine Wertentscheidung[405] handelt, deren Resultat maßgeblich vom Menschenwürdeverständnis dessen abhängt, der sie beantwortet.[406] Während es für Befürworter der oben (S. 125) geschilderten Ansicht genügt, daß Embryonen artspezifisch menschliche Lebewesen sind, verlangen Vertreter restriktiverer Auffassungen die Erfüllung weiterer Kriterien. Ihr Menschenwürdeverständnis ist das eines sozialen Achtungsanspruchs als Relations- und Kommunikationsbegriff.[407] Ob daraus zwingend die Beschränkung der Menschenwürdefähigkeit auf geborene Menschen folgt,[408] ist durchaus zweifelhaft. Die Tatsache, daß auch bei (geborenen) Grundrechtsträgern die Fähigkeit zur aktiven Teilnahme an einer solchen Kommunikations- und Achtungsgemeinschaft stark eingeschränkt sein kann, spricht dafür, die Maßstäbe hier nicht unverhältnismäßig restriktiv anzusetzen. Insofern wird vorgeschlagen, als konstitutives Merkmal für die subjektive Würdefähigkeit das Einsetzen der Hirnfunktionen auf einem gewissen, nicht unverhältnismäßig hohen Niveau zu definieren.[409] Auf Einzelheiten kann und muß an

---

[404] Djie, S. 112; dagegen Dederer, AöR 127 (2002), 1, 13
[405] Hoerster, JuS 1983, 93, 96
[406] Kaufmann, S. 183
[407] Schmidt-Jortzig, DÖV 2001, 925, 930; Hofmann, AöR 118 (1993), 353, 364; BonnKomm-*Zippelius*, Art. 1 Abs. 1 u. 2, Rn. 51; Dreier-*Dreier*, Art. 1 I, Rn. 50
[408] in diesem Sinne Alternativkommentar-*Podlech*, Art. 1 Abs. 1, Rn. 57; Ipsen, Rn. 213
[409] Heun, JZ 2002, 517, 522

dieser Stelle nicht eingegangen werden, denn in diesem Sinne wäre jedes menschliche Wesen von einem fortgeschrittenen Stadium der Fötalentwicklung an bis hin zum Hirntod[410] Träger des Grundrechts auf Achtung menschlicher Würde, keinesfalls aber der Präimplantations-Embryo. Es sei hier lediglich auf das Gegenargument eingegangen, die Annahme einer Grundrechtsträgerschaft von einem anderen Zeitpunkt als der Kernverschmelzung an sei willkürlich und bereite einer beliebigen Verlagerung des Schutzbeginns nach Gesichtspunkten der Zweckmäßigkeit den Weg:[411] Zum einen haben die obigen Ausführungen gezeigt, daß die Anknüpfung des Grundrechtsschutzes an den „Zeitpunkt" der „Kernverschmelzung" jedenfalls nicht weniger willkürlich ist als die an andere biologische Tatsachen. Zum anderen beginnt nach der genannten Auffassung die Trägerschaft des Grundrechts des Subjekts auf Achtung seiner Menschenwürde nicht zu einem „Zeitpunkt" – ein solcher kann nur eine gewillkürte Konstruktion sein – sondern mit einem Stadium der Fötalentwicklung, in dem die Anlagen zur Teilnahme an der beschriebenen Kommunikations- und Achtungsgemeinschaft vorhanden sind. Die Festlegung von Zeitpunkten, welche den Schutz der Grundrechte solcher menschlichen Lebewesen sicherzustellen geeignet sind, bliebe dann Sache des Gesetzgebers, nicht des Verfassungsjuristen.

Ein solches Verständnis von Menschenwürde bedeutet keineswegs den Verzicht auf die Berücksichtigung des Embryonenschutzes als Verfassungsgut; es verlagert die Problematik lediglich von der subjektiv-rechtlichen Ebene eines Grundrechts auf die objektiv-rechtliche eines Verfassungsprinzips.[412] Wenn Embryonen selbst nicht Grundrechtsträger im Sinne des Art. 1 I GG sind, so kann es dennoch ein Gebot menschenwürdigen Handelns sein, ihnen einen angemessen Schutz zu gewähren.

ff) Maßstäbe der Rechtswirklichkeit

Da keine der geschilderten Auffassungen von Menschenwürde den Anspruch erheben kann, Ausdruck einer letztgültigen Wahrheit zu sein,[413] kann eine Betrachtung der Rechtswirklichkeit dazu dienen, sich zumindest Klarheit über die für gesellschaftliche Realitäten geltenden Maßstäbe zu verschaffen. Insoweit ist

---

[410] dagegen Maunz/Dürig/Herzog/Scholz-*Herdegen*, Art. 1 Abs. 1, Rn. 52: bis zum Herztod
[411] Bauer, DRiZ 2002, 163, 168
[412] Manssen, Rn. 172
[413] Blankenagel, KJ 1987, 379, 390

zu konstatieren, daß der Embryo in vivo vor der Implantation keinen Würdeschutz genießt, der dem eines geborenen Menschen vergleichbar wäre.[414] Die Tötung eines Präimplantations-Embryos in vivo etwa durch Verhütungsmittel ist nicht rechtswidrig. Zwar ist nicht jede Tötung ohne weiteres eine Menschenwürdeverletzung (S. 126), doch würde es im Falle eines geborenen Menschen möglicherweise durchaus als Menschenwürdeverletzung angesehen werden, wenn seine Tötung ohne jegliche Betrachtung der Begleitumstände generell rechtmäßig wäre. Hinzu kommt noch, daß keinerlei Anstrengungen unternommen werden, der überaus hohen natürlichen Abgangsrate von Präimplantations-Embryonen entgegenzuwirken, was eigentlich naheliegen sollte, wenn es sich um würdefähige Menschen handelte.[415]

Embryonen in vitro sind demgegenüber durch die restriktiven Bestimmungen des ESchG in weitaus stärkerem Umfang geschützt. Doch auch ihr Schutz bleibt hinter dem von geborenen Menschen deutlich zurück. So dürfen sie zwar nicht in beliebigem Umfang produziert und vernichtet werden, doch allein die Inkaufnahme der Entstehung redundanter Embryonen, die nicht implantiert werden können, und die Erlaubnis zur Befruchtung jeweils dreier Eizellen, wobei absehbar ist, daß nicht alle überleben werden, sprechen dagegen, daß Embryonen ebenso wie geborene Menschen als Träger von Menschenwürde angesehen werden. Wäre dies der Fall, dürften In-Vitro-Fertilisationen (wenn überhaupt) nur mit einer Befruchtung pro Implantationsversuch durchgeführt werden, denn mehrere Embryonen werden nicht um ihrer Selbst willen, also um Mehrlinge zu entwickeln, implantiert, sondern um die Erfolgsaussichten zu steigern, daß sich zumindest einer der Embryonen fortentwickelt.[416] Insgesamt garantiert die Rechtsordnung Embryonen nach alledem ein hohes Schutzniveau, das jedoch nicht ausreicht, um davon ausgehen zu können, daß die Rechtswirklichkeit die Behandlung von Embryonen als Träger eines subjektiven Rechts auf Menschenwürde nahelegt.[417] Vielmehr findet in den einfachgesetzlichen Normen der Embryonenschutz seinen Ausdruck als hochwertiges Gut mit Verfassungsrang, dem der Gesetzgeber in zahlreichen Konstellationen gegenüber anderen Verfas-

---

414 Schmidt, S. 293; Dreier, ZRP 2002, 377, 379 ff.; Neidert, ZRP 2002, 467, 468
415 Baker, ajob 2002, Vol. 2, Nr. 1, S. 53
416 Pap, S. 284
417 vgl. auch Raasch, KJ 2002, 285, 287 f.

sungsgütern wie der Forschungsfreiheit und der Freiheit der Reproduktion den Vorzug gewährt hat.

gg) Zusammenfassende Bewertung

Die Darstellung der unterschiedlichen Menschenwürdebegriffe hat gezeigt, daß in praktischer Hinsicht das Verständnis vom Embryo in der frühesten Phase seiner Entwicklung als Subjekt der subjektiv-rechtlichen Menschenwürdegarantie zwei Nachteile aufweist: Sie steht zum einen im Widerspruch zur Rechtswirklichkeit; zum anderen führt sie im internationalen Bezug zu Konsequenzen, die zu Zweifeln an ihrer Plausibilität Anlaß geben.

Allerdings sind diese praktischen Schwierigkeiten bloß von indizieller Relevanz, letztendlich entscheidend für die Geeignetheit eines dogmatischen Konstrukts für die Handhabung der in Rede stehenden Problematik ist seine Stimmigkeit mit Hinblick auf die zuvor entwickelten Grundlagen: Der hier vertretenen Auffassung zufolge enthält Art. 1 I GG eine abwägungsfeste subjektiv-rechtliche Komponente neben einer objektiv-rechtlichen Komponente, welcher eine solche Abwägungsfestigkeit wesensfremd ist.[418]

Hintergrund dieser Unterscheidung ist die grundsätzlich unterschiedliche Funktion beider Komponenten: In subjektiv-rechtlicher Hinsicht wird jeglicher Versuch, dem Subjekt der Menschenwürdegarantie eben diese garantierte Würdeposition streitig zu machen, absolut tabuisiert. Geschützt und sogar tabuisiert wird mithin nicht ein Menschenbild oder eine Ideologie, sondern einzig und allein das Subjekt als solches.

Hingegen kommt der objektiv-rechtlichen Menschenwürdekomponente die Funktion zu, als Grundlage für die Entwicklung verfassungsrechtlich legitimierter Prinzipien zu dienen, welche nicht an ein grundrechtstragendes Subjekt anknüpfen, sondern unabhängig davon objektiv existent sind und als Gegenstand rational nachvollziehbarer Abwägungsprozesse in Betracht kommen. Eine Abwägungsfestigkeit solcher Prinzipien ist jedoch nicht vorstellbar, denn das Ansinnen, Menschenbilder auf diese Weise tabubewehren und auf ewig (vgl. Art. 79 III GG) dem Zugriff durch Veränderung entziehen zu können, ist wirklichkeitsfremd und unhaltbar.

---

[418] Gegen diese Abstrahierung des objektiv-rechtlichen Würdeschutzes vom würdefähigen Subjekt Maunz/Dürig/Herzog/Scholz-*Herdegen*, Art. 1 Abs. 1, Rn. 93

Die Vorstellung von einer Grundrechtsträgerschaft bezüglich der Menschenwürdefähigkeit der soeben befruchteten Eizelle wirft vor diesem Hintergrund das Problem auf, daß sie genau den beschriebenen Fehler begeht: Das objektive Prinzip des Embryonenschutzes soll dieser Ansicht zufolge restriktiv gefaßt und das dahinter stehende Menschenbild mit einem für alle Zeiten unverrückbaren Tabu belegt werden. Zu diesem Zweck wird der Gehalt der subjektiv-rechtlichen Menschenwürdegarantie so weit ausgedehnt, daß er das Schutzobjekt auch als Subjekt umfaßt.

Um einer solchen Aufhebung der Trennlinie zwischen absolutem Subjektschutz und relativem Prinizpienschutz zu begegnen, bietet sich das zuvor (S. 130) geschilderte Konzept eines absoluten Würdeschutzes für das Individuum von einem fortgeschrittenen Stadium der Fötalentwicklung an, in dem die Fähigkeit zur Teilhabe an sozialen Prozessen angelegt ist. Die Anlage dieser Eigenschaft ist zu unterscheiden von einem bloßen biologischen Potential, wie es etwa der befruchteten Eizelle innewohnt, denn letzeteres ist für die beschriebene soziale Funktion des Menschenwürdeprinzips nicht von Bedeutung.[419] Den subjektiv-rechtlichen Menschenwürdeschutz genießt so das Subjekt dieser sozialen Teilhabe als solches, Prinzipienfragen wie die nach der Reichweite des Schutzes für Embryonen im Frühstadium ihrer Entwicklung bleiben unter Zugrundelegung der objektiv-rechtlichen Komponente der Menschenwürdegarantie offenen Abwägungsprozessen vorbehalten.

3. Besonderheiten zu Art. 2 II GG

Da für die Gewinnung embryonaler Stammzellen die Existenz von Embryonen beendet werden muß, stellt sich die Frage der Vereinbarkeit solcher Forschungsvorhaben mit dem Recht auf Leben aus Art. 2 II 1 GG. Relevant ist insoweit ähnlich wie im Zusammenhang mit Art. 1 I GG weniger die Funktion des Grundrechtes als Abwehrrecht gegen staatliche Eingriffe, da die möglichen Eingriffe in erster Linie von Dritten ausgehen. Vielmehr kommt es darauf an, inwieweit Art. 2 II 1 GG den Staat verpflichtet, Maßnahmen zum Schutz des Lebens der Embryonen zu ergreifen. Dabei ist es keineswegs unerheblich, ob die betroffenen Präimplantations-Embryonen Träger dieses Grundrechts sind. Wäre dies der Fall, so bestünde seitens der Embryonen ein gegen den Staat gerichteter

---

[419] Maunz/Dürig/Herzog/Scholz-*Herdegen*, Art. 1 Abs. 1, Rn. 58

Anspruch auf effektiven Schutz ihres Lebens, der über den objektiv-rechtlichen Wertgehalt der Verfassungsnorm quantitativ wie qualitativ hinausginge.[420]

a) Maßstäbe der BVerfG-Rechtsprechung

Der Rechtsprechung des BVerfG zufolge wird vom objektiv-rechtlichen Gehalt des Art. 2 II 1 auch das menschliche Leben in Form des Nasciturus geschützt; ob dieser auch Träger des Grundrechts und somit des subjektiven Schutzanspruchs ist, hat das Gericht offen gelassen, weil es die objektiv-rechtliche Dimension der Schutzpflicht für ausreichend hielt, um seine Rechtsauffassung zu tragen.[421] Teile der Urteilsbegründungen sprechen dafür, daß das BVerfG eine Grundrechtsträgerschaft des Nasciturus für naheliegend hält (extensive Auslegung des Begriffs „jeder“[422], Unterstellung eines eigenen Lebensrechts des Ungeborenen[423]), das gefundene Ergebnis – Verfassungskonformität des Beratungsmodells – spricht jedoch dagegen.[424] Festzuhalten bleibt also, daß sich aus der Rechtsprechung des BVerfG keine Vorentscheidung für die Frage nach der Grundrechtsträgerschaft vorgeburtlichen menschlichen Lebens ergibt.

Weiter ergibt sich aus der Rechtsprechung des BVerfG, daß der Schutz menschlichen Lebens spätestens mit der Nidation/Individuation beginnt. Inwieweit auch Präimplantations-Embryonen geschützt sind, bleibt wiederum offen;[425] das Gericht stellt sogar in ein und dem selben Satz sowohl auf die genetische Identität als auch auf die Individualität als maßgebliche Kriterien ab.[426]

b) Der Embryo als „jeder“ im Sinne der Vorschrift?

Schutzgut des Art. 2 II 1 GG ist das artspezifisch menschliche Leben als biologische Tatsache.[427] Unklar ist dagegen der personelle Schutzbereich des Grundrechts. Die Frage ist nicht, ob embryonales menschliches Leben „Leben“ im Sinne des Art. 2 II 1 GG ist, sondern ob der Embryo dem Begriff „jeder“ zuge-

---

420 Hermes, S. 208 ff.
421 BVerfGE 39, 1, 41 f.
422 BVerfGE 39, 1, 37 f.
423 BVerfGE 88, 203, 252, hervorgehoben von Sacksofsky, S. 16
424 Frommel, KJ 2002, 411, 421; Ipsen, JZ 2001, 989, 994; gegen ihn wiederum Merkel, S. 50 ff., der die inneren Widersprüche der Entscheidung für unüberwindlich hält; ähnlich Heun, JZ 2002, 517, 517
425 BVerfGE 88, 203, 251 f.; vgl. Heun, 2002, 517, 517
426 BVerfGE 88, 203, 251 f.
427 BVerfGE 88, 203, 251; Jarass/Pieroth, Art. 2, Rn. 61; Ipsen, Rn. 234

ordnet werden kann.[428] Dem Wortlaut zufolge ist „jeder" Träger des Grundrechts auf Leben. Grundrechtsträger sind damit jedenfalls alle Personen im Sinne geborener Menschen.[429] Soweit über den Wortlaut hinaus der personelle Schutzbereich auf vorgeburtliche menschliche Lebewesen ausgedehnt wird, ist fraglich, ob methodisch gesehen eine extensive Auslegung oder ob nicht vielmehr eine Analogiebildung vorliegt.[430]

c) Historische Argumente

Aus der Entstehungsgeschichte des Art. 2 II 1 GG läßt sich nur so viel entnehmen, daß eine spezielle Regelung des Schutzes vorgeburtlicher menschlicher Lebewesen im parlamentarischen Rat nicht mehrheitsfähig war; ob ein solcher Schutz hingegen mehrheitlich als im Lebensgrundrecht enthalten angesehen wurde, war bis zuletzt umstritten, ohne daß eine eindeutige Klärung herbeigeführt wurde. Die Unterstellung, mangels ausdrücklichen Widerspruches auf die Behauptung hin, Art. 2 II GG regele auch den Schutz des „keimenden Lebens", könne davon ausgegangen werden, daß dies die Mehrheitsmeinung wiedergegeben habe,[431] beruht auf reiner Spekulation,[432] denn ausweislich der Materialien war für keine der drei im Laufe der Beratungen vertretenen Ansichten – erstens Notwendigkeit einer expliziten Regelung, zweitens keine Notwendigkeit einer solchen, da ohnehin in Art. 2 II GG geregelt, drittens Ablehnung einer expliziten Regelung aus verfassungspolitischen Gründen – eine klare Mehrheit ersichtlich.[433] Aus der Verfassungsgebungshistorie lassen sich mithin keine Erkenntnisse über die Einbeziehung von Embryonen in den Gewährleistungsgehalt des Art. 2 II 1 GG gewinnen; erst recht lassen sich daraus keine Schlüsse ziehen über ihre Grundrechtsfähigkeit.

---

[428] Lübbe, ZfP 1989, 138, 142; Sachs-*Murswiek*, Art. 2, Rn. 145 a

[429] BonnKomm-*Zippelius*, Art. 2, S. 3 f.; Model/Müller, Art. 2, Rn. 21; Ipsen, Rn. 233

[430] Model/Müller, Art. 2, Rn. 21

[431] in diesem Sinne BVerfGE 39, 1, 38 ff.; zust. Alternativkommentar-*Correll*, Art. 2 Abs. 2, Rn. 34

[432] Hoerster, JuS 1989, 172, 173; Stern, S. 1048 ff.; Lübbe, ZfP 1989, 138, 143 f. m.w.N.

[433] vgl. BonnKomm-*Zippelius*, Art. 2, S. 3 f.

d) Teleologische Argumente

Nach Auffassung des BVerfG gebieten es Sinn und Zweck des Lebensgrundrechts, „den Lebensschutz auch auf das sich entwickelnde Leben auszudehnen", da das ungeborene Leben zwecks einer gebotenen Effektivierung des Lebensschutzes seinerseits des Schutzes bedürfe.[434] Ob daraus eine Grundrechtsträgerschaft der vorgeburtlichen menschlichen Lebewesen folgt, hat das BVerfG offen gelassen, da es für die zu entscheidenden Fragen den objektiv-rechtlichen Gehalt des Art. 2 II 1 GG für ausreichend hielt (S. 135). Gleichwohl wird in der Literatur vielfach eine solche subjektive Grundrechtsberechtigung vom Zeitpunkt[435] der Kernverschmelzung an befürwortet.[436] Die hierfür dargelegten Begründungswege sind verschiedenartig und jeweils für sich problematisch.

aa) Normative Einschränkung des Lebensbegriffs

Teilweise wird hinsichtlich des Lebensgrundrechts eine notwendige Identität zwischen Schutzgut und Schutzsubjekt in dem Sinne behauptet, daß jedes von Art. 2 II 1 GG geschützte Leben auch Grundrechtsträger des Rechts auf Leben sei.[437] Damit läßt sich jedoch die Voraussetzung, Leben im Sinne des Art. 2 II 1 GG sei das artspezifisch menschliche Leben als biologische Tatsache, nicht vereinbaren, denn artspezifisch menschliches Leben existiert in zahlreichen Erscheinungsformen bis hin zu einzelnen somatischen Zellen, die keinesfalls als Träger von Grundrechten in Betracht kommen.[438] Teilweise wird versucht, dieses Problem zu umgehen, indem „Leben" im Sinne des Art. 2 II 1 GG normativ einschränkend definiert wird als das Leben von der Konjugation an.[439] Methodisch überzeugender[440] als diese Normativierung des Begriffs „Leben" – die übrigens zur Folge hat, daß durch Zellkerntransfer, also nicht durch Konjugation entstandenen Klonen das Lebensgrundrecht versagt bleibt - ist indes die prinzipielle Trennung zwischen Schutzgut („Leben") und Schutzsubjekt („Jeder").

---

[434] BVerfGE 39, 1, 37 f.
[435] zu den begrifflichen Problemen S. 116
[436] v.Münch/Kunig-*Kunig*, Art. 2, Rn. 47; Alternativkommentar-*Correll*, Art. 2 Abs. 2, Rn. 49; Dreier-*Schulze-Fielitz*, Art. 2 II, Rn. 24; Giwer, S. 80 f.; Mai, S. 92; Höfling, S. 60; Sacksofsky, S. 16 ff.; Stern, S. 1063
[437] Alternativkommentar-*Correll*, Art. 2 Abs. 2, Rn. 49; Giwer, S. 80 f.
[438] Lübbe, ZfP 1989, 138, 142; Hofmann, FS-Krause, S. 120
[439] Giwer, S. 78; Schmidt-Jortzig, DÖV 2001, 925, 926
[440] vgl. Iliadou, S. 135

Aus diesen Erwägungen heraus sind gleichfalls Positionen abzulehnen, die unterstellen, Leben im Sinne des Art. 2 II 1 GG sei ausschließlich das menschliche Leben von einem bestimmten Zeitpunkt der Embryonalentwicklung (etwa der Nidation[441]) an und daraus die Maßgeblichkeit dieses Zeitpunktes für die Grundrechtsträgerschaft des Embryos ableiten.

bb) Grundrechtseffektivierung

Ein anderer Weg, die Grundrechtsträgerschaft von Embryonen zu begründen, ist die Heranziehung des Grundsatzes der Grundrechtseffektivierung: Art. 2 II 1 GG müsse im Zweifel so ausgelegt werden, daß im Ergebnis das Grundrecht seine effektivste Wirkungskraft entfalte.[442] Ob dieses Argument bei Zweifeln über den Grundrechtsinhalt hilfreich ist, kann hier dahingestellt bleiben, denn vorliegend geht es bereits um Zweifel über die Grundrechtsberechtigung.[443] Des weiteren ist hier zu berücksichtigen, daß die genannte Auslegungsregel in Konstellationen widerstreitender Grundrechtspositionen generell unbrauchbar ist.[444]

cc) Notwendige und hinreichende Voraussetzungen der Lebensgrundrechtsträgerschaft

Die im Zusammenhang mit Art. 2 II 1 GG genannten Argumente vermögen demnach nicht die oben (S. 115 ff.) dargestellten allgemeinen Probleme, die mit der Konstruktion einer Grundrechtsträgerschaft von Präimplantations-Embryonen vom „Zeitpunkt" der Kernverschmelzung an verbunden sind, zu überwinden. Daß die Kernverschmelzung nicht notwendige Bedingung für die Grundrechtsträgerschaft sein kann, folgt daraus, daß auch artspezifisch menschliche Lebewesen Träger des Lebensgrundrechts sind, die anders als durch Kernverschmelzung entstanden sind (z.B. Klone). Hinreichende Bedingung für die Grundrechtsträgerschaft kann die Kernverschmelzung sein, wenn die bloße Tatsache genetisch determiniertes artspezifisch menschlichen Lebens ausreicht, um die betreffende Lebensform als Grundrechtsträger anzusehen. Ein Vergleich mit der verfassungsrechtlichen Behandlung des Lebensendes macht deutlich, daß

---

[441] so Dressler, S. 48 ff.
[442] Höfling, S. 60; Sachs-*Murswiek*, Art. 2, Rn. 146; Umbach/Clemens-*Wiedemann*, Art. 2 II, Rn. 194b; vgl. Model/Müller, Art. 2, Rn. 21
[443] Iliadou, S. 141

dies nicht das maßgebliche Kriterium für die Grundrechtsträgerschaft sein kann. Der Mensch wird allgemein nicht länger als bis zu seinem Hirntod als Träger des Lebensgrundrechts angesehen.[445] Davon, daß eine insoweit abweichende Position mittlerweile in der Rechtswissenschaft „herrschend"[446] sei oder gar irgendeine Bedeutung für die Rechtspraxis haben könnte, kann nicht die Rede sein. Der Hirntote aber erfüllt die genannten Voraussetzungen: er ist ein genetisch determiniertes artspezifisch menschliches Wesen, und er ist auch noch eine Erscheinungsform menschlichen Lebens[447] (man denke an den Fall der Hirntoten, deren Lebensfunktionen sogar noch zwecks Fortführung einer Schwangerschaft aufrechterhalten wurden[448]).

Hirntote sind also nicht etwa deswegen keine Grundrechtsträger, weil ihr Leben kein menschliches Leben im Sinne des Art. 2 II 1 GG wäre,[449] sondern weil sie vom irreversiblen Ende ihrer Hirntätigkeit an nicht mehr unter den Begriff „jeder" zu subsumieren sind. Ähnlich stellt sich die Situation bei Holoanenzephalus, Azephalus und Pseudoanenzephalus dar, welche Hirntoten insoweit gleichzustellen sind[450] (anders wiederum als die gewöhnlichen Anenzephalus, die zumindest aktive Gehirnteile aufweisen).[451]

In diesem Sinne ist das Hirntodkriterium keineswegs eine willkürliche Konstruktion; soweit davon ausgegangen wird, daß die Aktivität des menschlichen Gehirns das wesentliche Merkmal darstellt, welches den Menschen von anderen Organismen unterscheidet und seine besondere Schutzwürdigkeit begründet und rechtfertigt, liegt es auf der Hand, dem menschlichen Organismus ein Lebensgrundrecht bis hin zu einem Stadium, in dem diese Aktivität vollständig zum Erliegen gekommen ist, zuzuschreiben.

---

444 Sacksofsky, S. 11

445 Jarass/Pieroth, Art. 2, Rn. 63; v.Münch/Kunig-*Kunig*, Art. 2, Rn. 49; v.Mangoldt/Klein/Starck-*Starck*, Art. 2 Abs. 2, Rn. 176; Umbach/Clemens-*Wiedemann*, Art. 2 II, Rn. 195 ff.; Lorenz, HdStR VI, § 128, Rn. 15; Stern, S. 1048; Siekmann/Duttge, Rn. 206; aA Höfling, S. 58 f. mwN; Dreier-*Schulze-Fielitz*, Art. 2 II, Rn. 16; Sachs-*Murswiek*, Art. 2, Rn. 142

446 so Höfling, S. 58

447 Schroth, JZ 2002, 170, 176

448 vgl. Hilgendorf, NJW 1996, 758, 758 ff.

449 vorausgesetzt, an der Trennung zwischen Schutzgut („Leben") und Rechtsgutsträger („Jeder") wird festgehalten

450 Hiersche, S. 105

451 v. Loewenich, S. 111 f.

dd) Grenzen der Vergleichbarkeit von Hirnleben und Hirntod

Bedeutet das Ende der Hirntätigkeit gleichzeitig das Ende der Grundrechtsträgerschaft, so liegt die Frage nahe, warum nicht dementsprechend die Grundrechtsträgerschaft mit dem Beginn der Hirnaktivität einsetzen soll.[452] Die Gegenargumentation verweist auf den wesentlichen Unterschied zwischen dem Hirntoten und dem frühen Embryo: Ersterer kann niemals wieder einen Zustand erreichen, der ihn zum Grundrechtsträger machen würde; letzterem hingegen wohnt das Potential inne, sich zu einem derartigen Zustand hin zu entwickeln. So wird explizit argumentiert, der Embryo müsse gerade deswegen als Grundrechtsträger geschützt sein, weil er ein Gehirn entwickeln könne.[453]

ee) Vollrecht, Anwartschaft oder Aliud?

Ist jedoch die Tätigkeit des menschlichen Gehirns maßgeblich für die Grundrechtsträgerschaft, so ist fraglich, ob es schlüssig ist, einem Lebewesen nur deswegen, weil es demnach potentieller Grundrechtsträger ist, bereits den vollen Grundrechtsschutz zu gewähren.[454] In der Literatur werden vielfach Konstruktionen vorgeschlagen, die den Embryo zwar bereits im frühesten Stadium als Träger des Lebensgrundrechts betrachten, die andererseits jedoch davon ausgehen, das Lebensgrundrecht des Embryos sei gegenüber dem eines geborenen Menschen zwar vorhanden, aber in eingeschränktem Maße.[455] Eine Möglichkeit der dogmatischen Fundierung eines solchen verminderten Lebensrechts ist die Konstruktion einer Grundrechtsanwartschaft des Embryos im Sinne eines subjektiven Rechts, das sich bis hin zum Erwerb des Vollrechts stetig weiter verstärkt.[456]

Allerdings bleibt jede Annahme eines in irgendeiner Weise verringerten oder verminderten Lebensgrundrechts durchgreifenden Bedenken ausgesetzt. Es erscheint letztlich willkürlich, dem einen Grundrechtsträger ein volles und dem

---

[452] vgl. Sass, S. 46 f.; Scholz, S. 80; Hofmann, FS-Krause, S. 119

[453] Schwarz, KritV 2001, 182, 195; Starck, JZ 2002, 1065, 1070; v.Mangoldt/Klein/Starck-*Starck*, Art. 1 Abs. 1, Rn. 18

[454] dafür Anderheiden, KritV 2001, 353, 378; dagegen Hoerster, JuS 1989, 172, 178; Gethmann, DRiZ 2002, 204, 206; zu grundsätzlichen Problemen des Potentialitätsarguments S. 117 ff.

[455] Losch, NJW 1992, 2926, 2930; Hilgendorf, MedR 1994, 429, 432; Jarass/Pieroth, Art. 2, Rn. 64; Dreier-*Schulze-Fielitz*, Art. 2 II, Rn. 41; Neidert, DÄ 97 (2000), 3483, 3485

[456] Kloepfer, JZ 2002, 417, 420 f.; Dreier, ZRP 2002, 377, 383

anderen ein vermindertes Lebensgrundrecht zu bescheinigen; ein minderwertiges Recht auf Leben ist keines, das diese Bezeichnung verdient.[457] Konsequenter ist es, den Embryo, dem die Hirntätigkeit als das wesentliche Merkmal eines Grundrechtsträgers fehlt, weder als Träger eines vollen noch eines verminderten Grundrechts zu behandeln, sondern als aliud. Aus dieser Konsequenz ohne weiteres eine Absage an jeglichen Verfassungsrang des Embryonenschutzes zu folgern, wäre jedoch voreilig, denn allein die Tatsache, daß der Präimplantations-Embryo kein Träger des Grundrechts auf Leben ist, sagt noch nichts über die Bedeutung der objektiven Schutzwirkung des Art. 2 II 1 GG für derartige Frühformen menschlichen Lebens aus.

Andererseits wird der Vorstellung von der Gehirnaktivität als maßgeblichem Kriterium für die Trägerschaft eines subjektiven Lebensrechts entgegengehalten, sie knüpfe allein an ethisch indifferente Kategorien wie bloße körperliche Empfindungen an.[458] Dem ist jedoch nicht so, wenn die Grundrechtsträgerschaft darüber hinaus wie hier vertreten im Zusammenhang mit der Gehirnentwicklung als der Potentialsrealisierung des Individuums als Subjekt verstanden wird. Nicht allein die Fähigkeit zu körperlicher Empfindung ist es, die das Subjekt kennzeichnet und seine individuelle Schutzbedürftigkeit begründet und rechtfertigt, sondern die mit der biologischen Gehirnentwicklung untrennbar verbundene Entstehung einer personellen Identität.

4. „Jeder" (Art. 2 II GG) gleichbedeutend mit „Mensch" (Art. 1 I GG)?

Mit der Gehirnaktivität als notwendiger Bedingung für die Grundrechtsträgerschaft sind diffizile Einzelfragen verbunden wie die nach der exakten Eingrenzung dieses Entwicklungsstadiums: Genügt es, daß sich erste Hirnströme zeigen, oder werden weitere Kriterien vorausgesetzt?[459] Diese Einzelheiten sind für die hier zu entscheidenden Fragen nicht von Belang, da der Embryo vor der Implantation die Anforderungen an eine Grundrechtsträgerschaft jedenfalls nicht erfüllt. Die strukturellen Ähnlichkeiten zwischen beiden Grundrechten, die bei den vorangegangenen Erörterungen offenbar geworden sind, legen jedoch eine Angleichung der personellen Schutzbereiche nahe, so daß „jeder" im Sinne des

---

[457] Hoerster, NJW 1997, 773, 774; ders., JuS 2003, 529, 530; Merkel, S. 154 f.
[458] Hoerster, JuS 2003, 529, 531
[459] Einzelheiten bei Schirmer, S. 180 ff.; Merkel, S. 180, setzt zumindest die „Empfindungsfähigkeit" voraus, gegen ihn wiederum Hoerster, JuS 2003, 529, 531

Art. 2 II GG als jeder „Mensch“ im Sinne des Art. 1 I GG (S. 134) zu verstehen ist.[460]

5. Staatliche Schutzpflichten ohne subjektive Rechtsgüter?

Da der Präimplantations-Embryo weder Grundrechtsträger im Sinne von Art. 1 I GG noch Art. 2 II 1GG ist, hat er auch keinen subjektiven Anspruch auf Schutz seines Lebens und seiner Würde durch den Staat; eine staatliche Schutzpflicht in diesem weitreichenden Sinne besteht nicht. Allerdings kommen in den Art. 1 I GG und Art. 2 II 1 GG Wertentscheidungen des Verfassungsgebers zum Ausdruck, die über den subjektiv-rechtlichen Gehalt der Grundrechte hinausgehen. Dem Staat obliegt es, diesen Wertentscheidungen zugunsten menschlichen Lebens und menschlicher Würde in angemessener Weise Rechnung zu tragen. Schutzpflichten existieren somit nicht nur im Hinblick auf Subjekte im Sinne von Grundrechtsträgern, sondern sie ergeben sich auch aus objektiv normierten Wertentscheidungen der Verfassung.[461] Gerade deshalb ist es verfehlt, aus derartigen objektiven Schutzpflichten einen subjektiven Anspruch des Schutzgutes zu folgern,[462] denn nicht alles, was geschützt werden muß, hat auch einen Anspruch auf diesen Schutz.[463]

III. Objektive Rechtsgüter als verfassungsimmanente Schranken

Wenn das Entwicklungspotential, das einigen (statistisch betrachtet wenigen) Präimplantations-Embryonen innewohnt, diese nach der hier vertretenen Auffassung nicht zu Grundrechtsträgern macht, so ist es dennoch nicht ohne Bedeutung für die Möglichkeit einer Beschränkung der Forschungsfreiheit. Es stellt sich vielmehr die Frage, welche verfassungsrechtlichen Vorgaben sich dem Grundgesetz in Bezug auf den Umgang mit menschlichen Lebewesen, die keine Grundrechtsträger sind, entnehmen lassen.

1. Kompetenznorm als Schranke?

Für den Bereich der Embryonenforschung hat der Verfassungsgeber in Art. 74 I Nr. 26 GG eine konkurrierende Bundesgesetzgebungskompetenz normiert. Ob

---

[460] Hoerster, JuS 2003, 529, 529
[461] Frommel, KJ 2000, 341, 343
[462] so aber Schneider, S. 97
[463] vgl. etwa BonnKomm-*Zippelius*, Art. 1 Abs. 1 u. 2, Rn. 53

diese ausreicht, um von einer Ausstattung des Rechtsgutes Embryonenschutz mit Verfassungsrang auszugehen, ist jedoch zweifelhaft.[464] Zwar trifft es zu, daß nach Auffassung des BVerfG „auch aus Kompetenzvorschriften der Verfassung eine grundsätzliche Anerkennung und Billigung des darin behandelten Gegenstandes durch die Verfassung selbst" folge.[465] Daraus pauschal auf einen Verfassungsrang sämtlicher in den Kompetenzkatalogen geregelter Rechtsbereiche zu schließen, wäre aber voreilig.[466] Wird dem Gesetzgeber die Kompetenz eingeräumt, einen Gegenstand als legitimes Gut zu regeln, so bedeutet dies noch nicht die Ausstattung dieses Gutes mit Verfassungsrang und der Konsequenz einer möglichen Einschränkung vorbehaltlos gewährleisteter Grundrechte.[467] Der Verfassungsrang des Embryonenschutzes muß sich daher auf andere Weise herleiten lassen, um als Rechtfertigung für eine Einschränkung der Forschungsfreiheit dienen zu können.

2. Würdeschutz für Embryonen

Erscheinungsformen menschlicher Existenz genießen einen angemessenen Schutz menschlicher Würde auch dann, wenn sie keine Grundrechtsträger sind.

a) Nachwirkender Würdeschutz für nicht mehr Grundrechtsfähige

Obwohl die Grundrechtssubjektivität mit dem Hirntod endet, ist allgemein anerkannt, daß sich aus dem objektiv-rechtlichen Wertgehalt des Art. 1 I GG eine Legitimation dafür entnehmen läßt, den Umgang mit dem Hirntoten (etwa was Obduktionen oder Transplantationen angeht) zu regulieren.[468] Da es nicht darum geht, dem Anspruch eines Grundrechtsträgers auf Wahrung seiner Würde zu entsprechen, sondern einem aus der Würde des Menschen abgeleiteten objektiven Prinzip Geltung zu verschaffen, obliegt dem Gesetzgeber die Verantwortung, hinsichtlich der Bestimmung des Umfangs eines solchen nachwirkenden Würdeschutzes einen verhältnismäßigen Ausgleich mit anderen Verfassungsgütern herzustellen.

---

[464] Heun, JZ 2002, 517, 523
[465] BVerfGE 53, 30, 56
[466] Caspar, S. 341
[467] Huster, ZRP 1993, 326, 327 m.w.N.
[468] BonnKomm-*Zippelius*, Art. 1 Abs. 1 u. 2, Rn. 53; Jarass/Pieroth, Art. 1, Rn. 6;Ipsen, Rn. 214; Siekmann/Duttge, Rn .192; Manssen, Rn. 173

b) Vorwirkender Würdeschutz

Das Gegenstück zu diesem nachwirkenden Würdeschutz bildet ein vorwirkender Würdeschutz für Erscheinungsformen menschlicher Existenz, die (noch) nicht den Status eines Grundrechtsträgers haben.[469] Das BVerfG hat sehr extensiv formuliert: „Wo menschliches Leben existiert, kommt ihm Menschenwürde zu.“[470] Sinnvollerweise muß dieser Grundsatz dahingehend relativiert werden, daß das BVerfG damit nicht alle erdenklichen Erscheinungsformen menschlichen Lebens in den Schutzbereich des subjektiven Grundrechts einbeziehen wollte; jedenfalls eine Einbeziehung etwa von Stammzellkulturen oder auch von Gameten in den subjektiv-rechtlichen Würdeschutz kommt nicht in Betracht.[471]

Um dem BVerfG insoweit gerecht zu werden, ist vielmehr eine objektiv-rechtliche Komponente des Würdeschutzes heranzuziehen, welche an die Existenz menschlichen Lebens auch dann gekoppelt ist, wenn dieses menschliche Leben keinen Grundrechtsschutz genießt. Für den Gestaltungsspielraum des Gesetzgebers hat dies weitreichende Folgen: Er kann sich auf ein verfassungsrechtlich legitimiertes Gut berufen, das ihn in die Lage versetzt, zu dessen Gunsten andere Interessen Einschränkungen zu unterwerfen.

Da sich ein solcher objektiv-rechtlicher Würdeschutz für menschliches Leben auf wesensmäßig unterschiedliche Gegenstände beziehen kann, ist hierbei sachgerecht zu differenzieren: Der Würdeschutz, welcher einem Abfallprodukt aus einem Anatomie-Labor (wenn überhaupt) zuzusprechen ist, kann nicht dem entsprechen, welcher einer Zygote zusteht. Hinsichtlich Embryonen im Frühstadium ihrer Entwicklung ist namentlich zu berücksichtigen, daß sie nicht nur in ihrer Eigenschaft als menschliche Lebewesen schützenswert sind, sondern darüber hinaus auch im Hinblick auf das ihnen innewohnende Potential hin zu einer Entwicklung zum Grundrechtsträger. Mit dem Maß der Potentialsrealisierung als bestimmendem Kriterium steigt auch das Schutzbedürfnis und die Legitimation für die Zurückstellung anderer Interessen hinter das objektiv-rechtliche Verfassungsgut.

---

[469] Frommel, KJ 2002, 411, 425; Ipsen, JZ 2001, 989, 993; Schroth, JZ 2002, 170, 178; Reich, Art. 1, Rn. 1; vgl. auch Anderheiden, KritV 2001, 353, 380 sowie Sachs-*Murswiek*, Art. 2, Rn. 223 a

[470] BVerfGE 39, 1, 41; 88, 203, 252

[471] Heun, JZ 2002, 517, 519

Der objektive vorwirkende Würdeschutz für menschliche Lebewesen, die keine Grundrechtssubjekte sind, darf also nicht dahingehend mißverstanden werden, daß damit etwa die Würde der Menschheit als solche geschützt werden soll, was nahezu einhellig abgelehnt wird.[472] Geschützt wird auch nicht eine bestimmte Menschenwürdeideologie oder ein bestimmtes Menschenbild, Schutzobjekte sind vielmehr konkrete Erscheinungsformen menschlichen Lebens, die zugleich als potentielle Grundrechtsträger in Betracht kommen.[473] Daraus ergibt sich die Anforderung an die Rechtsordnung, Kriterien dafür zu entwickeln, „welche Verhaltensweisen in diesen Stadien als Würdeverletzungen anzusehen sind und welche nicht"[474] (dazu sogleich).

3. Lebensschutz für Embryonen

Die objektiv-rechtliche Schutzdimension des Art. 2 II 1 GG läßt sich umschreiben als eine Wertentscheidung des Verfassungsgebers zugunsten des artspezifisch menschlichen Lebens. Sofern es um menschliche Lebewesen geht, die keine Grundrechtsträger sind und damit keinen subjektiven Anspruch auf Schutz haben, stellt sich die Frage, ob sie überhaupt einen Lebensschutz um ihrer selbst willen genießen können. Das BVerfG geht offensichtlich davon aus.[475] Dagegen ist der Einwand erhoben worden, auch der objektiv-rechtlich gewährleistete Schutz könne nur der Verstärkung der Geltungskraft der Grundrechte für Grundrechtsträger dienen; Embryonen würden daher nicht um ihrer selbst, sondern um der Träger des Grundrechts auf Leben willen geschützt.[476] Wenn man aber wie hier die Schutzpflicht darin begründet sieht, daß menschliches Leben aufgrund der in Art. 2 II 1 GG zum Ausdruck kommenden Wertentscheidung gerade dann ein mit Verfassungsrang ausgestattetes Gut ist, wenn ihm gegebenenfalls das Potential einer Entwicklung hin zu einem Grundrechtsträger innewohnt, so ist es durchaus denkbar, den Lebensschutz der Embryonen auch um ihrer selbst willen anzuerkennen. Die Auseinandersetzung muß hier nicht weiter vertieft werden,

---

[472] BonnKomm-*Zippelius*, Art. 1 Abs. 1 u. 2, Rn. 55; Schwarz, KritV 2001, 182, 203

[473] Eine Parallele zur Begründung objektiver Schutzprinzipien für Lebewesen, die keine Grundrechtsträger sind, aus Art. 1 I GG findet sich bei der Diskussion um den Verfassungsrang des Tierschutzes vor der Änderung des Art. 20 a GG, vgl. Caspar, S. 343 ff.

[474] Denninger, KritV 2003, 191, 207

[475] BVerfGE 88, 203, 252

[476] Lübbe, ZfP 1989, 138, 148 f.

da sie keinen erkennbaren Einfluß auf den Umfang des Embryonenschutzes als Verfassungsgut hat.

Der Verfassungsrang des Embryonenschutzes läßt sich daher neben der Herleitung aus Art. 1 I GG auch mit der Funktion des Art. 2 II 1 GG als objektiv verankerte Wertentscheidung begründen.[477] Wenn dies aber so ist, schließt sich zwangsläufig die Frage an, ob praktisch überhaupt Konstellationen denkbar sind, in denen der Schutzgehalt aus Art. 2 II GG über das hinaus geht, was bereit über Art. 1 I GG vermittelt wird. Jedenfalls soweit es um Maßnahmen geht, welche die Erzeugung von Embryonen betreffen, ist Art. 2 II GG von vornherein nicht betroffen; allenfalls die Vernichtung der Embryonen als solche kann ein Problem der objektiven Dimension des Schutzes menschlichen Lebens sein, sämtliche in diesem Zusammenhang auftretenden Konflikte dürften aber stets auch den objektiven Gehalt des Art. 1 I GG betreffen.

C. Schranken-Schranken

Die Ausführungen haben gezeigt, daß der Verfassungsrang des Embryonenschutzes als Legitimation für staatliche Eingriffe in die Forschungsfreiheit dienen kann. Die Beschränkung des Grundrechtes ist damit jedoch keineswegs in beliebigem Umfang möglich, sie steht vielmehr unter dem Vorbehalt der Wahrung rechtsstaatlicher Grundsätze.

I. Verhältnismäßigkeit / Konkordanzabwägung

Um rechtsstaatlichen Grundsätzen zu genügen, muß der Gesetzgeber den Konflikt zwischen den widerstreitenden Verfassungsgütern Forschungsfreiheit und Embryonenschutz in verhältnismäßiger Weise regeln. Hierzu ist ein möglichst schonender Ausgleich zwischen den beiden Verfassungsgütern im Wege der praktischen Konkordanz erforderlich, bei dem keiner der beiden Positionen eine maximale Behauptung auf Kosten der anderen einzuräumen ist.[478] Diesen Ausgleich vorzunehmen, erfordert eine Bewertung des Gewichts der Verfassungspositionen für den jeweils in Frage stehenden Regelungsgegenstand und kann daher nur Aufgabe des Gesetzgebers sein; Aufgabe der Rechtsprechung ist die

---

477 Ipsen, JZ 2001, 989, 995
478 BVerfGE 93, 1, 21; Hesse, Rn. 72, 318

Kontrolle der Einhaltung der verfassungsrechtlichen Abwägungsgrenzen, nicht der „Richtigkeit" der vom Gesetzgeber angestellten Bewertung.[479]

1. Das Gewicht des Verfassungsgutes Embryonenschutz

Aus der objektiv-rechtlichen Dimension der Art. 1 I und 2 II 1 GG läßt sich mithin eine Berechtigung und Verpflichtung des Staates entnehmen, bei der Regelung von Fragen, die den Umgang mit menschlichen Embryonen betreffen, die Tatsache zu berücksichtigen, daß es sich dabei um Formen menschlichen Lebens handelt, denen gegebenenfalls das Potential einer Entwicklung hin zu Grundrechtsträgern innewohnt. Aufgrund dessen ist der Gesetzgeber berechtigt und verpflichtet, den Embryonenschutz als objektiv-rechtliches Prinzip gegen andere Verfassungsgüter in die Konkordanzabwägung einzustellen, wenn es etwa um Beschränkungen von Grundrechten wie der Forschungsfreiheit geht.

a) Prinzipieller Vorrang gegenüber anderen Verfassungsgütern?

Was die Bestimmung des Gewichts angeht, mit dem der Embryonenschutz als Verfassungsgut in die Gesamtabwägung einzugehen hat, so lassen sich der Verfassung keine minutiösen Vorgaben entnehmen.[480] Einerseits steht fest, daß der Forschungsfreiheit kein prinzipieller Vorrang gegenüber anderen Verfassungsgütern zukommt;[481] andererseits kann aber auch nicht von einem generellen Vorrang des Embryonenschutzes vor anderen Verfassungsgütern ausgegangen werden,[482] sondern es bedarf genauerer Differenzierungen, die der Gesetzgeber in seiner freien Verantwortung vorzunehmen hat.

b) Sachgerechte Differenzierungskriterien

Die erste und naheliegendste Differenzierung betrifft die unterschiedliche Gewichtung des Schutzes unterschiedlich entwickelter Lebensformen.[483] Wenn der Gesetzgeber einen Embryo kurz vor dem Übergang in das Fötenstadium restriktiver schützt als die soeben imprägnierte Eizelle, so handelt er nachvollziehbar und willkürfrei, da ersterer hinsichtlich seiner Potentialsrealisierung schon weit

[479] Hesse, Rn. 320, 569 f.; Sachs-*Sachs*, vor Art. 1, Rn. 128
[480] Lübbe, ZfP 1989, 138, 149; Ipsen, JZ 2001, 989, 995
[481] BVerfGE 47, 327, 369; Löwer, WissR 2001, 182, 188
[482] aA Umbach/Clemens-*Zöbeley*, Art. 5, Rn. 274; vgl. auch Wagner, S. 255
[483] Taupitz, NJW 2001, 3433, 3438; Gethmann, DRiZ 2002, 204, 207

fortgeschritten ist, während bei letzterer noch unklar ist, ob sie überhaupt ein Entwicklungspotential hat. Weitere Anknüpfungspunkte für Differenzierungen können darin begründet liegen, was mit dem Embryo geschehen soll oder kann, ob er für einen Befruchtungsversuch bestimmt ist, überzählig ist oder eigens für Forschungszwecke kreiert wurde,[484] wiederum vorausgesetzt, die Unterscheidungskriterien sind sachlich begründet und frei von Willkür herausgearbeitet worden.

2. Das Gewicht des Verfassungsgutes Forschungsfreiheit

Bei der Bewertung des Gewichts der Forschungsfreiheit für die Konkordanzabwägung hat der Gesetzgeber zunächst zu berücksichtigen, daß auch in diesem Grundrecht über seine Funktion als staatsgerichtetes Abwehrrecht hinaus eine objektive Wertentscheidung des Verfassungsgebers zugunsten des wissenschaftlichen Fortschritts zum Ausdruck kommt.[485]

a) Prinzipieller Nachrang gegenüber anderen Verfassungsgütern?

Über das Gewicht der Forschungsfreiheit im Verhältnis zu anderen Verfassungsgütern ist durch die Verfassung keine Vorentscheidung getroffen. Soweit ein grundsätzlicher Vorrang des Grundrechts auf Menschenwürde gegenüber der Forschungsfreiheit postuliert wird,[486] vermag dies einzuleuchten. Ein absoluter Vorrang des Grundrechts auf Leben ist hingegen bereits fragwürdig.[487] Soweit es aber wie bei der Stammzellforschung nicht um Grundrechte geht, die mit der Forschungsfreiheit kollidieren, sondern um den Embryonenschutz als Verfassungsprinzip, kann ein solcher absoluter oder regelmäßiger Vorrang des einen oder anderen Verfassungsgutes nicht ohne weiteres unterstellt werden; vielmehr kommt dem Gesetzgeber die Aufgabe zu, unter Berücksichtigung der für den Regelungsgegenstand relevanten Einzelheiten sachgerechte Differenzierungen vorzunehmen.

---

[484] Gethmann, DRiZ 2002, 204, 207; Maunz/Dürig/Herzog/Scholz-*Herdegen*, Art. 1 Abs. 1, Rn. 60

[485] Wagner, S. 239 f.; Scholz, S. 70 f.

[486] Püttner, S. 81

[487] Wagner, S. 254 f., entgegen Püttner a.a.O.; vgl. auch Dederer, AöR 127 (2002), 1, 23

b) Sachgerechte Differenzierungskriterien

Ein Kriterium kann dabei der Zweck sein, dem die in Frage stehenden Forschungsvorhaben dienen.[488] Wenn der Gesetzgeber in einem Forschungsbereich, der den Gewinn bahnbrechender medizinischer Erkenntnisse in Aussicht stellt, der Forschungsfreiheit einen höheren Stellenwert einräumt und weniger restriktive Maßstäbe an den Embryonenschutz anlegt als in anderen Zusammenhängen, so ist dies eine nachvollziehbare Erwägung.

Im Sinne eines möglichst schonenden Ausgleichs zwischen den widerstreitenden Verfassungsgütern bietet sich als ein weiteres Differenzierungskriterium der Grad der Beeinträchtigung des Embryonenschutzes an.[489] Der Gesetzgeber kann eine solche Differenzierung praktisch verwirklichen, indem er eine Genehmigung von Forschungsvorhaben, die den Schutz von Embryonen beeinträchtigen, nur subsidiär ermöglicht, wenn etwa die Verwendung anderer als embryonaler Stammzellen keinen vergleichbaren Erkenntnisgewinn verspricht.

c) Wesensgehalt der Forschungsfreiheit

Bei all diesen Restriktionen muß gewährleistet bleiben, daß ein Kernbereich des Art. 5 III 1 GG erhalten bleibt, um der Wesensgehaltsgarantie des Art. 19 II GG Genüge zu tun.[490] Ob eine Antastung des Wesensgehaltes vorliegt, ist besonders dann sorgfältig zu prüfen, wenn ein bestimmter Forschungszweig von staatlicher Seite gänzlich unterdrückt wird.[491] Es ist gleichwohl davon auszugehen, daß eine Beeinträchtigung des Wesensgehalts des Grundrechts unter der Voraussetzung, daß der Gesetzgeber eine Abwägung vorgenommen hat, die den soeben entwickelten Maßstäben entspricht, schwer vorstellbar ist,[492] da die Konkordanzabwägung gerade unter der Maßgabe zu erfolgen hat, daß keines der widerstreitenden Güter zugunsten des anderen völlig bedeutungslos werden darf.

Obgleich demnach eine Beeinträchtigung des Wesensgehalts der Forschungsfreiheit durch die gesetzliche Regulierung der Embryonenforschung nicht zu befürchten ist, gibt es Erwägungen, die den Gesetzgeber veranlassen können, sich im Bereich der Grundlagenforschung mit Restriktionen zurückzuhalten.

---

[488] Püttner, S. 83
[489] Püttner, S. 85 f.
[490] Riedel, EuGRZ 1986, 472
[491] Löwer, WissR 2001, 182, 187 f.

Soweit ein Grundlagenforschungsprojekt sich in der Gewinnung von Erkenntnissen im individuell-persönlichen „Werkbereich“ erschöpft, vergleichbar mit dem „Werkbereich“ im Zusammenhang mit der Kunstfreiheit also,[493] handelt es sich um einen Sektor individueller Freiheitsentfaltung, dessen Reglementierung verglichen mit der Wirkung nach außen hin im Sinne von Veröffentlichung und Verwertung in gesteigertem Maße rechtfertigungsbedürftig ist. Relativierend ist hier jedoch einzuräumen, daß gerade bei einem innovativen Forschungsgebiet wie der Stammzellforschung die Übergänge zwischen Grundlagenforschung und angewandter Forschung notwendigerweise fließend sind.[494]

3. Relevanz des Art. 2 II GG in Bezug auf Patienten

Reglementierungen der Forschung mit ES-Zellen sind unter Umständen geeignet, Fortschritte auf dem Gebiet der Medizin, insbesondere der Transplantationsmedizin, zu behindern oder zu verzögern. Fraglich ist daher die Relevanz des Grundrechts auf Gesundheit aus Art. 2 II 1 GG in diesem Zusammenhang. Das Grundrecht schützt vor staatlichen Beeinträchtigungen der Gesundheit. Es vermittelt darüber hinaus den Grundrechtsträgern einen staatsgerichteten Anspruch auf Schutz ihrer Gesundheit. Die Reichweite dieses Schutzanspruchs wird in der Regel jedoch als gering eingeschätzt: Der Staat soll lediglich verpflichtet sein, eine medizinische Grundversorgung zu garantieren.[495] Insbesondere eine Verpflichtung zur Ermöglichung bestimmter medizinisch möglicher Therapien wäre demnach nicht vom Gewährleistungsgehalt des Grundrechts gedeckt.[496]

Immerhin sieht es das Bundesverfassungsgericht als Beeinträchtigung des Gesundheitsgrundrechts an, wenn eine bestimmte therapeutische Maßnahme nicht nur nicht ermöglicht, sondern sogar verboten wird.[497] Solange aber therapeutische Anwendungsmöglichkeiten zugunsten der Gesundheit von Patienten nicht ersichtlich sind, ist eine solche Beeinträchtigung nicht denkbar; Art. 2 II 1 GG begründet keinen Anspruch auf die Ermöglichung von medizinischer Grundlagenforschung. Anders könnte sich die Situation darstellen, wenn die Gewinnung

---

492 Jarass/Pieroth, Art. 19, Rn. 7 unter Hinweis auf BVerfGE 58, 300, 348
493 Maunz/Dürig/Herzog/Scholz-*Scholz*, Art. 5 Abs. III, Rn. 187; BVerfGE 35, 79, 112
494 vgl. Wagner, S. 251
495 v.Münch/Kunig-*Kunig*, Art. 2, Rn. 60; Dreier-*Schulze-Fielitz*, Art. 2 II, Rn. 58; Schwarz, KritV 2001, 182, 205
496 Schwarz, KritV 2001, 182, 205
497 BVerfG NJW 1999, 3399, 3400 f.; dazu Stratmann, S. 186 ff.

von Organgewebe aus embryonalen Stammzellen tatsächlich in den Bereich des Machbaren rückt.[498] In diesem Falle wäre angesichts des gravierenden Mangels an Spenderorganen ein Verbot der Organgewinnung auf diesem Wege für zahlreiche Patienten durchaus keine Entscheidung über das „wie“, sondern über das „ob“ einer Heilung.[499]

Wenn demnach das Gesundheitsgrundrecht für sich genommen derzeit den Staat keineswegs an einer Reglementierung der Grundlagenforschung hindert, so ist es dennoch nicht ohne Bedeutung für die Konkordanzabwägung zwischen Forschungsfreiheit und Embryonenschutz. Der Gesetzgeber muß in seine Abwägung die Überlegung einbeziehen, inwieweit hinsichtlich einzelner Forschungsbereiche freizügigere Maßstäbe angebracht sind, da sie Perspektiven im Hinblick auf Fortschritte für den Gesundheitsschutz eröffnen.[500]

Neuerdings ist die Auffassung vertreten worden, auch das Verfassungsprinzip der Menschenwürde aus Art. 1 I GG verpflichte den Staat dazu, „alles zu unterlassen, was den medizinischen Fortschritt bei der Bekämpfung schwerer Krankheiten oder Behinderungen hemmen oder gar unterbinden könnte“.[501] Darin liegt jedoch eine Überinterpretation der Schutzpflichten, an die der Staat insoweit gebunden ist; aus ihnen kann keineswegs ohne weiteres die Pflicht zur Legalisierung bestimmter Behandlungsmethoden erwachsen, sondern allenfalls die Pflicht zur Berücksichtigung der Rechtsposition der betroffenen Patienten innerhalb der Konkordanzabwägung. Es ist allerdings nicht davon auszugehen, daß sich dadurch staatliche Verpflichtungen ergeben, die über das soeben zu der Relevanz des Gesundheitsgrundrechts aus Art. 2 II 1 GG festgestellte hinausgehen.

II. Zwischenergebnis

Der Gesetzgeber hat gemäß rechtsstaatlicher Prinzipien die Aufgabe, die widerstreitenden Verfassungsgüter Forschungsfreiheit und Embryonenschutz in einen verhältnismäßigen Ausgleich zu bringen. Dabei hat er einerseits eine Vielzahl an Kriterien zu berücksichtigen, die gewisse Differenzierungen nahelegen können,

---

[498] Taupitz, NJW 2001, 3433, 3438
[499] aA Stratmann, S. 191 f.
[500] Wagner, S. 248; Püttner, S. 83
[501] Hilgendorf, FS-Maurer, S. 1155

andererseits ist ihm auch ein breiter Spielraum eingeräumt, den er in eigener Verantwortung willkürfrei zu nutzen hat.

§ 13 Relevanz des Art. 12 I GG

Soweit der Forscher seine Tätigkeit als Beruf ausübt, genießt er neben dem Schutz des Grundrechts auf Forschungsfreiheit aus Art. 5 III 1 GG möglicherweise auch den Schutz des Berufsfreiheitsgrundrechts aus Art. 12 I GG vor Eingriffen in seine beruflichen Aktivitäten.

A. Embryonenforschung als Berufsausübung

Forscher, deren Vorhaben die Herstellung oder Verwendung embryonaler Stammzellen umfassen, können für sich den Schutz des einheitlichen Berufsfreiheitsgrundrechts aus Art. 12 I GG nur dann in Anspruch nehmen, wenn ihre Tätigkeit den Anforderungen eines Berufes im Sinne des Grundrechtes genügt.

I. Eingrenzung des Schutzbereiches auf erlaubte Tätigkeiten?

Vorausgesetzt, die Forschungsarbeit ist auf eine gewisse Dauerhaftigkeit angelegt und dient dem Erwerb einer Lebensgrundlage, so bleibt doch fraglich, ob Berufe im Sinne des Grundrechtes ausschließlich „erlaubte" Tätigkeiten sind.[502] Wäre dies der Fall, stellten die Restriktionen des ESchG und StZG keine Eingriffe in die Berufsfreiheit von Forschern dar, denn die insoweit verbotenen Handlungen (etwa die Herstellung von Embryonen zu Forschungszwecken) wären keine „erlaubten" Tätigkeiten mehr und daher auch nicht vom Schutzbereich erfaßt. Dieses offensichtlich sinnwidrige und illibertäre Ergebnis legt es nahe, das Kriterium der „erlaubten" Tätigkeit weiteren Einschränkungen zu unterwerfen. Auch das BVerfG, das in älteren Entscheidungen quasi selbstverständlich das Tatbestandsmerkmal des Erlaubtseins voraussetzte,[503] hält nicht mehr konsequent daran fest.[504]

1. Allgemeines Erlaubtsein

Einen Versuch einer solchen Einschränkung stellt die Entwicklung des Maßstabs des nur „allgemeinen Erlaubtseins" dar; demzufolge fallen Tätigkeiten aus

---

[502] dafür Schmidt-Bleibtreu/Klein, Art. 12, Rn. 6; Pieroth/Schlink, Rn. 810
[503] seit BVerfGE 7, 377, 397
[504] BVerfGE 98, 265, 297; näher dazu sogleich

dem Schutzbereich der Berufsfreiheit heraus, die unabhängig von ihrer beruflichen Wahrnehmung verboten sind.[505] Die Funktionalität dieses Kriteriums ist allerdings insoweit zweifelhaft, als solchen nicht berufsbezogenen Restriktionen oftmals das für Eingriffe in die Berufsfreiheit kennzeichnende Element der berufsregelnden Tendenz fehlen dürfte.[506] Soweit die Eingriffe dennoch eine solche Tendenz in objektiver Hinsicht aufweisen, ist das genannte Kriterium zu diffus und läßt keine befriedigenden Abgrenzungen zu.

2. Sozialethischer Ansatz

Ein anderer Versuch der Einschränkung des Merkmals des Erlaubtseins ist die Eingrenzung von Handlungen, die vom Schutzbereich des Grundrechts ausgenommen sind, auf schlechthin sozial schädliche Tätigkeiten[507] oder auf solche, die zentralen verfassungsethischen Wertungen zuwiderlaufen.[508] Forschungsaktivitäten wären demnach nicht bloß deswegen von der Berufsfreiheit nicht umfaßt, weil sie einfachgesetzlich verboten sind, sondern erst dann, wenn sie im Widerspruch zu zentralen Wertentscheidungen der Verfassung stehen. Über die Frage, inwieweit dies tatsächlich der Fall ist, dürfte angesichts der oben (S. 167 ff.) dargestellten Kontroversen über den Verfassungsrang des Embryonenschutzes kein Konsens herstellbar sein. Das Kriterium des Verstoßes gegen zentrale verfassungsethische Wertungen ist gerade in gesellschaftlich kontrovers diskutierten Bereichen kaum geeignet, Klarheit über die Reichweite des Grundrechts der Berufsfreiheit zu schaffen. Zustimmung verdient daher die Auffassung, derzufolge im Zweifel der Schutzbereich als eröffnet anzusehen und der Ausgleich der widerstreitenden Verfassunggüter dort anzustreben ist, wo er dogmatisch sauber einzuordnen ist, nämlich im Bereich der Schrankenproblematik.[509]

3. Konsequenz

Der hier vertretenen Auffassung zufolge läßt sich Art. 1 I und 2 II 1 GG eine objektive Wertentscheidung der Verfassung zugunsten des Embryonenschutzes entnehmen. Ob aber Forschungsvorhaben, die dieses Verfassungsgut beeinträchtigen, allein deswegen nicht vom Schutzbereich der Berufsfreiheit erfaßt

---

505 Maunz/Dürig/Herzog/Scholz-*Scholz*, Art. 12, Rn. 28
506 Jarass/Pieroth, Art. 12, Rn. 7
507 Ipsen, Rn. 598
508 Sachs-*Tettinger*, Art. 12, Rn. 38; v.Münch/Kunig-*Gubelt*, Art. 12, Rn. 9; Katz, Rn. 791

werden, ist damit keineswegs entschieden. Den vorstehend entwickelten Maßstäben zufolge ist im Zweifel der Schutzbereich als eröffnet anzusehen und der Ausgleich zwischen Berufsfreiheit und Embryonenschutz auf der Schrankenebene vorzunehmen.

II. Relevanz der neueren BVerfG-Rechtsprechung

Neue argumentative Möglichkeiten ergeben sich diesbezüglich vor dem Hintergrund der Fortentwicklung der Rechtsprechung des BVerfG, derzufolge die Vornahme „rechtswidriger" Schwangerschaftsabbrüche vom Schutzbereich der Berufsfreiheit gedeckt ist, sofern diese im Rahmen einer Mitwirkung des ausführenden Arztes, wie sie im geltenden Schutzkonzept vorgesehen ist, erfolgen.[510] Damit relativiert das BVerfG die Bedeutung des Kriteriums des Erlaubtseins weitgehend, da hiernach sogar Tätigkeiten, deren Rechtswidrigkeit nach Auffassung des BVerfG unmittelbar aus der Verfassung folgt,[511] im Schutzbereich des Grundrechts enthalten sind. An diesem Punkt knüpft die vielfach in der Literatur geäußerte Kritik an dieser Rechtsprechung an.[512] Bezweifelt wird insbesondere, daß die Berufsfreiheit für Handlungen gelten kann, zu deren Verbot die Verfassung aufgrund der ihr zu entnehmenden Schutzaufträge verpflichtet.[513] Die genannte Entscheidung des BVerfG verdient dennoch im Ergebnis Zustimmung, da sie einer weitreichenden Einschränkung des Gewährleistungsgehaltes des Art. 12 I GG durch das Kriterium des Erlaubtseins eine Absage erteilt und es damit erleichtert, diffizile Güterabwägungen von der Schutzbereichsebene in die Schrankenproblematik hinein zu verlagern,[514] was aus den bereits geschilderten Gründen im Zweifel vorzugswürdig ist.

B. Restriktionen der Berufsausübung

Art. 12 I GG garantiert sowohl die Freiheit der Berufswahl als auch die der Berufsausübung. Obwohl die Berufsfreiheit als einheitliches Grundrecht zu betrachten ist, ist es von erheblicher Bedeutung, auf welcher Ebene der Eingriff in

---

[509] Dressler, S. 127 f.; ähnlich Breuer, HdStR VI, § 147, Rn. 44
[510] BVerfGE 98, 265, 297
[511] BVerfGE 88, 203, 273
[512] Beckmann, MedR 1999, 138, 139; Büchner, NJW 1999, 833, 834; krit. auch Sachs-*Tettinger*, Art. 12, Rn. 38, insbes. Fn. 158b
[513] Hillgruber, MedR 1998, 201, 204
[514] Suerbaum, NJW 2000, 849, 851

den Schutzbereich erfolgt. Das BVerfG differenziert in ständiger Rechtsprechung[515] zwischen Berufsausübungsregelungen, subjektiven und objektiven Berufswahlbeschränkungen (Dreistufenmodell), wobei grundsätzlich davon auszugehen sei, daß die Eingriffsintensität von der Stufe abhängig ist, auf der der Eingriff erfolgt.

I. Stammzellforschung als Berufsausübung

Wenn demnach die im ESchG verbotenen Tätigkeiten ein eigenständiges Berufsbild kennzeichnen, würde dies für eine in gesteigertem Maße rechtfertigungsbedürftige Eingriffsintensität sprechen. Wann aber von einem solchen eigenständigen Berufsbild die Rede sein kann, ist im Einzelfall eventuell schwierig abzugrenzen; auch das BVerfG verfolgt hier keine klare Linie.[516]

Die genannten Tätigkeiten, insbesondere die Herstellung von Embryonen zur Stammzellgewinnung, kennzeichnen indes nur einen Ausschnitt dessen, was als Bestandteil der Berufstätigkeit eines Biologen oder auch speziell eines Stammzellforschers oder Embryologen gelten kann.[517] Zwar wirft die zunehmende Spezialisierung gerade im Bereich der naturwissenschaftlichen Berufe in der Tat immer neue Abgrenzungsschwierigkeiten dahingehend auf, wann sich das Bild einer bestimmten Tätigkeit so weit verselbständigt hat, daß sie als Gegenstand eines eigenständigen Berufsbildes gelten kann. Im Falle der Stammzellforschung hebt sich die eigentliche Forschungsarbeit bei der Herstellung von embryonalen Stammzellen nicht so deutlich von anderen Tätigkeiten von Embryologen oder Stammzellforschern ab, daß es sinnvoll wäre, hier ein eigenständiges Berufsbild und damit eine Berufswahlbeschränkung anzunehmen.

Ähnlich verhält es sich mit Tätigkeiten, die den Erwerb und die Weitergabe von embryonalen Stammzellen zu kommerziellen Zwecken umfassen. Ein verselbständigtes Berufsbild des Stammzellhändlers gibt es nicht, vielmehr handelt es sich auch bei Restriktionen des kommerziellen Handels mit embryonalen Stammzellen um Berufswahlbeschränkungen.

---

[515] seit BVerfGE 7, 377, 405 ff.; zur Kritik vgl. Sachs-*Tettinger*, Art. 12, Rn. 123 ff. sowie Dreier-*Wieland*, Art. 12, Rn. 105 ff.

[516] BVerfGE 9, 39, 48 ff. einerseits; BVerfGE 9, 73, 77 ff. andererseits

[517] Spiekerkötter, S. 34; Dressler, S. 122 f.

II. Bestimmung der Eingriffsintensität

Fraglich bleibt indes, ob die Erkenntnis, daß es sich bei den im Raum stehenden Vorschriften um Berufsausübungsregelungen handelt, die nach den vom BVerfG entwickelten Maßstäben durch vernünftige Gemeinwohlerwägungen legitimierbar sind,[518] wirklich entscheidende Maßstäbe für die Bestimmung der Eingriffsintensität zu liefern vermag. Anerkanntermaßen können Berufsausübungsregelungen durchaus von einer Intensität sein, die für den Betroffenen einer Berufswahlbeschränkung gleichkommt.[519] Das BVerfG hält in derartigen Fällen zwar an seinem Dreistufenmodell fest, stellt aber erhöhte Anforderungen an die Rechtfertigung.[520] Im Ergebnis kann das Dreistufenmodell also durchaus eine sinnvolle Funktion erfüllen, indem es die Intensität eines Einriffs indiziert.[521] In materieller Hinsicht entscheidend bleibt jedenfalls die Frage nach der Wahrung des rechtsstaatlichen Grundsatzes der Verhältnismäßigkeit, den das BVerfG durch die Entwicklung des Dreistufenmodells lediglich zu konkretisieren beabsichtigte.[522] Die hier in Rede stehenden Berufsausübungsregelungen sind nach alledem verfassungsgemäß, wenn ihre Eingriffsintensität in einem verhältnismäßigen Ausgleich mit den Gemeinwohlinteressen steht, aufgrund derer sich der Eingriff legitimieren läßt.

C. Verhältnismäßigkeit der Regelungen

Das Interesse, aufgrund dessen die Berufsausübung von Embryologen und Stammzellforschern durch Vorschriften wie die des ESchG und des StZG reglementiert wird, ist der Embryonenschutz als aus dem objektiv-rechtlichen Gehalt der Art. 1 I und 2 II 1 GG hergeleitetes Verfassungsgut (S. 143 ff.). Das besondere Gewicht dieses Verfassungsgutes legitimiert weitreichende Einschränkungen der Berufsausübung. Wenn bereits das schrankenlos verbürgte Grundrecht aus Art. 5 III 1 GG sich nicht unbegrenzt gegenüber dem Verfassungsprinzip des Embryonenschutzes durchzusetzen vermag, so gilt dies erst recht für Restriktionen der Freiheit der Berufsausübung. Insbesondere Restrikti-

---

[518] BVerfGE 7, 377, 405
[519] BVerfGE 33, 125, 161; 86, 28, 38; Jarass/Pieroth, Art. 12, Rn. 36; v.Münch/Kunig-*Gubelt*, Art. 12, Rn. 45
[520] BVerfGE 86, 28, 38 f.
[521] v.Mangoldt/Klein/Starck-*Manssen*, Art. 12 Abs. 1, Rn. 137
[522] Dreier-*Wieland*, Art. 12, Rn. 104

onen bezüglich Forschungsvorhaben, die im Zusammenhang mit der Embryonenforschung die Herstellung von Embryonen zu Forschungszwecken als Berufsausübung umfassen, können demnach damit gerechtfertigt werden, daß die außerordentlich hohe Intensität der Beeinträchtigung des Embryonenschutzes auch intensive Beschränkungen dieser Vorhaben bis hin zum gesetzlichen Verbot ermöglicht.

Problematisch sind allerdings Regelungen, durch die die Teilnahme an legalen Forschungstätigkeiten im Ausland kriminalisiert wird (der nachträglich gestrichene § 13 III StZG sollte dies eigentlich verhindern).[523] Wird einem Forscher auf diese Weise die Möglichkeit genommen, sich auf internationaler Ebene am wissenschaftlichen Erkenntnisgewinn für den Bereich seiner speziellen Qualifikation oder Berufsausrichtung zu beteiligen, berührt dies den inneren Bereich seiner beruflichen Tätigkeit. Solche Regelungen sind dementsprechend gesteigert rechtfertigungsbedürftig, und es ist sehr zweifelhaft, ob sich der deutsche Gesetzgeber sich noch im Rahmen des Verhältnismäßigen bewegt, wenn er die Tätigkeit inländischer Forscher massiv einschränkt, nur um zu verhindern, daß diese sich an ausländischen Forschungsvorhaben beteiligen, in deren Rahmen nach dort geltendem Recht legal gewonnene Stammzellen Verwendung finden.[524]

Die Betrachtung der berufsregelnden Komponente embryonenschutzrechtlicher Regelungen hat gezeigt, daß das Grundrecht aus Art. 12 I GG in diesem Bereich durchaus von Relevanz ist, wenngleich es keinen weitergehenden Schutz zu vermitteln vermag, als es durch Art. 5 III GG ohnehin geschieht. Insoweit sei daher auf die unten folgenden Ausführungen zur Verfassungsmäßigkeit des geltenden Rechts und möglicher Alternativmodelle verwiesen (S. 166 ff.).

§ 14 Rechtliche Probleme der Eizellspende für den Zellkerntransfer

Die Gewinnung von Stammzellen aus durch Zellkerntransfer geschaffenen Embryonen ist nicht möglich ohne die Verwendung menschlicher Eizellen.

---

[523] Schwarz, MedR 2003, 158, 159 ff.

[524] Wolfrum, BT A-Drs. 14-574f, S. 3 f.

A. Hintergrund der Problematik

Eizellen lassen sich nach dem gegenwärtigen Stand der Technik nur schwer für längere Zeit konservieren,[525] daher muß zwangsläufig auf frisch gewonnenes Material zurückgegriffen werden. Das Problem stellt sich bis auf weiteres deswegen in verschärfter Weise dar, weil die Technik des Zellkerntransfers noch wenig ausgereift ist und daher für jeden einzelnen Vorgang eine große Zahl von Eizellen benötigt werden wird; eine Umsetzung der Technik in die Praxis in relevantem Umfang würde die Nachfrage nach menschlichen Eizellen voraussichtlich wesentlich steigern und die ohnehin erheblichen Preise dafür weiter in die Höhe treiben.[526]

I. gesundheitliche Risiken

Für die potentiellen Eizellspenderinnen sind damit eine Reihe von Problemen verbunden. In gesundheitlicher Hinsicht handelt es sich dabei insbesondere um die Nebenwirkungen der Medikamente, die zur Anregung der beschleunigten und vermehrten Eizellproduktion eingesetzt werden.[527] Statistisch gesehen sind nach Lage der Dinge bei 10-20% der Spenderinnen zwar nicht lebensbedrohliche, das körperliche Wohlbefinden jedoch beeinträchtigende mittelschwere Hyperstimulationssyndrome zu erwarten. Bei einem weiteren Prozent kommt es zu ernsthaften Gesundheitsbeschädigungen.[528]

II. Instrumentalisierung der Spenderin?

Ein weiteres Problem ist in dem Verhältnis zwischen der Spenderin und dem das Verfahren durchführenden Mediziner zu sehen. Um den typischen Fall eines Arzt-/Patienten-Verhältnisses kann es sich dabei nicht handeln, denn die Prozedur dient in keiner Weise therapeutischen Zwecken zugunsten der Spenderin; eher scheint es einem Dienstleistungsverhältnis zu entsprechen. Andererseits ist die Eizellspende angesichts ihrer speziellen Risiken auch nicht etwa mit einer gewöhnlichen Blutspende zu vergleichen. Damit lassen sich die kritischen Stimmen erklären, die in diesem Zusammenhang vor einer Instrumentalisierung

---

[525] Mastroianni, ajob 2001, Vol. 1, Nr. 4, S. 28 f.
[526] Enquete-Schlußbericht, S. 37
[527] Mastroianni, ajob 2001, Vol. 1, Nr. 4, S. 28; Mullen, ajob 2001, Vol. 1, Nr. 4, S. 1c
[528] Sauer, ajob 2001, Vol. 1, Nr. 4, S. 1 f.

der Spenderin warnen.[529] Bevor allerdings eine so weitreichende Schlußfolgerung gezogen wird, sind zunächst die Motive der Eizellspenderinnen im Einzelnen zu betrachten.

Ursprünglich diente die Eizellspende im angelsächsischen Raum überwiegend der Gewinnung von Eizellen zu Fortpflanzungszwecken. Viele Spenderinnen erklärten sich daher aus altruistischen Zwecken zur Mitwirkung bereit. Allerdings ist es auch seit jeher üblich gewesen, die Eizellspenderin für die physischen und psychischen Beeinträchtigungen und Risiken materiell zu entschädigen. Zunächst bestand die Entschädigung oft in einer kostenlosen In-Vitro-Fertilisation (sogenanntes Egg-Sharing).[530] Gegenwärtig erfolgt der Ausgleich üblicherweise in hohen Geldbeträgen (weit über 5000 US-Dollar), teilweise wird Medizinstudentinnen als Spenderinnen sogar ein kostenloses Studienjahr gewährt. Es ist nach alledem davon auszugehen, daß materielle Vorteile nicht das einzige, aber ein wichtiges Motiv für die Bereitschaft zur Eizellspende sind.[531] Wenn dies so ist, dürften sich bei entsprechendem Einsatz finanzieller Anreize auch genügend Spenderinnen für die Eizellgewinnung zu Forschungszwecken finden lassen, wenn diese auch weder für die Spenderin noch für einen Dritten unmittelbaren therapeutischen Nutzen hat.

III. Rechtslage

Nach geltendem deutschem Recht sind der Eizellspende zu Forschungszwecken zumindest keine ausdrücklichen einfachgesetzlichen Grenzen gesetzt.[532] Es wird zwar pauschal auf die Geltung allgemeiner Regeln verwiesen, denen zufolge fremdnützige Eingriffe trotz Einwilligung nach Aufklärung rechts- bzw. sittenwidrig sein könnten, wenn nämlich unverhältnismäßige Belastungen zu erwarten sind.[533] Bei einer Eizellspenderin aber, die sich in vollem Bewußtsein der geschilderten Risiken dem Eingriff aussetzt, wird davon zumindest nicht in dieser Pauschalität die Rede sein können. Aus dieser Unklarheit ergibt sich ein rechtspolitischer Auftrag an den Gesetzgeber, sich der Problematik anzunehmen und

---

[529] Daar, ajob 2001, Vol. 1, Nr. 4, S. 19; Enquete-Schlußbericht, S. 37
[530] Nisker, ajob 2001, Vol. 1, Nr. 4, S. 22
[531] Braverman, ajob 2001, Vol. 1, Nr. 4, S. 16
[532] Höfling, S. 172; Enquete-Schlußbericht, S. 36
[533] Enquete-Schlußbericht, S. 36

die Voraussetzungen einer rechtmäßigen Eizellspende zu Forschungszwecken eindeutig zu regeln.

B. Verfassungsrechtlicher Rahmen

Allerdings sind dem Gesetzgeber bei der Regelung der Materie verfassungsrechtliche Grenzen gesetzt.

I. Eingriff in das Persönlichkeitsrecht

Die Verfügung eines Menschen über seine Keimzellen ist nicht nur durch die allgemeine Handlungsfreiheit (Art. 2 I GG), sondern speziell durch das allgemeine Persönlichkeitsrecht (Art. 2 I i.V.m. 1 I GG) geschützt.[534] Jede gesetzgeberische Restriktion der Eizellspende stellt daher einen Eingriff in das allgemeine Persönlichkeitsrecht der Spenderin dar und bedarf der Rechtfertigung. An die Rechtfertigung sind gesteigerte Anforderungen zu stellen, denn soweit die Verwendung der eigenen Keimzellen staatlich reglementiert wird, ist das Persönlichkeitsrecht nicht bloß peripher, sondern in besonders einschneidender Weise berührt.

II. Eingriffsrechtfertigung

In gewissem Umfang kann die Verpflichtung des Staates zum Schutz der Gesundheit der Spenderin (Art. 2 II GG) vor den genannten Risiken als Rechtfertigungsgrund dienen. Die Durchschlagskraft dieses Arguments ist jedoch begrenzt, sofern sich die Spenderinnen in vollem Bewußtsein dieser Risiken auf das Unterfangen einlassen. Rechtfertigungsfähig sind demnach jedenfalls Anforderungen an die Information, die der Einverständniserklärung der Spenderin vorausgeht. Rechtfertigungsfähig sind darüber hinaus gesetzgeberische Maßnahmen zur Minimierung des gesundheitlichen Risikos. Ein paternalistisch motiviertes vollständiges Verbot der Eizellspende zu Forschungszwecken als Schutz der potentiellen Spenderin vor sich selbst bleibt dem Gesetzgeber hingegen als Eingriff in den Kern des Persönlichkeitsrechts verwehrt.[535]

---

[534] vgl. Höfling, S. 156

[535] Merkel, S. 192, zum in diesem Zusammenhang ebenso zu konstatierenden „Maternalismus"

III. Spezieller Gleichheitssatz

Weiterhin stellen sich gesetzliche Regelungen der Materie vor dem Hintergrund der verfassungsrechtlichen Verpflichtung zur Gleichbehandlung der Geschlechter (Art. 3 II, III GG) als problematisch dar. Die Situation männlicher Samenzellspender und weiblicher Eizellspenderinnen ist grundsätzlich vergleichbar: Beide wollen körperliche Ressourcen zur Verfügung stellen, auf die sie verzichten können (daß die Natur mit männlichen Gameten verschwenderischer umgeht als mit weiblichen, ist insoweit unerheblich, da es allein auf den Willen und das Einverständnis der Spender ankommt). Eine Ungleichbehandlung männlicher Samenspender und weiblicher Eizellspenderinnen ist demzufolge unzulässig, sofern sie nicht zwingend erforderlich ist.[536] In diesem Sinne vermögen die speziellen gesundheitlichen Risiken der Eizellspende die Ungleichbehandlung in einem begrenzten Umfang durchaus zu rechtfertigen; ein vollständiges Verbot der Eizellspende wäre jedoch auch vor dem Hintergrund des speziellen Gleichheitsgebotes nicht haltbar.

C. Regelungsmöglichkeiten

Bei der Erwägung der gesetzgeberischen Regelungsmöglichkeiten diesseits eines vollständigen Verbots der Eizellspende stehen im Groben zwei verschiedene Modelle zur Auswahl.

I. Restriktiver Ansatz

Die restriktivere Variante besteht in einer Regelung vergleichbar mit § 8 TPG, der die ebenfalls fremdnützige Lebendspende von Organen zum Gegenstand hat und ihre Rechtmäßigkeit an das Vorliegen strenger Zulässigkeitsvoraussetzungen hinsichtlich der Information und Freiwilligkeit knüpft. Legitimieren lassen sich die restriktiven Kriterien mit dem Hinweis darauf, daß einerseits die Risiken der Eizellentnahme nicht mit denen von Organentnahmen gleichzusetzen sind, daß sie aber andererseits auch nicht der Abwehr einer konkreten Lebensgefahr dient.[537] Eine noch weiter an die Lebendspende von Organen angenäherte Regelung könnte in der Beschränkung von Eizellspenden auf persönlich Nahestehende bestehen, wobei sich der Gesetzgeber in diesem Bereich generell der

---

[536] Höfling, S. 170 ff.
[537] Höfling, S. 173

Gefahr sozialen Drucks auf Spenderin[538] bewußt sein und entsprechende Anforderungen an die Information und die Erklärung der Freiwilligkeit stellen muß.

II. Liberaler Ansatz

Alternativ zu diesen restriktiven Modellen kann sich der Gesetzgeber an der in den USA bestehenden und praktizierten Rechtslage orientieren. Dort wird die Eizellspende keineswegs bloß als altruistischer Akt (wie etwa die Lebendspende von Organen) verstanden, sondern der finanzielle Ausgleich spielt eine wesentliche Rolle. An sich gilt das Prinzip einer finanziellen Entschädigung als Ausgleich für die bewußte Hinnahme von Risiken als gesellschaftlich akzeptiert.[539] Um allerdings den Mißständen, die sich bei der Spendenpraxis in den USA hinsichtlich außerordentlich hoher Geldbeträge auf der einen und fragwürdigem Informationsniveau auf der anderen Seite offensichtlich eingestellt haben,[540] vorzubeugen, sind eine Reihe von Maßnahmen erwägenswert. In der Debatte ist eine betragsmäßige Begrenzung der Aufwandsentschädigung vorgeschlagen worden.[541] Dem wird zwar entgegengehalten, wenn der Entschluß zugunsten der Möglichkeit einer finanziellen Entschädigung grundsätzlich gefallen sei, könne ihre Höhe nicht mehr von ausschlaggebender ethischer Relevanz sein; es sei daher vorzugswürdig, ihre Bestimmung dem Markt zu überlassen.[542] Gleichwohl ist bei Beträgen von einer gewissen Größenordnung an nicht auszuschließen, daß die Bereitschaft zur Eizellspende voreilig und ohne ausreichende Würdigung der Risiken erklärt wird, so daß vor diesem Hintergrund ein Ausschluß zumindest exorbitant hoher Entschädigungsbeträge geboten scheint.

III. Schutzmechanismen

Unabhängig davon, welche der geschilderten Varianten zur Grundlage einer neuen Gesetzgebung für die Materie der Eizellspende zu nicht-reproduktiven Zwecken gemacht wird, sollten in jedem Fall auch weitere Verbesserungsvorschläge Berücksichtigung finden, die sich bei der bereits länger andauernden Debatte in den USA herausgebildet haben. Hinsichtlich der Information, die Grundlage für jede freiwillige Entscheidung über eine Eizellspende zu sein hat,

---

538 Enquete-Schlußbericht, S. 37

539 Berg, ajob 2001, Vol. 1, Nr. 4, S. 18

540 ausführlich Gurmankin, ajob 2001, Vol. 1, Nr. 4, S. 3 ff.

541 Gurmankin, ajob 2001, Vol. 1, Nr. 4, S. 12; Kahn, ajob 2001, Vol. 1, Nr. 4, S. 14

ist generell eine Verbesserung des Informationsniveaus in der Öffentlichkeit erstrebenswert.[543] Um individuell ein angemessenes Informationsniveau der potentiellen Spenderin zu gewährleisten, bietet sich insoweit die Verwendung standardisierten Informationsmaterials an.[544]

Was die Durchführung der Eizellspende selbst angeht, so ist diese unter den Vorbehalt der Einhaltung allgemeingültiger, von Sachverständigen ausgearbeiteter Richtlinien zu stellen.[545] Dazu könnte das Erfordernis der Durchführung der Eizellspende durch Mediziner gehören, die zu den potentiellen Eizellerwerbern in keiner Beziehung stehen.[546] Für unerläßlich im Sinne einer Begrenzung der gesundheitlichen Risiken auf ein vertretbares Maß wird aus medizinischer Sicht schließlich die zahlenmäßige Begrenzung der Eizellspenden gehalten, der sich eine Person im Laufe ihres Lebens unterziehen darf.[547]

D. Zwischenergebnis

Ein vollständiges Verbot der Eizellspende zu nichtreproduktiven Zwecken würde aus den genannten Gründen einen Verstoß gegen Grundrechtspositionen der spendewilligen Personen darstellen. Allerdings wäre auch ein Verzicht des Gesetzgebers auf jedwede Regelung der Materie verfassungsrechtlich problematisch. Die dem Staat obliegende Schutzpflicht für die Gesundheit der Gametenspenderinnen kann sich angesichts der dargestellten speziellen Risiken nicht darin erschöpfen, es bei den allgemeinen Regeln über die Einwilligung zu ärztlichen Eingriffen und deren sachgerechter Durchführung bewenden zu lassen. Vielmehr ist ein effektiver Gesundheitsschutz für die Spenderinnen nur durch ein auf die spezielle Problematik abgestimmtes Informations- und Verfahrenskonzept gewährleistet. Hinsichtlich dessen Ausgestaltung sind keine konkreten verfassungsrechtlichen Vorgaben ersichtlich, seine Wirksamkeit ist jedoch Voraussetzung für die Vermeidung eines Verstoßes gegen das Untermaßverbot mit Hinblick auf die Gesundheitsschutzpflicht.

---

542 Stock, ajob 2001, Vol. 1, Nr. 4, S. 27
543 Dresser, ajob 2001, Vol. 1, Nr. 4, S. 15; White, ajob 2001, Vol. 1, Nr. 4, S. 29
544 Daar, ajob 2001, Vol. 1, Nr. 4, S. 20
545 Cohen, ajob 2001, Vol. 1, Nr. 4, S. 21
546 Mastroianni, ajob 2001, Vol. 1, Nr. 4, S. 29
547 Thomasma, ajob 2001, Vol. 1, Nr. 4, S. 1b; Daar, ajob 2001, Vol. 1, Nr. 4, S. 20

Zwischen den beiden verfassungsrechtlich unhaltbaren Extrempositionen eines vollständigen Verbots von Eizellspenden zu nichtreproduktiven Zwecken einerseits und einem Verzicht auf jegliche gesetzlich geregelte Vorkehrungen zugunsten des Gesundheitsschutzes der Spenderinnen andererseits steht dem Gesetzgeber ein weiter Regelungsspielraum zur Verfügung. Es steht ihm insbesondere zu, durch eine präzise Normierung der Voraussetzungen einer rechtmäßigen Eizellspende zu Forschungszwecken die Gewinnung der für den Zellkerntransfer benötigten Eizellen zu ermöglichen. Die Alternativen bestehen in einem Import der Eizellen aus dem Ausland (dessen Rechtmäßigkeitsvoraussetzungen ebenfalls einer eindeutigen Regelung bedürfen) oder in einem Verzicht auf die Nutzung dieser Technologie in Deutschland.

Kapitel 6: Konsequenzen

§ 15 Maßgebliche Kriterien für die Rechtsetzung

Die Betrachtung des verfassungsrechtlichen Hintergrundes, vor dem sich jede Rechtsetzung im Bereich des deutschen Embryonenschutzrechts zu bewegen hat, hat gezeigt, daß dem Gesetzgeber ein breiter Spielraum offensteht. Die wesentlichen äußeren Grenze, die er dabei zu wahren hat, sind durch Verfassungsprinzipien wie der Verhältnismäßigkeit und der Bestimmtheit der Normen vorgegeben, welche ihm eine umfassende und an sachgerechten Kriterien angelehnte Abwägungsentscheidung abverlangen.

A. Der Spielraum des Gesetzgebers zugunsten effizienter Regelungen

Wenn und soweit also der Gesetzgeber gehalten ist, seinen ihm zur Verfügung stehenden breiten Spielraum zu nutzen, so wird er vor der Aufgabe stehen, sich einer Vielzahl von Einzelfragen anzunehmen, was bei der Darstellung der geltenden Rechtslage bereits deutlich geworden ist. Für die Effizienz des sich aus diesen Einzelheiten ergebenden Embryonenschutzrechts ist dabei von zentraler Bedeutung, daß es jenseits aller notwendigen Details ein schlüssiges Gesamtkonzept erkennbar wird. Dies gilt um so mehr angesichts dessen, daß, wie ebenfalls bei der Betrachtung der bestehenden Regelungen bereits deutlich geworden ist, es sich um eine Materie handelt, deren tatsächlicher Hintergrund einem ständigen Wandel sowohl durch technische Neuerungen als auch durch soziale Prozesse wie Veränderungen des jeweiligen Zeitgeistes auf der Grundlage des bioethischen Diskurses unterworfen ist.

B. Effizienz durch Akzeptanz

Das Maß der praktischen Effizienz eines solchen Gesamtkonzepts des Embryonenschutzes durch die Rechtsordnung bestimmt sich ganz wesentlich nach seiner tatsächlichen Akzeptanz. Soweit das vom Gesetzgeber verfolgte Konzept mit Restriktionen verbunden ist, die Bereitschaft der davon Betroffenen, sich diesen zu unterwerfen, um so größer sein, je einsehbarer für sie die Motivation für die Normierung der Restriktionen erscheint. Umgekehrt ist auch für die Akzeptanz von Liberalisierungen maßgeblich, daß diejenigen, die sie aus ethischen und politischen Erwägungen heraus nicht für richtig halten, erkennen können, daß die fraglichen Liberalisierungen nicht Schritte auf einer „schiefen Ebene" mit unweigerlichen Konsequenzen darstellen, sondern Elemente zur Verwirklichung eines wenn nicht konsensfähigen, dann doch allgemein nachvollziehbaren embryonenschutzrechtlichen Gesamtkonzepts.

C. Akzeptanz durch Konsistenz

Aus der sich so ergebenden Notwendigkeit, akzeptanzfähige Regelungen hervorzubringen, folgt die innere Konsistenz als Wesensmerkmal eines nachvollziehbaren, akzeptanzfähigen und damit effizienten Embryonenschutzrechts. Die Vermeidung von Wertungswidersprüchen im Bereich des Embryonenschutzrechts ist daher zwingend geboten, weil sie der Akzeptanz und daher der Funktionsfähigkeit der darin enthaltenen Restriktionen und Liberalisierungen entgegensteht. Die Darstellung des verfassungsrechtlichen Hintergrundes und der insoweit vertretenen Grundpositionen hat gezeigt, daß sich die Postulierung von Grundrechten für Embryonen im frühesten Stadium ihrer Entwicklung kaum ohne solche inneren Widersprüche durchhalten läßt; wollte man dies tun, wäre eine Reihe von politisch nicht mehrheitsfähigen grundlegenden Veränderungen in den Bereichen Fortpflanzungsmedizin, Empfängnisverhütung und Schwangerschaftskonflikt erforderlich, die an parlamentarischen Mehrheiten vorbei qua Verfassung durchgesetzt werden müßten – eine Vorstellung, die einem freiheitlich-demokratischen Staatswesen wesensfremd ist.

§ 16 Verfassungsmäßigkeit geltender und weitergehender Restriktionen

Den oben (S. 146 ff.) entwickelten Grundsätzen zufolge ist für die Verfassungsmäßigkeit der im deutschen Embryonenschutzrecht enthaltenen Restriktionen die Frage entscheidend, ob sie mit den aus Art. 20 III GG folgenden rechtsstaatlichen Prinzipien vereinbar sind.

A. Bestimmtheit

Als problematisch vor dem Hintergrund des rechtsstaatlichen Gebots der Bestimmbarkeit von Normen haben sich insbesondere diejenigen Normen des ESchG von 1990 erwiesen, die dem heutigen Stand der Wissenschaft und Technik nicht mehr uneingeschränkt Rechnung zu tragen vermögen.

I. Verbot des Zellkerntransfers

Die Auffassung der herrschenden Meinung, die den Zellkerntransfer als Klonen im Sinne des § 6 I ESchG einordnet, ist mit dem strafrechtlichen Analogieverbot (Art. 103 I) unvereinbar (S. 66). Allerdings wäre es dem Gesetzgeber ohne größere Schwierigkeiten möglich, diesen Mißstand durch eine präzisierende Neufassung des § 6 I ESchG zu beheben. Eine aus heutiger Sicht sehr restriktive Möglichkeit bestünde darin, den Zellkerntransfer zur Erzeugung menschlicher Embryonen ausdrücklich zu verbieten.[548] Angesichts der unabsehbaren Weiterentwicklungen auf dem Gebiet der Biotechnologie liegt es jedoch nahe, als Voraussetzungen des Verbotstatbestandes nicht einzelne technische Verfahrensweisen zu normieren, die in einigen Jahren schon wieder überholt sein könnten, sondern an das angestrebte Ergebnis der Erzeugung eines Embryos oder eines Menschen anknüpft, dessen Zellkerngenom mit dem eines lebenden oder toten menschlichen Wesens identisch ist. Als Vorbild kann insoweit der Wortlaut des Art. 1 des Zusatzprotokolls zum Verbot des Klonens menschlicher Lebewesen dienen, welcher eine Legaldefinition der genetischen Identität enthält, derzufolge darunter die Gemeinsamkeit des Zellkerngenoms zu verstehen ist.[549] Falls der Gesetzgeber den somatischen Zellkerntransfer zu Forschungszwecken nicht verboten wissen will, müßte er das Verbot an die Implantation eines so erzeugten Embryos oder seine Erhaltung über einen bestimmten Zeitpunkt der Embryonalentwicklung hinaus (wie etwa in Großbritannien) knüpfen.

II. Embryonenbegriff

Probleme hinsichtlich der Bestimmbarkeit von Normen sind auch im Zusammenhang mit der Begriffsbestimmung des Embryos in § 8 ESchG deutlich geworden, da diese Norm nach herrschender Auffassung keinen abschließenden Charakter hat und die Verbotsbestimmungen des ESchG daher auch für Embryonen gelten, die anders als durch Befruchtung entstanden sind, obwohl dies nirgendwo eindeutig geregelt ist. Vorzugswürdig im Sinne des Bestimmtheitsgebotes wäre ein klarer und einheitlicher Embryonenbegriff,[550] der zugleich auch für Spezialgesetze wie das StZG maßgeblich wäre und der für alle Embryonen ohne Unterschied hinsichtlich der Art ihrer Entstehung Geltung be-

---

548 Witteck/Erich, MedR 2003, 258, 262

549 Kienle, ZRP 1998, 186, 187; Winter, Rn. 180

anspruchen würde. Für Embryonen, die durch Befruchtung zur Entstehung gelangen, hätte die Begriffsbestimmung dann die Funktion, eine Abgrenzung zwischen dem weniger schutzwürdigen Vorkernstadium und dem schützenswerteren Embryonalstadium herzustellen. Hinsichtlich der auf andere Weise erzeugten Embryonen stünde der Gesetzgeber vor der Schwierigkeit, einen allgemeingültigen, eindeutig nachvollziehbaren Zeitpunkt für den Beginn der erhöhten Schutzwürdigkeit festzusetzen; möglich wäre ein Anknüpfen an den Beginn der ersten mitotischen Teilung als naturwissenschaftlich abgrenzbare Tatsache, allerdings nur um den Preis der Aufgabe der Vorstellung von der Totipotenz als maßgeblichem Kriterium der Schutzwürdigkeit.

Die Anpassung des Wortlautes von embryonenschutzrechtlichen Normen an den aktuellen Stand von Wissenschaft und Technik ist nach alledem nicht nur aus rechtspolitischer Sicht wünschenswert. Nach den eingangs festgestellten Kriterien an ein den verfassungsrechtlichen Anforderungen genügendes Embryonenschutzrecht kommt den Kategorien der Normklarheit und der Normkonsistenz insoweit konstitutive Bedeutung zu, da sie entscheidend für die Akzeptanz- und damit auch die Funktionsfähigkeit des Regelwerks sind.

III. Ethische Vertretbarkeit

Schließlich enthält § 6 IV Nr. 2 StZG mit dem Terminus der ethischen Vertretbarkeit einen unbestimmten Rechtsbegriff. Als solcher läuft er dem Bestimmtheitsgrundsatz nicht zuwider, soweit er für den Normadressaten bestimmbar ist.[551] Dafür spricht, daß der Wortlaut der Vorschrift im Gegensatz zum ersten Entwurf dahingehend präzisiert wurde, daß die ethische Vertretbarkeit nun mit der Erfüllung der Voraussetzungen nach § 5 StZG im Zusammenhang steht. Gemäß § 9 StZG kann der Normadressat auch darauf vertrauen, daß dies die Grundlage der Überprüfung und Bewertung des Genehmigungsantrags durch die Zentrale Ethik-Kommission darstellt. Auch § 6 IV Nr. 2 StZG ist daher trotz seiner Unbestimmtheit mit rechtsstaatlichen Grundsätzen vereinbar.

---

[550] Voss, S. 166; Renzikowski, BT A-Drs. 14-574d, S. 3
[551] Benda, BT A-Drs. 14-574c, S. 5

B. Verhältnismäßigkeit

Aus dem Verhältnismäßigkeitsgrundsatz ergibt sich den oben (S. 146 ff.) entwickelten Maßstäben zufolge der Auftrag an den Gesetzgeber, einen Ausgleich zwischen den widerstreitenden Verfassungsgütern im Wege der praktischen Konkordanz herzustellen. Ihm steht dabei, was die Gewichtung der Verfassungsgüter im Einzelnen angeht, ein breiter Gestaltungsspielraum offen, sofern er sich bei seiner Entscheidungsfindung an sachgerechten Differenzierungskriterien orientiert.

I. Verbot embryonenverbrauchender Forschung

Die Ausgestaltung der Normen des ESchG zeigt, daß der Gesetzgeber in den dort geregelten Belangen dem Embryonenschutz ein außerordentlich hohes Gewicht beigemessen hat;[552] das wird schon an der Fülle von strafbewehrten Verboten deutlich. Die grundrechtlich geschützten Interessen der Forschenden müssen demgegenüber zurücktreten. Grundsätzlich ist dies mit Hinblick auf die Verfassungsmäßigkeit der Konkordanzabwägung nicht zu beanstanden, denn in vielen im ESchG geregelten Bereichen schließen Embryonenschutz und Forschungsinteressen einander aus; der Gesetzgeber kann sich insoweit demgemäß nur dafür entscheiden, demjenigen Verfassungsgut, dem er hinsichtlich des konkreten Regelungsgegenstandes das höhere Gewicht beimißt, den Vorrang gegenüber anderen Interessen einzuräumen.

Anhand des § 2 I ESchG läßt sich die Wertentscheidung des Gesetzgebers beispielhaft verdeutlichen: Wenn Embryonen nur zu ihrer Erhaltung dienenden Zwecken Verwendung finden dürfen, läßt dies erkennen, daß der Gesetzgeber dem Embryonenschutz einen so hohen Stellenwert eingeräumt hat, daß embryonenverbrauchende Forschungsvorhaben gänzlich ausgeschlossen sind.[553] Problematisch und der näheren Betrachtung bedürftig ist das Fehlen von Differenzierungen: es hätte danach differenziert werden können, ob es sich um redundante Embryonen handelt oder um solche, die noch eine Entwicklungschance haben.[554] Fraglich ist, ob der Verzicht auf die Vornahme solcher Differenzierungen für eine sachwidrige Entscheidung spricht, oder ob es dem Gesetzgeber frei

---

552 vgl. auch BT-Drs. 13/11263, S. 6
553 BR-Drs. 417/89, S. 22
554 Gethmann, DRiZ 2002, 204, 207

steht, den Embryonenschutz so hoch zu gewichten, daß in allen Konstellationen embryonenverbrauchende Forschungsvorhaben verboten werden. Zunächst hat die Bestimmung des Gewichts, mit dem die Verfassung die widerstreitenden Rechtsgüter Forschungsfreiheit und Embryonenschutz ausstattet, ergeben, daß keinem von beiden ein prinzipieller Vorrang zukommt, was wiederum eine Wertungsprärogative des Gesetzgebers indiziert. Der Verzicht auf eine fehlende Differenzierung zwischen redundanten Embryonen und solchen, denen noch eine Entwicklungsmöglichkeit offensteht, ist zulässig, weil er aus einem abstrakten Prinzip folgt, nämlich aus der vom Gesetzgeber des ESchG postulierten prinzipiellen Versagung der fremdnützigen Embryonenverwendung. Wenn der Gesetzgeber das objektive Verfassungsprinzip des Embryonenschutzes so hoch bewertet, daß seiner Wertung zufolge das genannte Unterprinzip sich unmittelbar daraus ergibt, muß dies zusammen mit den daraus folgenden Beschränkungen des widerstreitenden Verfassungsgutes, der Forschungsfreiheit, als souveräne gesetzgeberische Entscheidung hingenommen werden, da die Forschungsfreiheit als widerstreitendes Verfassungsgut insoweit vom Gesetzgeber zwar wahrgenommen und auch in eine Abwägungsentscheidung eingestellt wird, im Ergebnis jedoch nach dem gesetzgeberischen Willen zurücktreten muß. Der Verzicht auf ein sachgerechtes Differenzierungskriterium begründet nach alledem letztendlich keine sachwidrige Entscheidung.

Auf vergleichbare Weise läßt sich die Verhältnismäßigkeit des in § 1 I Nr. 2 ESchG enthaltenen vollständigen Verbots der Erzeugung von Embryonen zu Forschungszwecken hinterfragen. Der Schutz von Embryonen vor ihrer Vernichtung im Rahmen von Forschungsprojekten läßt sich nur dadurch verhindern, daß bereits ihre Erzeugung zu Forschungszwecken ausgeschlossen wird. Wenn der Gesetzgeber diesem Schutz einen derart prinzipiellen Vorrang vor den Forschungsinteressen einräumt,[555] könnte ihm also der Vorwurf der Unverhältnismäßigkeit mit Hinblick darauf entgegengebracht werden, daß damit die Forschungsarbeit in Deutschland, soweit sie die Produktion von Embryonen umfaßt, nicht mehr legal möglich ist. Auch hier hat der Gesetzgeber das Verfassungsgut der Forschungsfreiheit gegen ein nach seinem Verständnis aus dem Verfassungsgut des Embryonenschutzes folgendes Prinzip, nämlich das des Ausschlusses der Verzweckung menschlichen Lebens durch seine Produktion

[555] BR-Drs. 417/89, S. 15

nicht um seiner selbst willen, in eine Abwägung eingestellt. Wenn er dabei zum Ergebnis kommt, dieses Prinzip sei so bedeutsam, daß die Forschungsfreiheit demgegenüber zurücktreten muß, so tut er nichts anderes als das, was ihm dem oben gesagten zufolge bei der Herstellung des Ergebnisses einer Konkordanzabwägung zusteht: Er stellt die widerstreitenden Verfassungsgüter gegenüber und trifft eine souveräne Wertungsentscheidung. Da wiederum dem oben gesagten entsprechend gilt, daß ein prinzipieller Vorrang für eines der beiden Verfassungsgüter der Verfassung nicht unmittelbar zu entnehmen ist, kann das vom Gesetzgeber so hergestellte Ergebnis insoweit nicht als unverhältnismäßig verfassungsrechtlich beanstandet werden.

Anders wäre es nur, wenn der Gesetzgeber bei seiner Abwägungsentscheidung die inneren Entscheidungsgrenzen verletzt hätte, wenn er also innere Widersprüche herbeigeführt oder auf sachwidrige Kriterien zurückgegriffen hätte, was den vorangegangenen Betrachtungen zufolge hinsichtlich der hier zur Prüfung stehenden Normen des ESchG nicht der Fall ist. Ebensowenig sind die äußeren Entscheidungsgrenzen verletzt, da die Forschungsfreiheit nicht in ihrem Wesensgehalt (S. 149) beeinträchtigt ist.

II. Importbeschränkungen

Während also die Normen des ESchG, die den Embryonenverbrauch und die Embryonenproduktion zu Forschungszwecken verbieten, trotz ihrer einschränkenden Wirkung für die Forschungsinteressen dem Verhältnismäßigkeitsgebot genügen, weil sie dem vom Gesetzgeber mit einem außerordentlichen hohen Rang versehenen Embryonenschutz dienen, könnte die Betrachtung des StZG zu anderen Ergebnissen führen. Schutzzweck des StZG ist nicht der Schutz von Embryonen im Geltungsbereich des Gesetzes, sondern in erster Linie die Vermeidung von Stammzellgewinnung oder Embryonenproduktion zur Stammzellgewinnung aufgrund deutscher Nachfrage.[556] Auf der anderen Seite ist der Import von Stammzellen zu Forschungszwecken grundrechtlich geschützt,[557] weshalb sich der Gesetzgeber für die Konstruktion eines Verbots mit Erlaubnisvorbehalt entschieden hat. Fraglich ist jedoch, ob die Voraussetzungen, bei deren Vorliegen ein Anspruch auf Genehmigungserteilung besteht, dem Verhält-

[556] vgl. § 1 Nr. 2 StZG
[557] BT-Drs. 14/8846, S. 11

nismäßigkeitsgrundsatz genügen. Das ist jeweils nur dann der Fall, wenn sie Schutzzwecken dienen, die innerhalb einer sachgerechten Abwägung nicht außer Verhältnis zu den beeinträchtigten Verfassungsgütern stehen.

1. Herkunft der Embryonen und Verhinderung der Kommerzialisierung

§ 4 II Nr. 1 lit. b StZG soll sicherstellen, daß nur redundante Embryonen aus der Reproduktionsmedizin zur Herstellung der Stammzellen Verwendung gefunden haben. Damit soll verhindert werden, daß in Deutschland Forschung mit Stammzellen betrieben wird, die aus Embryonen stammen, deren Herstellung zu Forschungszwecken der Gesetzgeber für verwerflich hält. Zusätzlich wird festgelegt, daß die redundanten Embryonen nicht als Ergebnis einer vom Gesetzgeber ebenfalls für verwerflich erachteten Präimplantationsdiagnostik entstanden sein dürfen; zumindest dürfen keine dahingehenden Anhaltspunkte ersichtlich sein.[558] § 4 II Nr. 1 lit. b StZG dient damit nicht dem Embryonenschutz im Ausland, denn die betroffenen Embryonen sind bereits vernichtet, und neue Stammzell-Linien, auf die die genannten Kriterien zutreffen, dürfen schon wegen der Stichtags-Regelung (§ 4 II Nr. 1 lit. a StZG) nicht importiert werden;[559] Schutzzweck ist vielmehr die Durchsetzung eines ethischen Prinzips, demzufolge in Deutschland nicht mit Stammzellen geforscht werden soll, die auf verwerfliche Weise gewonnen wurden. Diesem Zweck aber kann der Gesetzgeber bei sachgerechter Betrachtung nicht das gleiche Gewicht beimessen wie dem Ziel des Schutzes von Embryonen im Ausland.[560] Der Verfassungsrang des genannten Schutzgutes läßt sich jedoch über einen nachwirkenden Würdeschutz für ausländische Embryonen vor derartigen für verwerflich gehaltenen Verwendungen sowie einen vorwirkenden Schutz zur Verhinderung eines Produktionsanreizes aufgrund von Importbestrebungen konstruieren.[561] Auf der anderen Seite wiegt auch die Beeinträchtigung der Forschungsinteressen durch die Vorschrift nicht besonders schwer, denn die für den Import bereitstehenden Stammzellen genügen soweit ersichtlich mehrheitlich den genannten Kriterien. § 4 II Nr. 1 lit. b StZG stellt daher keine unverhältnismäßige Beeinträchtigung von Verfassungsgütern dar.

---

[558] BT-Drs. 14/8846, S. 13
[559] Taupitz, BT A-Drs. 14-574e, S. 6 ff.
[560] Löwer, BT A-Drs. 14-574l, S. 9
[561] MDHS-*Herdegen*, Art. 1 Abs. 1, Rn. 108

Der Schutzzweck des § 4 II Nr. 1 lit. c StZG ist demgegenüber bei objektiver Betrachtung höher zu bewerten: Die Vorschrift dient der Verhinderung einer Kommerzialisierung von Embryonen und will damit Anreizen aus Deutschland für die Etablierung eines Embryonenhandels im Ausland vorbeugen.[562] Schutzgut sind insoweit also nicht nur ethische Prinzipien, sondern tatsächlich Embryonen im Ausland. Die dadurch beeinträchtigten Forschungsinteressen fallen demgegenüber wiederum nicht erheblich ins Gewicht, denn es stehen derzeit soweit ersichtlich ausreichend Stammzellen für den Import zur Verfügung, die nicht aus derart kommerzialisierten Embryonen gewonnen wurden.

2. Beschränkung auf hochrangige Forschungsziele und Subsidiarität

Die in § 5 Nr. 1 StZG normierte Beschränkung auf hochrangige Forschungsziele stellt für alle Forschungsvorhaben, die sich den dort genannten Kriterien nicht zuordnen lassen, einen intensiven Eingriff dar, denn ihnen bleibt die Verwendung importierter embryonaler Stammzellen verwehrt, so daß sie unter Umständen nicht mehr durchführbar sind. Andererseits steht es dem Gesetzgeber zu, bei der Gewichtung der Forschungsinteressen nach der Zielsetzung des jeweiligen Forschungsvorhabens zu differenzieren.[563] Problematisch erscheint jedoch, daß nicht in diesem Sinne hochrangigen Forschungsprojekten der Zugriff selbst auf solche embryonale Stammzellen verwehrt bleibt, die ansonsten sämtlichen Anforderungen des StZG, insbesondere im Hinblick auf ihre Gewinnung genügen. Das Schutzgut der Regelung kann insoweit nur abstrakt mit der quantitativen Begrenzung des Stammzellimports und der qualitativen Begrenzung der Verwendung der Stammzellen umrissen werden. Dabei handelt es sich zwar durchaus um legitime Zwecksetzungen, denn sie dienen zumindest im Ergebnis der besseren Kontrollierbarkeit der Forschung mit ES-Zellen. Fraglich ist allerdings, ob sich für diese legitimen Zwecksetzungen auch ein Verfassungsrang begründen läßt, welcher den damit verbundenen Eingriff in das Forschungsfreiheitsgrundrecht zu legitimieren vermag.[564] Insoweit muß sich der Gesetzgeber zur Rechtfertigung seiner Restriktionen wiederum auf die Konstruktion eines präventiven Würdeschutzes für ausländische Embryonen zurückziehen: Die ausländischen Embryonen werden nicht vor ihrer Entstehung, was sinnwidrig wäre,

---

[562] Taupitz, BT A-Drs. 14-574e, S. 6
[563] Püttner, S. 83
[564] eher ablehnend etwa MDHS-*Herdegen*, Art. 1 Abs. 1, Rn. 109

sondern vor ihrer Nutzung zur Stammzellgewinnung aufgrund unkontrollierter Nachfrage aus Deutschland geschützt.

Für die Verhältnismäßigkeit der Vorschrift spricht aber, daß nicht wie im ersten Gesetzentwurf vorgesehen die Hochrangigkeit des Forschungsvorhabens als solche, sondern ihre wissenschaftlich begründete Darlegung für die Genehmigung vorausgesetzt wird,[565] denn damit bleibt die Einschätzung des Grundrechtsträgers und nicht der Genehmigungsbehörde maßgebend, er muß sie nur den Anforderungen entsprechend darlegen. Die Eingriffsintensität ist also in einem Maße abgemildert, das selbst die geschilderten Schwächen des konstruierten Schutzgutes vertretbar erscheinen läßt.

Als deutlich geringer ist die Eingriffsintensität bezüglich § 5 Nr. 2 StZG einzuschätzen: Die Norm sieht lediglich eine Subsidiarität der Forschung mit ES-Zellen vor und entscheidet somit nicht über das „ob", sondern nur über das „wie" eines Forschungsvorhabens, um vermeidbare Nachfrage nach embryonalen Stammzellen von vornherein zu begrenzen.[566] Zusätzlich gilt auch hier, daß im Sinne der Verhältnismäßigkeit den Anforderungen des Gesetzgebers Genüge getan ist, wenn die entsprechenden Fakten wissenschaftlich begründet dargelegt wurden.

3. Stichtagsregelung

Bei der Frage nach der Eingriffsintensität der in § 4 II Nr. 1 lit. a enthaltenen Stichtagsregelung muß differenziert werden. Derzeit werden Forschungsinteressen dadurch zumindest nicht massiv beeinträchtigt, da in zahlreichen Ländern importfähige Stammzellen vorhanden sind, die auch der Stichtagsregelung entsprechen. Die Regelung dient dem Schutz von ausländischen Embryonen wiederum nicht vor ihrer Entstehung, was keinen Sinn machen würde, sondern vor Verwendung zur Stammzellgewinnung aufgrund deutscher Nachfrage[567] und damit einem Ziel, das vom Gesetzgeber als besonders hochwertig eingeschätzt wird. Den gegenwärtigen Stand vorausgesetzt, ist die Stichtagsregelung daher nicht unverhältnismäßig. Allerdings werden nicht unbegrenzt brauchbare Stammzellen zur Verfügung stehen, die vor dem Stichtag gewonnen wurden.

---

[565] vgl. Wolfrum, BT A-Drs. 14-574f, S. 2 f.
[566] BT-Drs. 14/8394, S. 9; Gehrlein, NJW 2002, 3680, 3681
[567] BT-Drs. 14/8394, S. 9; Raasch, KJ 2002, 285, 290; Faßbender, MedR 2003, 279, 283

Von diesem Zeitpunkt an wird die Stichtagsregelung faktisch wie ein Verbot des Stammzellimports wirken, und der Gesetzgeber wird sich dann vor die Notwendigkeit gestellt sehen, aus Gründen der Verhältnismäßigkeit die Regelung etwa im Sinne einer dynamischen Stichtagsbestimmung zu lockern und so an die neuen Gegebenheiten anzupassen.[568]

§ 17 Liberalisierungen

Abgesehen von den geschilderten Problembereichen ist es dem Gesetzgeber also gelungen, die Materie des Embryonenschutzes und der Forschung mit embryonalen Stammzellen einer verfassungskonformen Regelung zuzuführen. Allerdings muß die so gefundene Lösung keineswegs die einzige sein, die den vom Grundgesetz vorgegebenen Maßstäben zu genügen vermag. Nachfolgend sind daher die von ausländischen Gesetzgebern erarbeiteten liberaleren Regelungen und Regelungsmodelle auf ihre Vereinbarkeit mit den Maßstäben des deutschen Verfassungsrechts zu überprüfen, um die Frage zu klären, inwieweit sie auch dem deutschen Gesetzgeber als Vorbild für eine Neuregelung der Materie dienen können.

A. Embryonenschutz durch Verfahren (Großbritannien)

Der britische Act 1990 weist in seiner Systematik zahlreiche Parallelen zu deutschen Verwaltungsgesetzen auf; insoweit kommt eine Leitbildfunktion dieses Regelwerks also durchaus in Betracht. Die weitaus gravierenderen Konflikte könnten sich jedoch in materieller Hinsicht ergeben. Daß der Präimplantations-Embryo nach britischem Recht im Vergleich zur deutschen Rechtslage nur einen geringen rechtlichen Schutz genießt, ist nicht das zentrale Problem. Denn angesichts des breiten gesetzgeberischen Spielraums bei der Konkordanzabwägung zwischen Embryonenschutz und Forschungsfreiheit könnte durchaus auch dem deutschen Gesetzgeber die Möglichkeit offenstehen, bei Anwendung sachgerechter Differenzierungskriterien zu einer Lösung zu kommen, die ähnlich wie in Großbritannien den Verbrauch oder sogar die Erzeugung von Embryonen zugunsten der Durchführung hochrangiger Forschungsvorhaben gestattet.

Allerdings ist für das britische Embryonenschutzrecht charakteristisch, daß sich der Gesetzgeber, was die Einzelheiten der beschriebenen Abwägungsentschei-

---

[568] Kloepfer, JZ 2002, 417, 427; Löwer, BT A-Drs. 14-5741, S. 8

dung angeht, sehr stark zurückgehalten hat. Dem Act 1990 liegt vielmehr das Konzept zugrunde, den zu erreichenden Interessenausgleich erst durch das konkrete Verwaltungsverfahren als solches herzustellen.[569] Vor dem Hintergrund des deutschen Verfassungsrechts ist ein solches Vorgehen jedoch problematisch mit Hinblick auf den Wesentlichkeitsvorbehalt. Das BVerfG leitet aus dem Rechtsstaats- und Demokratieprinzip die Verpflichtung des Gesetzgebers her, die wesentlichen Fragen selbst gesetzlich zu regeln.[570] Wesentlich in diesem Sinne sind nicht nur Entscheidungen, die Grundrechtspositionen berühren, sondern auch allgemein solche, die für das Gemeinwesen von grundlegender Bedeutung sind.[571] Der deutsche Gesetzgeber unterliegt also verglichen mit seinem britischen Pendant weiterreichenden verfassungsrechtlichen Beschränkungen, was die Delegation von Entscheidungen über bedeutsame Fragen auf die Verwaltungsebenen angeht.

Allerdings darf die Reichweite der Wesentlichkeitstheorie insoweit nicht überschätzt werden. Auch sie ermöglicht und macht es gegebenenfalls sogar notwendig, daß von der Legislative zwar die wesentlichen Grundprinzipien festgelegt, innerhalb dieses Rahmens aber Freiräume gelassen werden, deren Ausfüllung anderen Ebenen vorbehalten bleibt.[572] Dem Gesetzgeber obliegt es demnach, eine normative Ordnung im Wesentlichen zu konstruieren, konkrete Einzelentscheidungen aber der Verwaltung zu überlassen.[573]

Für die in Rede stehende Materie des Embryonenschutzrechts bedeutet dies, daß sich der Gesetzgeber der ihm zugewiesenen Aufgabe, einen verhältnismäßigen Ausgleich zwischen Forschungs- und Embryonenschutzinteressen zumindest in seinen normativen Grundzügen herzustellen, nicht durch Delegation von Verantwortung auf die Exekutivebene sowie die Judikative entziehen darf. Verfassungsrechtlich unbedenklich ist es aber, wenn er sich durch die Verwendung von unbestimmten und auslegungsbedürftigen Rechtsbegriffen in sachgerechtem Umfang des bei den entscheidungskompetenten Verwaltungseinrichtungen vorhandenen Sachverstandes bedient. Die Betrachtungen der Genehmi-

---

[569] Schulz, ZRP 2002, 487, 488
[570] BVerfGE 47, 46, 78
[571] Degenhart, Rn. 337; Ipsen, Staatsrecht I, Rn. 666; Dreier-*Schulze-Fielitz*, Art. 20 (Rechtsstaat), Rn. 104; Erbguth, VerwArch 86(1995), 327, 342
[572] Maunz/Zippelius, § 13 III 4
[573] Degenhart, Rn. 341

gungskonstriktion des Stammzellgesetzes haben beispielhaft gezeigt, daß es sich dabei insoweit um eine Entscheidungsdelegation auf die Judikativebene handelt, als die Letztentscheidung über die Rechtmäßigkeit einer Genehmigungsverweigerung den Gerichten obliegt, da der Exekutive keine der Überprüfung entzogenen Beurteilungsspielräume vorbehalten bleiben; gleichwohl dürfte die Einschätzung eines sachverständigen entscheidungskompetenten Verwaltungsgremiums indizielle und faktische Bindungswirkungen begründen (vgl. Fn. 121) und so die Position der Exekutivebene stärken. Mit einer solchen Verantwortungsteilung zwischen allen drei Ebenen ist den Anforderungen an die Wesentlichkeit Genüge getan.

Unbestritten ist es abgesehen von alledem dem britischen Gesetzgeber mit der Einrichtung der HFEA gelungen, eine gesetzlich verankerte Instanz für sorgfältige, verantwortungsbewußte und effektive Kontrolle zu schaffen, wie sie auch von deutschen Reproduktionsmedizinern eingefordert wird.[574] Insoweit kann und sollte abgesehen von allen grundlegenden Unterschieden hinsichtlich der materiellrechtlichen Dimension des Embryonenschutzes die Rechtslage in Großbritannien ein Vorbild für die deutsche Rechtsordnung darstellen.

B. Steuerung durch Förderungsmittel-Allokation (USA)

Der in den USA praktizierte Ansatz, eine Eindämmung aus ethischen Gründen unerwünschter Forschungsvorhaben durch ungleiche Verteilung der öffentlichen Forschungsmittel zu erreichen, ist dem deutschen Recht keineswegs fremd. Auch hierzulande werden Forschungsprojekte, die nicht im Zusammenhang mit ES-Zellen stehen, sondern die sich auf die Nutzung der ethisch unbedenklichen adulten Stammzellen, gezielt bevorzugt. Daß diese Verteilungspraxis bis hin zur Willkürgrenze verfassungskonform ist, hat sich bereits herausgestellt (S. 109).

Der Hauptgrund für die Inkompatibilität des US-amerikanischen Embryonenschutzrechts mit der deutschen Rechtsordnung ist sein fragmentarischer Charakter. Die Verweigerung der öffentlichen Finanzierung für ethisch problematische Forschungsvorhaben bietet keine sichere Gewährleistung dafür, daß identische Projekte nicht doch privat finanziert durchgeführt werden. Obwohl die betroffenen Embryonen, die gegebenenfalls verbraucht oder zu Forschungszwecken erzeugt werden, der hier vertretenen Auffassung zufolge nicht als Trä-

---

[574] Beier, Reproduktionsmedizin 2000, 332, 342

ger von Grundrechten in Betracht kommen, genießen sie dennoch als Erscheinungsformen menschlichen Lebens den objektivierten Schutz aus Art. 1 I, 2 II GG. Daraus folgt, daß der Staat zum einen seiner Pflicht gerecht werden muß, dieses Interesse in verhältnismäßiger Weise mit den Forschungsinteressen in einen Ausgleich zu bringen; er kann sich nicht partiell aus der Regelung der Materie zurückziehen und auf die steuernde Wirkung der Fördermittelverteilung vertrauen, sondern er muß effektive Vorkehrungen treffen, um einer Mißachtung des Verfassungsgutes Embryonenschutz vorzubeugen. Daß aber die Fördermittelverteilung an sich kein effektives Mittel in diesem Sinne ist, zeigen jüngste Entwicklungen in den USA, wo mit privaten Mitteln an der Nutzung von Embryonen zur Stammzellgewinnung gearbeitet wird.

Zum anderen ist der Embryonenschutz wegen seines Zusammenhangs mit der objektiven Dimension der Menschenwürdegarantie aus Art. 1 I GG nicht allein für die staatlich finanzierte Forschung eine Verpflichtung;[575] rein private Forschungsvorhaben haben dieses Verfassungsgut ebenfalls zu respektieren. Auch hieraus folgt demnach der Auftrag an den Gesetzgeber, effektive Regelungen für die Durchsetzung des Embryonenschutzes auch in rein privaten Forschungsbereichen zu erlassen.

Nur ergänzend sei auch hier auf die Bedeutung der Wesentlichkeitstheorie[576] für die deutsche Rechtsordnung hingewiesen. Ein vollständiger Rückzug des Gesetzgebers aus der Regelung in diesem Sinne „wesentlicher" Fragen wäre auch vor diesem Hintergrund verfassungsrechtlich unzulässig.

C. Moratorium (Israel)

Die Betrachtung der israelischen Rechtslage hat gezeigt, daß sich die materielle Liberalität des israelischen Gesetzes über das Verbot der genetischen Intervention aus einem bestimmten kulturellen und religiösen Hintergrund erklärt, der auf die deutsche Rechtsordnung nicht ohne weiteres übertragbar ist. Dennoch könnte das grundsätzliche Konzept eines zeitlich befristeten Moratoriums für ethisch problematische Aktivitäten, deren Bewertung hinsichtlich ihrer rechtlichen und sozialen Folgen noch mehr Zeit erfordert, auch für das deutsche Recht zumindest in Einzelfragen ein brauchbarer Ansatzpunkt sein.

---

575 Taupitz, NJW 2001, 3433, 3435 f.
576 S. 176

Chrakteristisch für das israelische Moratorium ist die ins Gesetzeswerk eingearbeitete Zeitvorgabe, nach deren Ablauf das Verbot automatisch außer Kraft tritt; es handelt sich damit um ein Moratorium im eigentlichen Sinne im Unterschied zur im Bereich der Biomedizin nicht selten zu beobachtenden Praxis, ein Verbot auf unbestimmte Zeit nur terminologisch zum Moratorium zu deklarieren.[577] Eine solche Regelung hat den Vorteil, daß sie für den vorgegebenen Zeitraum ihrer Geltung den Schutz der jeweiligen Rechtsgüter ebenso wirksam zu garantieren vermag wie ein repressives Verbot. Andererseits wiegt die Beeinträchtigung der Forschungsinteressen durch ein zeitlich befristetes Moratorium weniger schwer als die durch ein Totalverbot, denn der Gesetzgeber stellt damit klar, daß er sich für die Entscheidung über die in Frage stehenden Aktivitäten einen bestimmten und befristeten Zeitraum vorbehält. Forscher, die die Durchführung dieser Aktivitäten beabsichtigen, sind zwar innerhalb dieses Zeitraumes an der Ausübung ihrer Tätigkeit gehindert, sie können aber immerhin sicher kalkulieren, daß nach Auslaufen des Moratoriums eine Entscheidung des Gesetzgebers erfolgen muß.

Dennoch hindert auch die Möglichkeit eines Moratoriums den Gesetzgeber grundsätzlich nicht daran, für die fragliche Tätigkeit auch zur ultima ratio eines Totalverbotes zu greifen, ohne das Prinzip der Verhältnismäßigkeit zu verletzen; für welche Fragen er sich noch Bedenkzeit herausnehmen möchte und welche er sofort einer Entscheidung zuführt, bleibt letztlich seiner Einschätzung überlassen.

D. Ratifikation der Bioethik-Konvention unter Vorbehalt (Schweden)

In Schweden deutet sich, wie oben (S. 91) dargestellt, als eine Option für die Weiterentwicklung des Embryonenschutzrechts die Ratifikation der Bioethik-Konvention des Europarates unter Vorbehalt an. Dies könnte auch für die Bundesrepublik Deutschland ein gangbarer Weg sein. Bislang ist von deutscher Seite die Unterzeichnung der Konvention abgelehnt worden, da sie nur Mindeststandards festschreibt, die in verschiedenen Regelungsbereichen hinter dem in der deutschen Rechtsordnung enthaltenen Schutzniveau zurückbleiben.[578] Tatsächlich bringt die Unterzeichnung wegen Art. 27 BEK jedenfalls keine rechtli-

[577] Cook-Deegan, S. H-4
[578] Rudloff-Schäffer, Rn. 168; Kern, MedR 1998, 485, 486

che Verpflichtung zur Absenkung des Schutzstandards mit sich.[579] Die Befürchtungen gehen denn auch eher in die Richtung eines faktischen Anpassungsdruckes hin zu einem niedrigerem Schutzniveau.[580]

Dies sind freilich ausschließlich politische Erwägungen hinsichtlich der Folgen einer eventuellen Unterzeichnung der Konvention; aus verfassungsrechtlicher Sicht stehen einem Beitritt keine Hindernisse entgegen, sofern die Anforderungen des Art. 59 II GG erfüllt werden.[581] Die gegenwärtige Rechtslage zugrundegelegt, ist dabei die Möglichkeit eines Vorbehaltes nach Art. 36 BEK nur eine theoretische Option, denn derzeit ist kein Regelungsbereich ersichtlich, in dem das deutsche Schutzniveau hinter dem, was in der Konvention verlangt wird, zurückbleibt. Allenfalls zur Klarstellung einzelner restriktiver Interpretationen wären solche Vorbehalte denkbar.[582]

Sollte dagegen (was derzeit wenig wahrscheinlich, für die Zukunft aber nicht ausgeschlossen ist) die Einlegung eines Vorbehaltes beabsichtigt werden, um die Möglichkeit von Forschungsaktivitäten zu erhalten, die durch die Konvention untersagt werden (etwa die Produktion von Embryonen zu Forschungszwecken, Art. 18 S. 2 BEK), sind zwei Einschränkungen zu berücksichtigen. Zum einen können sich Vorbehalte ausschließlich auf das zum Zeitpunkt der Unterzeichnung oder Ratifikation geltende Recht beziehen.[583] Zum anderen sind Vorbehalte gänzlich ausgeschlossen, soweit es um den Regelungsbereich des Zusatzprotokolls zum Verbot des menschlichen Klonens geht (vgl. Art. 2 des Zusatzprotokolls).[584]

§ 18 Die Frage nach der Zulässigkeit der Forschung mit ES-Zellen als politische Entscheidung

Die Betrachtungen haben ergeben, daß sich dem Grundgesetz keine minutiösen Vorgaben darüber entnehmen lassen, in welchem Stadium ihrer Entwicklung menschlichen Lebewesen welches Maß an rechtlichem Schutz zukommt. Es wäre auch verfehlt, aus dem in hohem Maße unbestimmten Wortlaut der Verfas-

---

579 Weschka, S. 17
580 Köhler, ZRP 2000, 8, 8
581 Kern, MedR 1998, 485, 486; Rudloff-Schäffer, Rn. 142
582 Weschka, S. 20
583 Rudloff-Schäffer, Rn. 144
584 Kienle, ZRP 1998, 186, 188

sung exakte Zeitpunkte für einen Schutzbeginn herauslesen zu wollen. Vielmehr liegt es in der Verantwortung des Gesetzgebers, solche exakten zeitlichen Befristungen etwa für die Nutzung von Embryonen zu Forschungszwecken festzulegen und damit zu garantieren, daß den Schutzpflichten für Grundrechtsträger genügt wird und der Embryonenschutz ein angemessenes Gewicht gegenüber anderen Verfassungsgütern erhält.

A. Die Bedeutung der biopolitischen Debatte

Wenn demnach die Verfassung dem Gesetzgeber die wesentlichen Fragen zur Entscheidung offen läßt,[585] hat dies auch erhebliche Folgen für die Diskussion der biopolitischen Zusammenhänge in der Öffentlichkeit. Das Vorhandensein eines breiten politischen Gestaltungsspielraum des Gesetzgebers[586] in einer ethisch umstrittenen Frage stellt in einer freiheitlich-demokratischen Gesellschaft keine Bedrohung, sondern eine Errungenschaft dar. Gerade darin liegt die Gefahr einer Einengung parlamentarischer Entscheidungsfindung durch eine eng geführte Diskussion um verfassungsrechtliche Schranken.[587]

In dieser Hinsicht hat der Vergleich mit der biopolitischen Debatte in anderen Staaten eine deutsche Sonderproblematik offenbart: Hierzulande wird die Diskussion um die rechtliche Regelung der Nutzung von ES-Zellen zu Forschungszwecken dadurch erschwert, daß Vertreter der restriktiven Position für sich in Anspruch nehmen, die von ihnen favorisierte Lösung sei der einzige mit höherrangigem, für alle Zeiten unabänderlichem Recht vereinbare Weg.[588] Einer solchen Sichtweise mangelt es nicht nur an der notwendigen Offenheit für Gegenpositionen, sondern auch an Plausibilität, denn erfahrungsgemäß hat sich das Recht im Bereich der Bioethik stets als dynamisch und flexibel erwiesen.[589]

Obwohl diese Erwägungen eher für eine differenzierte Lösung als für pauschale und weitreichende Verbotstatbestände sprechen,[590] sind sie letztendlich doch nur rechts- und verfassungspolitischer Natur. Für die weitergehende Frage nach ih-

---

[585] Heun, JZ 2002, 517, 524; Glauben, DRiZ 2002, 157, 160; Taupitz, ZRP 2002, 111, 113
[586] Schmidt-Jortzig, DÖV 2001, 925, 932; Lübbe, ZfP 1989, 138, 150
[587] Herdegen, JZ 2001, 773, 779
[588] vgl. Art. 79 III GG; zum vergleichbaren Problem der Bedeutung der Ewigkeitsklausel für die Verwendung des Menschenwürdearguments in der Diskussion um die Keimbahnintervention vgl. Neumann, ARSP 1998, 153, 154
[589] Anleu, Law&Policy 2001, 417, 436
[590] Voss, S. 266; Müller-Terpitz, WissR 2001, 271, 285 f.

rer juristischen Vertretbarkeit muß die verfassungspolitisch problematische Extremposition mit den zuvor herausgearbeiteten verfassungsrechtlichen Grundlagen in Bezug gesetzt werden. Voraussetzung für die Erstreckung der Ewigkeitsgarantie im Sinne des Art. 79 III GG auf das Prinzip des restriktiven Embryonenschutzes ist die Ausdehnung des personellen Schutzbereichs des subjektiv-rechtlichen Würdeschutzes aus Art. 1 I GG auf Embryonen im frühesten Stadium ihrer Entwicklung, also auf Erscheinungsformen menschlichen Lebens, denen es mit der Anlage zur sozialen Interaktion an einem fundamentalen Wesensmerkmal der Subjektiqualität mangelt. Wegen der fehlenden Abgrenzung zum nur objektiv begründbaren Gehalt eines aus Art. 1 I GG abzuleitenden Verfassungsprinzips Embryonenschutz hat sich diese Konstruktion jedoch als nicht haltbar erwiesen (S. 134).

Die Betrachtung der verfassungsrechtlichen Grenzen für eine Regelung der Materie hat dessen ungeachtet gezeigt, daß auch auf der Grundlage der hier vertretenen Ablehnung der geschilderten verfassungsrechtlichen Extremposition eine ausgesprochen restriktive Lösung, wie sie für das geltende deutsche Embryonenschutzrecht charakteristisch ist, grundsätzlich verfassungskonform sein kann. Für den sozialen und kulturellen Zustand einer Gesellschaft ist denn auch weniger das gefundene Ergebnis kennzeichnend als die Art und Weise, wie es zustande kommt und wie in der Öffentlichkeit damit umgegangen wird; als eine Art Idealvorstellung kann insoweit das Toleranzprinzip[591] dienen, welches insbesondere das Bewußtsein um die Argumente der Gegenseite voraussetzt. Überzogene Wahrheitsansprüche mit Ewigkeitsgarantie vertragen sich damit nicht.[592]

B. Embryonalentwicklung und Schutzniveau

Oben (S. 147 ff.) hat sich bereits gezeigt, daß für die Verfassungskonformität differenzierter Lösungen die Sachgerechtigkeit der Differenzierungskriterien maßgeblich ist. Die auffälligste Differenzierung im geltenden Embryonenschutzrecht ist die Differenz zwischen dem Schutz von Embryonen in vivo und dem von solchen in vitro.[593] An der Sachgerechtigkeit dieser Differenzierung bestehen vor dem Hintergrund der fundamental unterschiedlichen Gefähr-

---

[591] Kaufmann, S. 315
[592] Kreide, GLJ Vol. 3, Nr. 11, Book Review – John Rawls on International Justice, Rn. 14
[593] Beier, Reproduktionsmedizin 2000, 332, 341

dungslagen kaum Zweifel. Sachgerecht sind auch die geltenden zeitlichen Abstufungen des Embryonenschutzes, hinsichtlich derer bestimmte Abschnitte der Embryonalentwicklung wie Befruchtung, Nidation oder Übergang ins Fötenstadium als Anknüpfungspunkte für ein jeweils erhöhtes Schutzniveau herangezogen werden.[594] Der Beginn einer bewußten Schmerzempfindung dürfte aus ethischer Sicht besonders maßgeblich für eine erhöhte Schutzbedürftigkeit sein,[595] da sich frühestens dann der Schutz vorgeburtlichen menschlichen Lebens auch direkt bedürfnisorientiert begründen läßt.[596]

Über das geltende Recht hinaus stellt sich aber die Frage, ob es auch legitim ist, das Schutzniveau für Embryonen davon abhängig zu machen, ob sie noch für eine Implantation in Betracht kommen oder ob sie als redundante Embryonen diese Entwicklungschance nicht mehr haben. Teilweise wird die Forderung nach Freigabe dieser Embryonen zu einer Art vorgeburtlicher Adoption erhoben.[597] Fraglich ist aber, ob dies eine realistische Perspektive ist.[598] Der Gesetzgeber hat sich bislang dagegen entschieden, die Zulässigkeit derartiger Maßnahmen zu regeln. Schließlich erscheint es auch aus praktischer Sicht fragwürdig, einen Embryo nach jahrelanger Kryokonservierung noch zu implantieren. Wenn es demnach tatsächlich Embryonen gibt, die zweifelsohne keinerlei Aussichten auf Entwicklung haben, führt kein Weg an der Feststellung vorbei, daß der Wert des Lebens dieser redundanten Embryonen nicht gleichzusetzen ist mit dem potentieller Grundrechtsträger.[599] Dann aber ist ihre Tötung zu Forschungszwecken auch ethisch nicht verwerflicher als ihre sinnlose Vernichtung.[600] Der Gesetzgeber würde die von der Verfassung gesetzten Grenzen jedenfalls nicht bereits dann überschreiten, wenn er die Gewinnung von Stammzellen aus redundanten Embryonen nicht ausnahmslos verböte.

Als ein weiteres Differenzierungskriterium ist der Zweck der Erzeugung des betreffenden Embryos denkbar. Ein Embryo, der von vornherein niemals zur Entwicklung über das Nidationsstadium bestimmt gewesen ist, unterscheidet

---

[594] Dreier, ZRP 2002, 377, 379; Hilgendorf, FS-Maurer, S. 1164
[595] Neidert, DÄ 97 (2000), 3483, 3485
[596] Birnbacher, S. 161
[597] Höfling, S. 178
[598] Nationaler Ethikrat, S. 9
[599] Schroth, JZ 2002, 170, 178; Müller-Terpitz, WissR 2001, 271, 283; Herdegen, JZ 2001, 773, 776; Wagner, S. 307
[600] Taupitz, ZRP 2002, 111, 114; aA Classen, DVBl 2002, 141, 145

sich von einem zu Fortpflanzungszwecken erzeugten Embryo darin, daß für ersteren keine Entwicklung als Mensch bezweckt ist,[601] sondern daß er seine Existenz einem außerhalb seiner selbst liegenden Ziel verdankt. Dieser Umstand berechtigt einerseits den Gesetzgeber, reinen Forschungsembryonen einen geringeren Schutz beizumessen.[602] Er bringt allerdings auch eine Reihe von Einschränkungen mit sich. Der beschriebene große gesetzgeberische Spielraum umfaßt zwar grundsätzlich durchaus die Zulassung der Produktion von Forschungsembryonen und ihrer Nutzung, aus Verhältnismäßigkeitsgründen ist eine derartige Verzweckung menschlichen Lebens vor dem Hintergrund des Verfassungsranges des Embryonenschutzes allerdings nur als subsidiäre Variante gegenüber der Nutzung redundanter Embryonen möglich. Zum anderen sind an diejenigen Forschungsinteressen, die eine Produktion menschlicher Lebewesen beanspruchen, erhöhte Anforderungen zu stellen. Schließlich hat der Gesetzgeber , etwa durch ein Implantationsverbot nach britischem Vorbild, sicherzustellen, daß es nicht zu Grundrechtsbeeinträchtigungen kommt, daß also der zu Forschungszwecken erzeugte Embryo sich nicht zu einem Grundrechtsträger entwickeln kann.

C. Der Zellkerntransfer als Spezialfall

Kein sachliches Differenzierungskriterium ist die Art und Weise der Entstehung eines Embryos. Oben (S. 128) hatte sich bereits herausgestellt, daß es für die Grundrechtsträgerschaft eines Menschen unerheblich ist, ob er durch Befruchtung oder auf andere Weise, etwa durch Zellkerntransfer, erzeugt wurde. Dementsprechend ist es auch prinzipiell unzulässig, geklonten Embryonen einen geringeren ethischen Status beizumessen als durch Befruchtung entstandenen.[603] Solange der Gesetzgeber also die Erzeugung von Embryonen zu Forschungszwecken durch Befruchtung für unzulässig erklärt, ist auch eine Zulassung des „therapeutischen Klonens" keine Option, da sie insoweit eine Inkonsistenz der Rechtsordnung im sensiblen Bereich des Embryonenschutzrechts mit sich brächte.[604]

---

[601] Dederer, AöR 127 (2002), 1, 16; aA Herdegen, JZ 2001, 773, 776; vgl. auch Kaufmann, S. 319

[602] vgl. Fechner, JZ 1986, 653, 659 f.

[603] Schroth, JZ 2002, 170, 172; Frankenberg, KJ 2000, 325, 330

[604] zweifelhaft daher Herdegen, JZ 2001, 773, 776

Nicht einzusehen ist im Übrigen, warum von einem Embryo abgespaltene totipotente Zellen nur aufgrund der Art und Weise der Entstehung des so neu entstandenen totipotenten Gebildes ein geringerer Schutz zuteil werden soll als einem auf natürliche Weise erzeugten totipotenten Embryo.[605]

Wenn aber der Gesetzgeber sich im Zuge des wissenschaftlichen Fortschritts tatsächlich entschließen sollte, das Verbot der Erzeugung von Embryonen zu Forschungszwecken zu lockern, wäre es naheliegend und auch zweckmäßig, Spezialregelungen für den Zellkerntransfer zu treffen.[606] Obwohl es, wie gesehen, für den rechtlichen oder ethischen Status der erzeugten Lebewesen unerheblich ist, auf welche Weise sie entstanden sind, stellt die Verfahrensweise des Zellkerntransfers an sich doch eine Sonderproblematik dar, die auch einer speziellen Regelung zugeführt werden kann. Die besondere Relevanz zeigt sich an der biopolitischen Debatte um das „therapeutische Klonen" nicht nur in Deutschland, sondern überall. Abgesehen davon, daß für grundsätzliche Gegner einer Embryonennutzung zu Forschungszwecken die Erzeugung von Forschungsembryonen prinzipiell inakzeptabel ist, beziehen sich die Gegenargumente häufig nicht auf die Technik selbst, sondern auf die Möglichkeit des reproduktiven Klonens:[607] Befürchtet wird offensichtlich ein dementsprechender Automatismus im Sinne einer schiefen Ebene vom therapeutischen hin zum reproduktiven Klonen.[608]

Zwar steht es dem Gesetzgeber frei, dem entgegenzuwirken, indem er das Verbot des reproduktiven Klonens für den Geltungsbereich des deutschen Embryonenschutzrechts schlichtweg beibehält, dadurch etwa, daß wiederum nach britischem Vorbild die Implantation eines durch Zellkerntransfer gewonnenen Embryos untersagt wird; ob anderswo auf der Welt reproduktives Klonen praktiziert wird, hängt ohnehin nicht von der Zulässigkeit der Stammzellgewinnung durch Zellkerntransfers in Deutschland ab.[609] Nichtsdestotrotz lassen es die vielfachen Vorbehalte gegen das „therapeutische Klonen" angemessen erscheinen, diese Technologie, wenn überhaupt, dann nur unter der Voraussetzung zu legalisieren, daß besonders gewichtige Forschungsziele auf andere Weise nicht er-

---

605 so aber Maunz/Dürig/Herzog/Scholz-*Herdegen*, Art. 1 Abs. 1, Rn. 64
606 Taupitz, NJW 2001, 3433, 3440
607 McLaren, Nature Vol. 414, 129, 131
608 Enquete-Zwischenbericht, S. 97
609 Merkel, S. 252

reichbar sind,[610] was wiederum aus Gründen der Konsistenz des Embryonenschutzrechts voraussetzen würde, daß auch im übrigen das generelle Verbot der Embryonenerzeugung zu Forschungszwecken beseitigt wird (S 184).

Als Alternative zur Erzeugung von Forschungsembryonen durch Befruchtung oder Zellkerntransfer verbleibt die Embryonengewinnung durch das Auftauen von kryokonservierten Vorkernstadien.[611] Wer in der „Verschmelzung von Ei- und Samenzelle" das konstitutive Element für eine Grundrechtsträgerschaft menschlichen Lebens erkennt, wird diese Verfahrensweise ebenso ablehnen wie die beiden anderen. Ansonsten aber erscheint die Nutzung redundanter Vorkernstadien, die ansonsten nur sinnlos vernichtet werden könnten, vorzugswürdig gegenüber der Erzeugung neuen menschlichen Lebens zu Forschungszwecken, sei es durch Befruchtung oder durch Zellkerntransfer.

D. Subsidiarität ethisch problematischer Verfahrensweisen

Als Zwischenresultat läßt sich festhalten, daß der Gesetzgeber, soweit er das Embryonenschutzrecht wie geschildert zu liberalisieren gedenkt, aus Verhältnismäßigkeitsgründen gehalten ist, die Subsidiarität von embryonenverbrauchenden Forschungsvorhaben zu garantieren. Den genannten Differenzierungen entsprechend läßt sich eine Subsidiaritätskette aus Vorhaben von graduell ansteigender Einwirkung auf Embryonen entwickeln. Jedes Vorhaben kann zum einen nur dann legitim sein, wenn das Anstreben der verfolgten Ziele mittels eines auf einer niedrigeren Stufe angesiedelten Vorhabens so geringe Aussichten auf Erfolg verspricht, daß es aus naturwissenschaftlicher Sicht ex ante zwecklos wäre; zum anderen sind an die Forschungsinteressen gesteigerte Anforderungen zu stellen, je höherstufig das jeweilige Vorhaben anzusiedeln ist:

1. Stufe: Vorhaben ohne menschliche embryonale Stammzellen

2. Stufe: Nutzung bestehender Stammzell-Linien

3. Stufe: Nutzung redundanter Embryonen

4. Stufe: Erzeugung von Embryonen durch Auftauen redundanter kryokonservierter Vorkernstadien

5. Stufe: Erzeugung von Embryonen durch Befruchtung

---

[610] Merkel, S. 265
[611] Merkel, S. 245

6. Stufe: Erzeugung von Embryonen durch Zellkerntransfer

Die Ansiedelung der Erzeugung von Embryonen durch Zellkerntransfer auf der höchsten Stufe in diesem Modell entspricht einer Momentaufnahme, denn wie zuvor festgestellt, rechtfertigt es die spezielle Problematik dieser Technik in der bioethischen Diskussion, insoweit verschärfte Maßstäbe anzulegen. Gleichwohl obliegt es dem gesetzgeberischen Ermessen, Veränderungen in der sozialen Anschauung technischer Verfahrensweisen nachzuvollziehen und diesbezüglich das Stufenmodell zu modifizieren.

E. Die formelle Dimension des Embryonenschutzes

Neben der Festlegung materieller Standards zur Verwirklichung des Ausgleichs zwischen Forschungs- und Embryonenschutzinteressen darf die formelle Ausgestaltung keineswegs außer Betracht bleiben. Daß Verfahrensregelungen für einen wirksamen Rechtsgüterschutz eine wichtige Rolle spielen, ist an sich keine neue Erkenntnis.[612] Ein Blick auf den britischen Act 1990 kann aber verdeutlichen, in welchem Maße das Niveau des Embryonenschutzes von seiner formellen Ausgestaltung beeinflußt wird.

Um einen verhältnismäßigen Ausgleich zwischen Forschung und Embryonenschutz zu garantieren, ist eine Genehmigungspflicht für embryonenverbrauchende Vorhaben unabdingbar.[613] Von großer Bedeutung ist die Ausgestaltung des Genehmigungsvorbehaltes: Die liberalere Variante besteht in einem präventiven Verbot mit Erlaubnisvorbehalt wie im StZG. Dort hat der Gesetzgeber den Stammzellimport als grundrechtlich geschützte Tätigkeit für generell erlaubt erachtet und sich daher für die Gewährung eines Rechtsanspruchs auf Genehmigungserteilung bei Vorliegen der Voraussetzungen entschieden. Der Embryonenverbrauch zu Forschungszwecken ist zwar ebenfalls eine vom grundrechtlichen Schutzbereich gedeckte Tätigkeit, die Relevanz des Embryonenschutzes als Verfassungsgut läßt es jedoch als bedenklich erscheinen, von einem Rechtsanspruch auf Embryonennutzung auszugehen. Naheliegender ist es daher, die Genehmigungserteilung ins pflichtgemäße Ermessen der Behörde zu stellen und die restriktivere Variante eines repressiven Verbots mit Befreiungsvorbehalt zu wählen. Um mit einer solchen Unterwerfung embryonenverbrau-

---

[612] Schwarz, KritV 2001, 182, 208 f. m.w.N.
[613] Kloepfer, JZ 2002, 417, 426

chender Vorhaben unter das Behördenermessen aber nicht unverhältnismäßig die Forschungsfreiheit zu beschneiden, bietet sich der Rückgriff auf sachverständige Entscheidungsinstanzen an, die einerseits durch ihre interdisziplinäre Zusammensetzung und andererseits durch ihre organisatorische Unabhängigkeit von der Staatsexekutive ein erhöhtes Maß an Repräsentationsfähigkeit genießen.

Über die Genehmigungserteilung hinaus können weitere behördliche Befugnisse die Einhaltung des gesetzgeberisch vorgesehenen Schutzniveaus sicherstellen. Ein besonderes Gewicht kommt dabei der Einrichtung behördlicher Kontrollbefugnisse für die Forschung vor Ort zu.[614] Auch umfangreiche Dokumentationspflichten vermögen Rechtsbrüchen erfahrungsgemäß effektiv vorzubeugen.[615]

F. Weitere Anforderungen an die Rechtsetzung

Eine zusätzliche Herausforderung an die Rechtsetzung stellen die bereits angedeuteten Konsequenzen aus der verfassungsgerichtlichen Konstruktion der Wesentlichkeitstheorie dar. Der Gesetzgeber sieht sich einem Dilemma gegenüber: Einerseits ist er aus praktischen Gründen gehalten, flexible Instrumente zur Anpassung des Embryonenschutzrechts an den aktuellen Stand von Wissenschaft und Technik zu entwickeln. Da es unmöglich ist, stets im Wege von Gesetzesanpassungen mit dem naturwissenschaftlichen Fortschritt Schritt zu halten, bleibt ihm nur die Delegation von Entscheidungsbefugnissen auf andere Ebenen, vor allem durch die Verwendung auslegungsbedürftiger Rechtsbegriffe und die Etablierung entscheidungskompetenter Gremien. Mit dem verfassungsrechtlichen Auftrag an den Gesetzgeber, die wesentlichen Entscheidungen selbst zu treffen,[616] kollidieren derartige Flexibilitätsbemühungen dann nicht, wenn es sich bei den Adressaten der genannten Delegation um Gremien mit sachgerechter Entscheidungsstruktur handelt. Für die Wesentlichkeit einer in Frage stehenden Materie sprechen ihre politische Umstrittenheit[617] und ihre Bedeutung für den gesellschaftlichen Diskurs, Kriterien also, die im vorliegenden Zusammenhang ohne weiteres erfüllt sind.

Um einen Ausgleich zwischen Praktikabilität und Wesentlichkeit zu finden, wird sich der Gesetzgeber darum bemühen müssen, einen materiellen Ordnungs-

---

[614] Raasch, KJ 2002, 285, 293
[615] Frommel, KJ 2000, 341, 344
[616] vgl. Ossenbühl, § 62, Rn. 47
[617] Erbguth, VerwArch 86 (1995), 327, 342

rahmen zu schaffen und den Entscheidungsgremien auf Seiten der Exekutive praxistaugliche Abwägungskriterien zur Verfügung zu stellen. Soweit diese materiellen Vorgaben eingebettet sind in ein funktionales formelles Verfahrenskonzept, kann davon ausgegangen werden, daß den Anforderungen an die Wesentlichkeit Genüge getan ist. Verglichen mit einem Genehmigungsvorbehalt mit klar normierten Genehmigungsvoraussetzungen ist eine Lösung nach dem Vorbild des Schwangerschaftskonflikts („rechtswidrig, aber straffrei")[618] auch unter Wesentlichkeitsgesichtspunkten keine vorzugswürdige Option.

G. Die internationale Dimension des Embryonenschutzes

Der Vergleich des deutschen Embryonenschutzrechts mit ausländischen Regelungsmodellen hat gezeigt, daß die in Deutschland geltenden Verbote oft Handlungen betreffen, die in vielen anderen Staaten erlaubt sind.[619] Für einen wirksamen Embryonenschutz spielt es eine wichtige Rolle, auf welche Weise der nationale Gesetzgeber auf diese Realität reagiert. Der derzeit verfolgte Ansatz einer Nutzung im Ausland vor dem Stichtag erzeugter Stammzell-Linien macht sich letztendlich die Unterschiedlichkeit der Rechtsordnungen zunutze, eine „pragmatische, aber eben nicht ethisch fundierte Position".[620] Selbst wenn der nationale Gesetzgeber auch den Stammzellimport und die Forschung mit ES-Zellen insgesamt untersagen würde, sähe er sich diesem Vorwurf ausgesetzt, sofern nicht auch die Nutzung der so gewonnenen Erkenntnisse ausgeschlossen wäre. Insgesamt gesehen sind national begrenzte Regelungen für den Embryonenschutz von eher begrenztem Einfluß auf den wissenschaftlichen Fortschritt.

Erfolgversprechend ist hingegen die bereits begonnene Suche nach internationalen ethischen Mindeststandards[621] wie einem globalen Verbot des reproduktiven Klonens. Voraussetzung für das Gelingen solcher Anstrengungen ist allerdings das Bewußtsein um die vielfältigen und grundlegenden Differenzen zwischen den einzelnen nationalen Rechtsordnungen, was den Stellenwert des Embryonenschutzes angeht. Die Erfolgsaussichten des Versuchs einer Internationalisierung deutscher Maximalpositionen hinsichtlich des Verbots des Zell-

---

[618] dafür Schwarz, KritV 2001, 182, 206
[619] Morsey, Biomedizinische Forschung, S. 80
[620] Kloepfer, JZ 2002, 417, 418
[621] Weschka, S. 21 f.; Witteck/Erich, MedR 2003, 258, 262

kerntransfers[622] sind daher als gering einzuschätzen. Wenn in zahlreichen Rechtsordnungen Lebensrechte für Embryonen unbekannt sind,[623] ist es nicht nur realitätsfremd, solche Rechte als weltweit gültig zu postulieren,[624] sondern es stellt auch eine Mißachtung der Souveränität dieser ausländischen Rechtsordnungen dar.

Vorerst gescheitert sind die Versuche einer Reihe von Staaten unter maßgeblicher Beteiligung der USA, auf der Ebene der Vereinten Nationen ein generelles Verbot jeglichen Klonens von Menschen durchzusetzen. Das generelle Klonverbot hat sich als nicht mehrheitsfähig erwiesen, weil insbesondere diejenigen Staaten, die sich auf nationaler Ebene gegen ein Verbot des Zellkerntransfers zu Forschungszwecken entschieden haben oder sich diese Möglichkeit zumindest offen halten wollen, nicht bereit waren, ein ausnahmsloses Verbot dieser Technik kraft verbindlichen internationalen Rechts zu akzeptieren. Da sich andererseits die Vertreter der restriktiven Linie einem Kompromiß in Gestalt eines an sich weltweit akzeptierten Mindeststandards im Sinne eines rechtlich verbindlichen Verbots des reproduktiven Klonens verweigerten, sind auf UN-Ebene auch bis auf weiteres nur unverbindliche politische Erklärungen zu erwarten.

§ 19 Ausblick

Als wichtigstes Ergebnis der Untersuchung läßt sich die Unhaltbarkeit der eingangs zitierten Behauptung feststellen, bei der Regelung der Forschung mit embryonalen Stammzellen sei der Gesetzgeber durch verfassungsrechtliche Vorgaben weitgehend gebunden. Tatsächlich handelt es sich bei der Rechtsetzung in diesem Bereich um eine diffizile Herausforderung an den Gesetzgeber, die darin besteht, sich unter Würdigung einer Vielzahl von Regelungsmodellen und Differenzierungskriterien für eine Lösung zu entscheiden, die seinen politischen und ethischen Wertmaßstäben bestmöglich zur Geltung verhilft.

Die Untersuchung hat weiterhin gezeigt, daß das geltende deutsche Embryonenschutzrecht trotz seiner im internationalen Vergleich eher forschungsfeindlichen Tendenz vorbehaltlich der geschilderten Problembereiche zumindest nicht zu grundsätzlichen Zweifeln an seiner Verfassungskonformität Anlaß gibt. Bestre-

---

[622] BT-Drs. 15/463

[623] Kloepfer, 2002, 417, 427

[624] so Lücke, 2002, 432, 433 f.

bungen zu einer Nutzung der breiten gesetzgeberischen Spielräume für eine Liberalisierung der deutschen Rechtslage sind derzeit nicht ersichtlich; sie sind realistischerweise auch erst dann zu erwarten, wenn sich abhängig vom Fortgang des wissenschaftlichen Erkenntnisgewinns die Aussichten auf eine effektive therapeutische Anwendung der Forschung mit ES-Zellen signifikant verbessern.

Einen gewichtigeren Stellenwert als Rechtsänderungen auf nationaler Ebene werden in nächster Zukunft voraussichtlich die Bemühungen um embryonenschutzrechtliche Standards auf den im Zuge der Untersuchung beleuchteten internationalen Ebenen einnehmen. Dessen ungeachtet ist jedoch weiterhin damit zu rechnen, daß sich an der Vielfalt der Regelungsmodelle auf nationaler Ebene im Grundsatz nichts ändern wird. Bei der Betrachtung der aktuell diskutierten Rechtsänderungen läßt sich allerdings in einigen Staaten[625] eine Tendenz hin zu einer Liberalisierung hinsichtlich der Stammzellforschung an sich bei gleichzeitiger Restriktion des Zellkerntransfers zu Forschungszwecken ausmachen.

---

[625] PCBE, Chapter Eight, II. C.

Zusammenfassung in Thesen

1. Ein Verzicht auf die Forschung mit menschlichen embryonalen Stammzellen wird von Seiten der scientific community derzeit mehrheitlich nicht für sinnvoll gehalten. Diese Einschätzung als solche muß auch der Wissenschaft vorbehalten bleiben.

2. Das ESchG verbietet sowohl die Gewinnung von Stammzellen aus menschlichen Embryonen als auch die Produktion von menschlichen Embryonen zur Stammzellgewinnung und läßt daher nur Raum für den Import von Stammzellen aus dem Ausland.

3. Das StZG stellt den Import von Stammzellen aus dem Ausland unter einen präventiven Genehmigungsvorbehalt. Die Feststellung der ethischen Vertretbarkeit des Vorhabens durch die gesetzlich vorgesehenen Gremien ist gerichtlich in vollem Umfang überprüfbar.

4. Die Forschung mit redundanten Vorkernstadien ist nach geltendem deutschem Recht nicht verboten, sofern dabei keine Embryonen entstehen. Verboten ist hingegen die Erzeugung von Vorkernstadien zu Forschungszwecken. Hinsichtlich des Verbleibs redundanter Embryonen aus der Fortpflanzungsmedizin enthält das deutsche Embryonenschutzrecht eine Gesetzeslücke.

5. Zentrale materielle Regelung des britischen Act 1990 ist die Lizensierungsfähigkeit von Forschungsvorhaben, die die Verwendung von bis zu vierzehn Tage alten Embryonen einschließen, sowie der Embryonenerzeugung zu Forschungszwecken. Die Vierzehn-Tage-Grenze ist dabei nicht Ausdruck eines moralischen Alleinvertretungsanspruchs des britischen Gesetzgebers, sondern Ergebnis einer pragmatischen Abwägung zwischen den widerstreitenden Interessen.

6. Der HFEA werden durch die Bestimmungen des Act 1990 nicht nur formelle, sondern auch weitreichende materielle Befugnisse im Sinne einer Interpretation und Konkretisierung der gesetzlichen Regelungen eingeräumt. Auf durch Zellkerntransfer entstandene Embryonen finden die Bestimmungen des Act 1990 und der Neuregelungen von 2001 keine Anwendung; insoweit ist ausschließlich der Reproductive Cloning Act einschlägig.

7. In den USA ist das wichtigste Instrument zur Steuerung der Embryonenforschung auf Bundesebene der Ausschluß ethisch unerwünschter Forschungsvorhaben von der Förderung durch öffentliche Mittel. Bundesrechtliche Verbote

spielen abgesehen vom im Gesetzgebungsverfahren befindlichen Human Cloning Prohibition Act keine Rolle. Auf Einzelstaatenebene findet sich eine Vielzahl von unterschiedlichsten Regelungsmodellen.

8. Der US-amerikanische Ansatz, aufgrund der breiten Akzeptanz der NIH-Guidelines deren Geltung faktisch auf den privatfinanzierten Forschungssektor auszudehnen, verspricht mittlerweile keine uneingeschränkte Aussicht auf Erfolg mehr.

9. Die materielle Freizügigkeit des israelischen Embryonenschutzrechts erklärt sich im wesentlichen aus dem kulturellen und religiösen Hintergrund der israelischen Rechtsordnung. Die Forschung zugunsten (geborenen) menschlichen Lebens genießt demzufolge einen klaren Vorrang gegenüber allen Embryonenschutzinteressen.

10. Das im israelischen Gesetz über das Verbot der genetischen Intervention enthaltene zeitlich eindeutig begrenzte Moratorium für menschliches Klonen umfaßt nicht den Zellkerntransfer zwecks Stammzellgewinnung.

11. Das schwedische Embryonenschutzrecht ist im Wandel begriffen. Im Gespräch sind eine Legalisierung des Zellkerntransfers zur Stammzellgewinnung sowie eine Ratifizierung der bereits unterzeichneten Bioethik-Konvention nur unter der Voraussetzung, daß insoweit ein Ausnahmetatbestand geschaffen wird.

12. Die Diskussionen im Europäischen Parlament belegen ebenso wie die Schwierigkeiten bei der Ausarbeitung des 6. Forschungsrahmenprogramms, daß innerhalb der EU auf absehbare Zeit kein umfassender Konsens über Fragen des Embryonenschutzes herstellbar sein wird.

13. Nach der Bioethik-Konvention des Europarates ist die Erzeugung von Embryonen zu Forschungszwecken unzulässig, nicht aber der Verbrauch redundanter Embryonen, sofern ein angemessenes Schutzniveau garantiert bleibt. Das Zusatzprotokoll unterscheidet sich systematisch von der Konvention, indem es Vorbehalte auf nationaler Ebene für seinen Regelungsbereich für ausgeschlossen erklärt.

14. Konvention und Zusatzprotokoll beschränken sich nicht auf die Festsetzung von Mindeststandards, sondern treffen darüber hinaus auch nicht konsensfähige Festlegungen, was ihre Überzeugungskraft nach außen hin beeinträchtigt.

15. Die Humangenomdeklaration enthält zwar nur schwache materielle Vorgaben, sie stellt aber einen ethischen kleinsten gemeinsamen Nenner von nahezu globaler Bedeutung dar.

16. Die Forschung mit menschlichen embryonalen Stammzellen ist vom Schutzbereich des Art. 5 III 1 GG gedeckt. Staatliche Reglementierungen der Materie stellen Grundrechtseingriffe dar und bedürfen der verfassungsrechtlichen Rechtfertigung.

17. Die Rechtfertigung von Eingriffen in die Forschungsfreiheit kann nur auf der Grundlage kollidierenden Verfassungsrechts erfolgen. In diesem Falle ist ein verhältnismäßiger Ausgleich im Sinne praktischer Konkordanz anzustreben.

18. Die Vorstellung von einer Grundrechtsträgerschaft des Präimplantations-Embryos vom Zeitpunkt der Kernverschmelzung an stützt sich teilweise auf zweifelhafte Interpretationen der naturwissenschaftlichen Zusammenhänge.

19. Das einem Präimplantations-Embryo innewohnende Potential einer Weiterentwicklung zum Grundrechtsträger vermag die These der Grundrechtsträgerschaft vom Zeitpunkt der Kernverschmelzung an nicht zu stützen. Ebensowenig kann die genetische Individualität das entscheidende Kriterium sein.

20. Die subjektive Dimension der Menschenwürdegarantie aus Art. 1 I GG umfaßt vorgeburtliches menschliches Leben erst von einem fortgeschrittenen Stadium der Fötalentwicklung an, in dem die Anlagen zur Teilnahme an sozialen Prozessen vorhanden sind.

21. Schutzgut des Art. 2 II 1 GG ist das menschliche Leben als biologische Tatsache. Grundrechtsträger ist nicht das Schutzgut als solches. Insbesondere ist der Präimplantations-Embryo nicht Träger des Grundrechts, weil ihm die Aktivität eines menschlichen Gehirns als grundrechtskonstitutives Merkmal fehlt. Konstruktionen einer verminderten Grundrechtsfähigkeit sind nicht akzeptabel.

22. Der Embryonenschutz als Verfassungsgut läßt sich, obwohl Präimplantations-Embryonen keine Grundrechtsträger sind, aus dem objektiven Gehalt der Art. 1 I, 2 II 1 GG herleiten.

23. Bei der Herstellung eines verhältnismäßigen Ausgleichs zwischen den widerstreitenden Verfassungsgütern Forschungsfreiheit und Embryonenschutz verbleibt dem Gesetzgeber ein breiter Spielraum, sofern er sich an sachgerechten Kriterien orientiert. Der gesetzgeberische Spielraum wird durch die staatli-

che Pflicht zum Gesundheitsschutz aus Art. 2 II 1 GG, den gegenwärtigen Stand der medizinischen Erkenntnis zugrunde gelegt, nicht wesentlich geschmälert.

24. Die embryonenschutzrechtlichen Regelungen stellen Berufsausübungseingriffe von unterschiedlicher Intensität dar, die jedoch im Allgemeinen ohne weiteres mit der Bedeutsamkeit des Embryonenschutzes gerechtfertigt werden können. Als problematisch können sich allenfalls Regelungen darstellen, die die Beteiligung an legalen Forschungstätigkeiten im Ausland kriminalisieren.

25. Auch bei der Regelung der Eizellspende zu nicht reproduktiven Zwecken verbleibt dem Gesetzgeber ein breiter Spielraum, sofern es ihm gelingt, einen verhältnismäßigen Ausgleich zwischen Persönlichkeitsrecht und Gesundheitsschutz herzustellen.

26. Die Anpassung des Embryonenschutzrechts an den aktuellen Stand der Wissenschaft und Technik ist nicht nur rechtspolitisch wünschenswert, sondern verfassungsrechtlich geboten. Anpassungsbedürftig sind insbesondere das Klonverbot und die Begriffsbestimmung des Embryos im ESchG von 1990.

27. Der Gesetzgeber mißt dem Embryonenschutz ein außerordentlich hohes Gewicht bei. Damit lassen sich die weitreichenden Embryonenerzeugungs- und verwendungsverbote des ESchG rechtfertigen.

28. Die Bestimmungen des StZG dienen weniger hochwertigen Schutzgütern, sie sind jedoch aufgrund ihrer geringeren Eingriffsintensität ebenfalls verfassungsrechtlich gerechtfertigt. Für die Stichtagsregelung gilt dies allerdings nur, soweit noch ausreichend Stammzellen oder Stammzell-Linien für den Import zur Verfügung stehen, die den Kriterien genügen.

29. Eine Vorbildfunktion des britischen Act 1990 für das deutsche Embryonenschutzrecht ist weniger aufgrund der materiellen Differenzen als vielmehr vor dem Hintergrund des Wesentlichkeitsvorbehaltes problematisch.

30. Ein Regelungsmodell, das sich im Wesentlichen auf die Steuerung der Forschungsaktivitäten durch öffentliche Fördermittelverteilungen zurückzieht, ist für den deutschen Gesetzgeber keine Option, da er auf diese Weise nicht seiner Verantwortung gerecht würde, einen umfassenden verhältnismäßigen Ausgleich zwischen Forschungs- und Embryonenschutzinteressen herzustellen.

31. Für einzelne Regelungsbereiche, deren Bewertung unter verschiedenen Aspekten aus Sicht des Gesetzgebers noch Zeit erfordert, kann aus Verhältnismä-

ßigkeitserwägungen ein Moratorium gegenüber einem Totalverbot die vorzugswürdige Option sein.

32. Ein Beitritt der Bundesrepublik Deutschland zur BEK sowie dem Zusatzprotokoll des Europarates würde für das deutsche Embryonenschutzrecht zumindest aus heutiger Sicht keinen Änderungsbedarf mit sich bringen.

33. Die biopolitische Debatte über die Nutzung der breiten gesetzgeberischen Spielräume im Bereich des Embryonenschutzes muß sich in einer freiheitlich-demokratischen Gesellschaft am Prinzip wechselseitiger Toleranz orientieren; überzogene Wahrheitsansprüche mit Ewigkeitsgarantie sind dabei kontraproduktiv.

34. Dem Gesetzgeber steht es offen, bei der Festlegung des Schutzniveaus von Embryonen nach Entwicklungsstand, Entwicklungschancen und Herstellungszweck zu differenzieren. Kein sachgerechtes Kriterium stellt die Methode der Herstellung dar.

35. Aus Verhältnismäßigkeitsgründen ist die Genehmigung embryonenbeeinträchtigender Forschungsvorhaben daran zu knüpfen, ob entsprechend gewichtige Forschungsinteressen verfolgt werden und ob diese auch auf andere Weise erreichbar erscheinen.

36. Für einen wirksamen Embryonenschutz ist es unerläßlich, daß den materiellen Vorgaben ein funktionierendes formelles Verfahrenskonzept gegenübersteht. Jede Gewährung eines Rechtsanspruchs auf Embryonennutzung ist zu vermeiden.

37. Der Internationalisierung des wissenschaftlichen Fortschritts ist wirksam nur durch die schrittweise Erarbeitung internationaler Mindeststandards zu begegnen. Eine Internationalisierung des deutschen materiellen Embryonenschutzniveaus hat keine Aussicht auf Erfolg.

Frankfurter Schriften zur Gesundheitspolitik und zum Gesundheitsrecht

Schriftenreihe des Instituts für Europäische Gesundheitspolitik und Sozialrecht an der Johann Wolfgang Goethe-Universität Frankfurt

Herausgegeben von Ingwer Ebsen und Roland Eisen

Band 1 Dominik Roters: Die gebotene Kontrolldichte bei der gerichtlichen Prüfung der Richtlinien des Bundesausschusses der Ärzte und Krankenkassen. 2003.

Band 2 Carsten Wendtland: Die Forschung mit menschlichen embryonalen Stammzellen als Gegenstand der Rechtsetzung. 2005.

www.peterlang.de

Peter Lang · Europäischer Verlag der Wissenschaften

Stephanie Gropp

Schutzkonzepte des werdenden Lebens

Frankfurt am Main, Berlin, Bern, Bruxelles, New York, Oxford, Wien, 2005.
407 S., 13 Tab., 1 Graf.
Recht und Medizin. Herausgegeben von Erwin Deutsch, Adolf Laufs und Hans-Ludwig Schreiber. Bd. 73
ISBN 3-631-53685-2 · br. € 68.50*

Moderne Methoden der Reproduktionsmedizin, wie das Verfahren der Embryoauswahl eines implantationsfähigen Embryos im Rahmen einer IVF-Behandlung oder die Embryoauswahl aufgrund genetischer Untersuchungen, werden im Ausland mit großem Erfolg angewandt. In Deutschland werden diese Verfahren aufgrund der umstrittenen Rechtslage nicht praktiziert. Insbesondere Ärzte halten mit Verweis auf ihre standesrechtlichen Regelungen die Anwendung der modernen reproduktionsmedizinischen Maßnahmen für verboten. Hingenommen wird eine unangemessene Behandlung der IVF-Patientin. Die Untersuchung zeigt Möglichkeiten und Grenzen einer liberalen Auslegung der Strafbestimmungen des Embryonenschutzgesetzes auf und überprüft die jeweiligen Ergebnisse auf deren Vereinbarkeit mit verfassungsrechtlichen Grundsätzen.

Aus dem Inhalt: Präimplantationsdiagnostik · IVF-Behandlung in Deutschland und Österreich · Schutzkonzept des Embryo in vivo · Embryonenschutzgesetz · Embryoauswahl · Dreierregel · Standesrecht der Ärzte · Verfassungsrechtliche Wertung

FSC
www.fsc.org
MIX
Papier | Fördert gute Waldnutzung
FSC® C083411

Kolibri 360 GmbH
Ferdinand-Jühlke-Straße 7
99095 Erfurt, Deutschland
produktsicherheit@kolibri360.de

Druck:
CPI Druckdienstleistungen GmbH
im Auftrag der
Kolibri 360 GmbH
Ferdinand-Jühlke-Str. 7
99095 Erfurt